JN068498

□□ 孝治

遠藤 純子

請川 滋大

著

滝澤 真毅

土永 葉子

堤 かおり

常田 美穂

深浦 尚子

結城 綾

子どもの姿から考える

保育の心理学

アイ・ケイ コーポレーション

はしがき

　本書は保育士養成課程「保育の心理学」(講義・2単位)で使用することを想定してつくりました。ただ，保育士だけでなく将来幼稚園や認定こども園で働く人たちのことも念頭に置いていますので，そこで働く幼稚園教諭や保育教諭を目指す人たちにとっても有効に活用できるものとなっています。

　本書を執筆するにあたって2つの大きな特徴をもたせました。

　まず1つ目に，編著者間には「具体的な子どもたちの姿が思い浮かべられるような本にしたい」というイメージがありました。保育実践で活用できる心理学を学ぶに際して，理論だけでなく実践をイメージできるようなものをという想いからそのような発想に至ったわけです。そのため，執筆者は保育実践の場に近いところで活動している方たちにご協力いただきました。現在，大学の教員をしている者が多いですが，元々保育所や幼稚園などにおける巡回相談や，保健センターでの乳幼児発達健診，クリニックでの児童発達相談などを行ってきた方，もしくは現在もそういった仕事に従事している方が中心のメンバーです。このテキストを読んで子どもたちの姿が目に浮かぶようであれば，それは執筆者一同の本望です。

　2つ目の特徴は，テキスト構成を「総論」と「各論」の2パートに分け，総論では発達に関する理論を紹介し，各論ではより多くのエピソードを挿入し子どもの姿を想起しやすい形にしていることです。総論パートは，ヒトの発達そのものを概観するために，第1章「発達とは」，第2章「発達と環境」，第3章「発達の理論」という構成にしました。各論パートは，第4章「身体機能と運動機能の発達」，第5章「認知の発達」，第6章「言語の発達」などのように発達を各分野ごとに分けたうえで，保育実践の場で見られる子どもたちの姿が目に浮かぶような具体的なエピソードを中心に展開しています。

　私たちが学生だった頃は，大学では難しいテキストを読んで学ぶことが多かったです。当時はより難しい本を読んでいる方が賢そうという意識があったように思います。

　ところが，現実に子どもたちのいる場に身を置いてみると，難しい本で学んだこととは，また別の現実が見えてきたのです。砂場で遊んでいる子が次の遊びに移るきっかけは一体何なのだろう，年長の男の子たちが徒党を組んで場所を占拠しているがこれは次年度にも継承されていくのだろうか，などなど。

　こういった現実場面での問題を考える際には，現場(フィールド)に出て子どもの姿を見たり，記録をするというフィールドワークが欠かせません。しかし実際のところ，多くの人たちが保育所等でフィールドワークができるわけではないので，テキストの中にも具体的な子どもたちの姿を提示しながら，その事例を基に授業担当者と学生さんたちが一緒に学んでもらいたいと考えました。

このテキストは初学者でもわかるように易しく書かれています。また，授業を受ける前や後に一人で読んでも理解できるようにしていますので，あらかじめ読んでおく，または振り返りのために本書を開いてみる，などといった形で活用してください。

　このテキストを入り口に保育の心理学に興味をもったら，ぜひ難しい本にもチャレンジしてみましょう。先ほど，難しい本では現実の問題には対応できなかったということを書きましたが，のちにその難しい本で学んだことが「根っこ」のようにつながっていくことを実感しています。保育実践の場で見られる子どもたちの一つひとつのエピソードが木の葉だとしたら，その木の葉を増やすためには，枝を大きく伸ばさなくてはなりません。この「枝」がまさに保育実践そのものです。しかし，枝を大きく広げても，それに耐えられる「木」にするためにはしっかりとした「根」や「幹」が必要になってきます。この「根」に当たるのが，心理学をはじめとした様々な学問の理論なのです。

　私たちの時代は「根」の部分から学びを始めたところがありますが，「葉」や「枝」に触れるところから学問を始めるのが今の時代には合っている気がします。どちらから学び始めるにしても，しっかりとした木にしていくためにたくさんの「葉」をつけたり「枝」を伸ばすこと，そして「根」や「幹」をしっかりと育てることのいずれもがとても大切です。このテキストが皆さんの学びの一助になれば幸いです。

　最後になりましたが，本書の執筆・編集に当たってはアイ・ケイコーポレーションの森田富子さん，信太ユカリさんに大変ご尽力いただきました。ここに感謝申し上げます，どうもありがとうございました。

2022年1月

編著者
結城孝治・遠藤純子・請川滋大

目　次

各　論　4章　身体機能と運動機能の発達　　　　　　　　　＜堤　かおり＞

7章　社会性・情動の発達　　　　　　　　　　　　　　　＜常田美穂＞

8章　学びとは　　　　　　　　　　　　　　　　　　　＜滝澤真毅＞

14章　発達や学びに困難を抱える子どものたち

＜結城　綾＞

1章　発達とは

目標：本章では，なぜ保育を学ぶ際に発達を理解することが必要なのかについて触れていく。保育を考える際には，保育者の論理だけでなく，保育される側，つまり子どものことをよく知っておくことが重要だ。とりわけ「保育の心理学」においては，子どもの発達を捉えようとする視点が欠かせない。その際には，子どもの発達を総合的に捉えることが求められる。

SECTION 1　子どもの発達を理解することの意義

1　発達とはどういう現象か

　皆さんは「発達」という言葉にどういったイメージをもっているだろうか。人のからだや心の成長について想起する人が一番多いかもしれない。実際には，発達は，「文明の発達」や「発達した低気圧」など生き物ではないものにも用いられる。人の発達を含め，これらの使い方に共通するするのは，何かが大きくなること，より進んだ状態になることを「発達」としているからである。かつては，健康な成人男性を発達の頂点とする考え方であった。

　発達は英語で development という。この語は de + velop + ment で構成されており，包むという意味をもつ velop に，反対の意味を示す de と，名詞形にする ment が接尾辞としてついている。つまり，包まれていたものが外へ放たれた状態を示すのが development：発達　という言葉なのである。

　この発達を人に焦点を当てて考えてみると，語源からは，子どもが元来もっていたものが外へ放たれ，大きくなっていく状態を表している。

 かつての心理学では，身体や身体能力がピークを示す成人期を発達の頂点と考えていて，その中でも健康な成人男性を理想像とする時期があった。

　しかし，今の私たちからみると，その考え方はおかしなことだと気づかされる。からだの大きい人は小さい人よりも優れているのか，女性は男性に劣るのか，そんなことはないだろう。老人や子ども，障がい児・者などはどう考えればよいのだろう。健康な成人男性を発達の頂点とする考え方では，その状態にない者は常に劣っている状態と考えられ，いつまで経ってもその状態に追いつかない者がこの世に存在することになってしまう。発達を，誰かと比べて進んでいる，遅れているという見方からは脱却しなければならない。

＊　　　＊　　　＊　　　＊　　　＊

　そうだとしたら，発達を誰かとの比較として捉えるのではなく，時間に伴った変化の過程として捉えてはどうか。そのような考え方が1980年代に示され，従来の発達観は生涯発達へとその考え方をシフトしていった。

ある本では発達を「生命の誕生から，乳児期・幼児期・児童期・青年期を経て成人期に達し，やがて老年期に至るまでの，心身の構造的，および機能的変化の全過程」と定義している。生まれてから亡くなるまでのすべての期間が発達であるということだ。医療や保健の分野では，赤ちゃんがお腹の中にいる胎児期も人の発達の一部として捉える。いずれにしろ，人の発達というのは長期に渡るものであり，時間に伴って変化する心やからだのことを表しているのだということをまずは理解しておいてもらいたい。決して，大人になるまでの一時期の変化のことだけを表しているのでないということである。

（1） 成熟と学習

　発達が生涯に渡って起こるということを前述したが，その中で最も劇的な変化をするのが乳幼児期であるということは，多くの人が賛同してくれることだろう。

① ポルトマンの生理的早産

　生まれたばかりの赤ちゃんは，まだハイハイや立つことができず，もちろん歩くこともできない。馬や牛などの草食動物が数時間で歩けるようになるのと比べて，人の赤ちゃんが歩けるようになるまでには約1年かかることを考えると，人が成長するまでにはとても長い時間がかかっていることがわかる。そして他の動物に比べると，生まれたときの状態がとても未熟だ。このことをポルトマンは「生理的早産」という言葉で表した。

　人は進化の過程で，未成熟な状態で子どもを産むようにと変化してきたからこそ，生まれてきてからの養育がとても重要になってくるわけである。自分で移動もできず，食べ物を確保できない子どもには，親か親に代わる誰かが食事を提供したり移動をさせてあげたり，排せつの世話をしなくてはならない。それが保育という行為に他ならない。母親や保育者が赤ちゃんにミルクを飲ませたり，抱っこしてベッドまで運んだり，おむつが濡れたら取り換えてあげるという保育行為は，愛着形成や養育者との関係形成において欠かせないことで，その関係性が教育を行ううえでの土台になっていることも忘れてはならない。

② 未熟な子が成長・発達する過程

　未成熟な子が成長・発達する過程は，成熟と学習の大きく2つに分けられる。

　成熟は，元々生まれもっている性質（遺伝的要因，生物的要因）が外へ現れてくることを示す。背の高い両親から生まれた子どもの背は高いという傾向があることや，近年ではある種の病気のなりやすさも遺伝的に関係していることがわかってきている。

　一方，学習とは，生後の経験により人の行動や態度が変化することを指す。ここには，必ずしも望ましい行動の変化ばかりではなく，喫煙の習慣など望ましくない行動を身につけてしまうことも含まれる（環境的要因）。

　A. L. ゲゼルら（1929）は，子どもの発達について何が重要かというテーマのもとに次の実験をした。

　ゲゼルらは，一卵性双生児のT児とC児を対象に階段のぼりの実験を行った。その研究の中でT児は，生後46週から階段のぼりの練習を始め，最初は手助けをして

もらわないとのぼれなかった階段を，生後52週目には自分だけの力で26秒でのぼれるようになった。

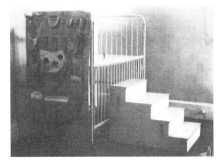

図1-1　おむつ姿の1歳児がのぼる階段のイメージ

出典：伊藤直樹，2013，神奈川大学心理・教育研究論集，34 より

一方C児は，T児が練習している6週間は何も訓練をしなかったが，生後53週目から練習を開始したところ，初日から45秒でのぼることができ，その後2週間の練習を経て10秒で階段をのぼれるようになった。ここからゲゼルらが主張したのは，学習は成熟によって規定される(辰野　1950)ということであった。学びの準備状態をレディネス(readiness)というが，このレディネスが整ってからでないと，学習は効果的にはたらかないということを示唆する研究となった。このゲゼルらの考え方を成熟優位説(3章 p.34参照)という。

 このゲゼルの主張に対して，ブルーナーは，やり方次第によっては，レディネスを促進することができると主張した。

　一方アメリカの心理学者ブルーナーは，1959年に開催されたウッズホール会議において，「どの教科でも，知的性格をそのままに保って，発達のどの段階の子どもにも効果的に教えることができる」と主張した(ブルーナー　1986)。このブルーナーの発言が大きく影響し，その後のアメリカでは，早期からの教育が効果的であると考え，ヘッドスタート計画を進めていったという経緯がある。

＊　　　＊　　　＊　　　＊　　　＊

　成熟(遺伝)と学習(環境)が発達にどの程度影響を与えているかというのは，発達心理学の分野で長年検討されてきたことでもある。しかし，人間の発達には様々な側面があり(身体的側面，精神的側面，知的側面など)一言で説明することはできない。物事を考えるという認知的な部分と知能検査などで測りにくい意欲や自制など非認知的な部分，いずれにおいても遺伝的要因と環境的要因の相互が子どもの発達に影響を及ぼしていると考えられている(ミシェル　2015)。

（2）　発達の原則(個人差，順序性，方向性)

　発達には一定の特性がある。この発達特性を理解しておくことは，保育を行ううえで子どもへの援助・支援に重要な役割を果たす。ここでは，そのような発達の特性について概観していく。

①　発達の個人差

　発達には個人差があり，これは生涯にわたって続くことだが，年齢が小さいときこそ，その個人差は際立つ。例えば，3歳の誕生日を迎えた子どもでも，よく話をする子もいれば，そうではなく言葉が少ない子もいる。個人差があるということがわかっていないと，言葉の少ない子の母親は「周りの子はよくおしゃべりするのにうちの子は…」と心

配してしまうだろう。その言葉の少なさが個人差の範囲なのか，それとも何らかの発達の遅れに由来するものなのか。保育者自身がその点について理解していれば，母親に対して変に不安にならなくてもよいといった言葉がけもできるはずだ。この発達の個人差は，からだの発達や運動面の発達にもみられるので，乳幼児期に発達の差があることは一般的なことであると知っておいた方がよい。

② 発達の順序性

　発達する順序には一定の法則がある。そしてその順序は，基本的にはどの子も変わらず順番に現れる。子どもが一人歩きするまでのことを考えてみよう。

　生後間もなくの赤ちゃんは，生まれもった機能として備わっている反射でおっぱいを飲んだり大人に抱きついたりしているが，そのうち自らの意思でからだが動かせるようになる。そうなると，先ほどの反射は消えていく。首は当初，すわっておらず，大人が後頭部を支えていないと頭がグラグラしてしまう。

- 生後3か月ぐらいになると次第に首もすわってくる。この頃は，まだ寝返りを打つことはできない。そのため，大人がからだの向きを変えてあげたり，膝の上に乗せるときも上半身を大人が支えるような形で抱くことになる。

- 生後6か月ぐらいになると，自分で上半身を維持できるようなる。いわゆる「お座り」の状態がとれるようになるわけである。また，からだを大きく動かすことができるようになってくるので，寝返りをうったり「ずりばい」をする様子がみられる。

- そこから3か月ぐらい経つと，自分の腕や足でからだを支える力がついてくるので，「ハイハイ」をする様子がみられる。ハイハイしながら前を向いて進むことができるようになると，自分の行きたいところへ向かうことができる。

- その後「つかまり立ち」を経て，1歳ぐらいになると，まだ不安定だが，一人で歩くことができるようになる。

③ 発達の方向性

　子どもがからだを大きく動かせるようになっても，その時点では，まだ手先を使った細かい動きなどはできない。それは発達に方向性があるからだ。身体の発達でいえば，頭部から下部，中枢から末端へという傾向がある。上半身の動きの方が下半身の動きよりも先に発達するため，最初のうちは腕の力を使って移動しようとする。また，からだの末端に近い指などの動きは，なかなかコントロールできないが，腕を大きく動かすことはより早い時期からできるようになる。そのため，絵を描くような活動においては，筆など手や指を細かに使わなければいけないものよりも，腕の大きな動きや手を開いたり握ったりする動きで描けるものの方が望ましい。手のひらに絵の具を塗って模造紙に手形を押すなどは，1〜2歳児でも楽しんで行えるだろう。

2 発達と子育て（初期経験，臨界期，早期教育，経験を通した学び）

（1）発達の考え方と早期教育

　発達は生涯にわたって起こるという生涯発達観が現れる前は，成人までの時期，とり

わけ乳幼児期が発達にとって非常に重要な時期と考えられていた。

　そのため，この時期に適切な発達をしないと，あとからその時期の遅れを取り戻すことはできないというように考えられていた。

「狼に育てられた子」(1977)のエピソードは，一般にもよく知られている。

　「狼に育てられた子」の話は，現在様々な脚色がなされて伝わってきたことがわかっている（鈴木　2015）。100年ほど前のインドの話には，ずいぶんと大きな尾ひれがついてきたようだ。ただこの話も，伝説的な昔話として語られるだけならば笑い話ですむのだが，乳幼児期の教育の重要性を語る際に，人間的な教育に欠けた子の例として用いられてきたところに問題があった。小さな頃に人間的な教育を受けないと，きちんと発達することができない，あとから教育を行っても言葉の発達は取り戻すことができないというように語られ，そして「だから乳幼児期の教育は大切なのだ」ということで早期教育へいざなうような宣伝が，かつてはよくみられた。

　フランスの「アヴェロンの野生児」や，ドイツの「カスパー・ハウザー」も，結果としては年齢相応の発達を取り戻すことができなかったため，「狼に育てられた子」と並んで人間の発達における初期経験の重要性を示す例として取り上げられてきた。

K・ローレンツの「刷り込み(imprinting)」の研究

　カモの一種であるハイイロガンの観察から，卵からかえったヒナが初めて見た動くものを親だと学習し，その後その動くものをずっと追いかけ回すというものである（ローレンツ　1987）。この「刷り込み」という現象は一瞬にして起こる特殊な形の学習で，カモ類が孵化してから13〜16時間をピークに，これ以降は刷り込みが生じにくくなることがわかっている。

　このカモの刷り込みのように，人の発達や学習にも刷り込みのようなピーク（臨界期）があり，その時期を過ぎると学習が生じにくくなると考えられた。この刷り込みや「狼に育てられた子」の話が部分的に結びつき，人の子もある時期を過ぎると学習が成立しなくなり発達に遅れが生じる，だから小さい頃からしっかりと教育することが大切だという早期教育推進論へと結実してしまったのである。

（2）　発達の遅れを取り戻すことはできないか

藤永(2001)は，幼児期にきちんとした養育を受けてこなかった2人の姉弟の話を紹介している。

　この2人の子たちは大家族の中に生まれたのだが，家庭の貧困などを背景にきちんとした養育を受けることなく，ネグレクトの状態に置かれていた。2人は1972年10月に劣悪な教育環境から救い出された。

　その時点で2人は満6歳と5歳になっていたものの，両者共に1歳児程度の身長・体重にしか育っていなかった。言語のレベルは，6歳の姉が10数語話せる程度，5歳

の弟はまったく話すことができなかったという。

＊　　＊　　＊　　＊　　＊

　救出後，2人は乳児院において優しい保育者に育てられ，言葉のやりとりやおもちゃを介しての遊びを経験していった。しかし，姉が12歳，弟が11歳になったときの検査では，言葉の発達は幼稚園の年中児にも及ばないレベルであった。もしこのままであれば，乳幼児期の初期経験は言語の発達にとって非常に重要で，人の発達にも臨界期があることを示す好材料になる。ところがその後の縦断的な調査で，30代に達した姉は結婚をし母親となり，弟は社会人として自立をしていることがわかっている。気がかりだった言語能力は社会生活を営めるほどに回復したのであった。

　藤永らが関わったこの例のように，幼いときに人間的な環境から隔絶されていた者が，大きくなってその発達を取り戻したという事例はきわめて珍しい。それはこのような事例をみつけることが難しいことと，長年にわたって丁寧に保育・教育をし，数十年にわたる追跡調査を行ってきたことが稀であるからだろう。

　藤永らの研究からわかるのは，人間の発達は可塑性が高く，発達の適切な時期というのはありそうだが，カモの刷り込みのように臨界期といった形で存在するものではないということだ。人間の身体や脳のはたらきについては，まだまだわからないことがたくさんある。様々な発達の側面についても「何歳までに○○をしておかなくてならない」といった静的なものではなく，あとから回復できる側面も相当あるということが示唆される。

Column　縦断的な発達研究

　近年はこういった長期にわたる発達研究が，日本でも紹介されるようになった。

　シルバら（2010）は，ニュージーランドのダニーデンという町で育った子どもたちを長期間にわたって調査し，小さなときの母親の就労や経済的な状況，また認知の発達や最終学歴など様々な要因から子どもや彼らが成長してからの姿について考察している。結果として，母親の就労は子どもの発達に大きな影響を及ぼさないが，ネグレクトや母親の精神的な衛生状態，家庭内のいざこざは子どもの精神状態に影響していると述べている。

　ネルソンら（2018）は，ルーマニアのチャウシェスク政権時代に養育を放棄され施設で育った子どもたちのその後について，発達を回復しようとする長期にわたるプロジェクトを紹介している。この研究からは，愛着形成にとって重要な時期に人間的な養育をはく奪された子どもたちについて，その後に愛着形成をするのがとても困難な様子がわかる。

SECTION 2　子ども観の変遷と保育・幼児教育

　子どもや子どもの教育についての見方というのは，歴史の流れの中で大きく変わってきている。古代ギリシア時代でいえば，都市国家であるポリスごとに子どもの教育も異なっていたと伝えられている。そこでよく引き合いに出されるのが，スパルタの教育＊とアテナイの教育である。

> ＊スパルタ：古代ギリシャ世界で最強の重装歩兵軍を誇り，ペルシア戦争ではギリシャ軍の主力であった。他のギリシャ都市とは異なる国家制度，特に軍国主義的政治を尊び，厳格な教育制度は「スパルタ式」とよばれ，スパルタ教育の語源ともなった。

　スパルタは古代ギリシャの代表的なポリスで，紀元前12世紀から紀元前3世紀頃まで存在していた。ポリスでは周囲の国との戦いが多く，国にとって有益な人物とは兵士や軍人であった。そのため，スパルタでは幼い頃から食事は粗末にし，足りなければ盗みを促す教育をしていたという。祖国への献身を誓い，むちに耐える精神を培うことで優れた兵士を生み出そうとした国であった(マルー　1985)。

　一方，同時代に古代ギリシャの中で第一のポリスとなったアテナイ(ギリシャ共和国の首都アテネの古名)は，スパルタとはまったく異なる教育を子どもたちに与えていた。アテナイの子たちは，パイダーゴスという字の読み書きができる奴隷や高齢の奴隷に伴われて学校へ通っていた。また，ソフィストというお金を取って教育をするいわば家庭教師を雇って自宅で学ぶ子どもたちもいた。同じ時代でもスパルタとはずいぶん異なる教育を行っていたことがわかる。

（1）　コメニウスの経験を重視した直観教授

①　大教授学

　現代のように多くの子どもたちが学校で学べるようになるのは，ずっと時代が下ってからのことである。学校での学びが大衆化するために大きな貢献を果たしたのは，17世紀に活躍したコメニウスであった。コメニウスは「大教授学」という著作でよく知られるが，この本は教授すること，つまり教えることについて書かれたもので，教育はすべての人に必要であることを説いている(乙訓　2005)。このすべての人には幼児も含まれているが，コメニウスは幼児を神から賜ったものと考え，幼い子どもは「銀，金，真珠，高価な宝石よりも高価なもの」と例えている(乙訓　2005)。

　ヨーロッパでは，子どもは小さな大人と考えれていた。

　16世紀までのヨーロッパでは子どもは「小さな大人」と考えられており，大人と子どもを分けて考えるということ自体がなかったということは，P. アリエスが「〈子供〉の誕生」(1960)で主張したことであった。かつては衛生環境の劣悪さから乳幼児の死亡率がとても高く，7〜8歳まで成長するのも容易なことではなかった。そのうえ，7歳を過ぎれば「小さな大人」として大人社会の一員に組み込まれて，心身共に未成熟

な頃から働きに出されてしまう。現代のように子ども期を成長・発達の時期と捉え，大人に守られながら学校での学びや遊びに多くの時間を使うという時代ではなかったのである。

＊　　　＊　　　＊　　　＊　　　＊

② 4つの時期の教育

　そのような社会背景の時代に，コメニウスは子どもの時代からの学びを重視し，幼児期から20代前半までを4つの段階に分けた。この考え方は当時としては珍しいものであったのだが，のちに表れる発達段階の考え方(3章 p.27参照)の原点となるようなものである。コメニウスを4つの時期それぞれに適した学びの場を提唱した。

表1-1　コメニウスの学校教育の4段階

第一段階	幼児期	～6歳	母親学校(家庭での母親の膝)
第二段階	少年期	～12歳	基礎学校(村の公立国語学校)
第三段階	青年前期	～18歳	ラテン語学校(都市のギムナジウム)
第四段階	青年後期	～24歳	大学(王国や邦のアカデミー)

乙訓(2005)をもとに著者作成

　これら4つの時期の教育はどうあるべきか。コメニウスの教授法は直観教授とよばれ，様々なものを見たり触れたりする直接体験によって認識を深めていくことを重視している。しかし，実物に接することができず直接見られないものもあるので，それらは図を用いて具体的なイメージをもたせるようにした。この図が入った本が現代の教科書の原型であり，それは1658年に公刊された「世界図絵」としてよく知られている。このようにあらゆる事物や事象について学ばせようとする考え方を汎知主義というが，たくさんの人々を対象に様々なことを教えようと考えたこのコメニウスのアイディアが，現在の学校の原点となったのである。人は直接体験によって学ぶことが欠かせないという考え方は，後の経験主義の理念につながるところがあり，当時のヨーロッパにおいては，画期的な思想であった。

（2）J. ロックのタブラ・ラサ概念

　イギリスの哲学者 J. ロックは，経験主義の代表的人物と理解されている。コメニウスの「大教授学」が公刊されてから約50年ほど後に，ロックは彼の主著と目される「人間悟性論」を出版している。その中でロックは，デカルトの生得観念説を否定し，生まれてきたばかりの子どもは，全くの白紙の状態であると主張し，ラテン語で何も書き込まれていない石板のことを示す「タブラ・ラサ」(Tabula rasa)という語でそれを表した。子どもの状態が白紙であるという考えは，生後の経験が重要であるという経験主義につながっていく。ロックは性善説で子どもを捉え，その後の経験によって知恵が生まれると考えたため，幼児期からの教育を重視した。ただその教育においては，言葉や知識などの学習の前に徳を授けることを一番の目標としている。さらに，当時のヨーロッパでは一般的であった体罰を伴った教育を批判し，子どもを打ったり叩いたりする教育を用い

ることは最悪であると述べている(乙訓　2005)。キリスト教を背景にした人間は罪を背負って生まれてくるという「原罪」という考え方が強かった時代に，子どもには体罰を与えずに教育すべきであるという主張はとても珍しいものであった。

（3）　J. J. ルソーの児童中心主義

　18世紀にフランスで活躍した J. J. ルソーについては，子育て観や保育観ということの前に，「社会契約論」の著者として旧知のことだろう。当時のフランスでは王政が敷かれており，1789年のフランス革命までは王が絶対的な権力をもつ国であった。そのため，民衆が王に逆らうことはできず，自分の意志で物事を決め判断し，多くの人びととの間で合意を形成していく民主主義の時代が訪れるのはもう少し先のことであった。社会契約論は，人々が互いに自由な意思をもち，「みんながみんなの中でより自由に生きられるための契約」(苫野　2020)について記した書物である。そこでの自由意思をもった人をどのように育てたらよいのかということが，1762年に刊行された「エミール」という著作に示されている。

　「エミール」は，ある家庭教師がエミールという子を育てていく物語を書いたものだが，当時この書物は爆発的に売れ，多くの人が手にとり，読むことになった。中世のヨーロッパでは先に述べたように原罪の考え方が根づいており，生まれたままのよい状態をそのまま育てていこうという性善説の考え方は異端で，元々罪を背負っている状態を教育の力によって良きものとしていこうという考え方が一般的であった。そのような時代にルソーのエミールが民衆に受け入れられたということは，子ども観，子育て観を大きくゆさぶるものであっただろう。

 エミールの冒頭には以下のような記述がある。

　万物をつくる者の手を離れるときすべてはよいものであるが，人間の手に移るとすべてがわるくなる。人間はある土地にほかの土地の産物をつくらせたり，ある木にほかの木の実をならせたりする。風土，環境，季節をごちゃ混ぜにする。犬，馬，奴隷をかたわにする。すべてのものをひっくり返し，すべてのものの形を変える。人間は，みにくいもの，怪物を好む。何一つ自然がつくったままにしておかない。人間そのものさえそうだ(ルソー　1962)。

＊　　　＊　　　＊　　　＊　　　＊

　「万物をつくる者」とは神のことであり，神がつくったものはすべてよい状態であるが(性善説)それが「人間の手にうつるとすべてが悪くなる」という考え方は，その当時の子育てや教育を強く批判するものであった。子どもがすくすくと伸びようとしているところを，大人の力で違った方向へ向かせたり，無理に曲げようとしたりしていることを訴えている。子どもが生まれたときの状態を，性善説のようによいものとして捉えるか，または原罪を背負った悪しきものとして捉えるか。このどちらの立場をとるかによって，その後の子育ては大きく変わってくる。

子どもがまっすぐに伸びようとする力を周囲の大人が支えていくという児童中心主義は，ルソー以降，ペスタロッチやフレーベルに引き継がれ，そして日本の幼稚園や保育所での保育観にもつながっていくものである。

　ルソーはエミールの序でロックについて触れているので，ロックの子どもや教育に対する考え方を踏まえたうえでこの書を表していることがわかる。ルソーの児童中心主義的な考え方に強く影響を受けた者の一人にペスタロッチがおり，そのペスタロッチに心酔していたフレーベルは，世界で初めてとなる幼稚園（Kindergarten）をドイツにつくった。フランス革命の前夜，フランスで花開いた児童中心主義がドイツやその他の国々にも影響を与え，明治には日本へもその思想が伝わってくることになる。

（4）　エレン・ケイとこれからの保育そして働き方

　スウェーデンの社会運動家エレン・ケイは，20世紀が幕を開けようとしている1900年に「児童の世紀」を著した。ここではルソーの「エミール」などを引合いに出しながら，自然や自然な状態を大切にする児童中心主義に依った子育て観を提唱している。子どもには教育が必要だが，それは訓練するということではなく，また甘やかすことでもないと主張する。

　エレン・ケイは幼児期の教育について，以下のように記している。

①　現在または将来，ある種の幼稚園を必要とするならば，それは子どもが屋内でも屋外でも子ねこや子犬のように，自分で遊び，自分で遊び方を見つける自由のある場所にすべきだ。大人は，子どもが遊びを見つけたときに，仲間と一緒にそれで遊べるだけの準備をしておけばよろしい（ケイ　1979）。

②　わたしの夢の学校の教師は，男子であっても女子であっても勤務時間は短く，十分な休息があり，高給を得る。これがかれらを引き続き発展させることになるのだ（ケイ　1979）。

＊　　　＊　　　＊　　　＊　　　＊

①の考え方

　現代の遊びを中心とした保育・幼児教育の考え方にも通じるものである。さらにケイは，子どもの解放ということだけでなく，家庭に縛りつけられている女性の解放も強く主張している。

　現在のスウェーデンが世界で最も女性が活躍する国であることの背景には，このようなケイの考え方が大きく影響してきたことを垣間みることができる。ケイは教師の働き方について，前述の②のように述べている。

②の言葉

　現代の日本における教師不足や保育者確保の難しさを予言しているかのようである。人間の発達は子ども期だけに留まらず，一生涯続いていくものだ。そのような生涯発達という考え方に立つと，仕事に多くの時間を割き，仕事をするために子育ては0歳のう

ちから外部に任せるといった働き方を改めて考え直さなければならない気がしてくる。

　スウェーデンでは多くの女性が働いているが，0歳児保育は行っておらず，1歳以降の就学前学校でも日本ほど保育時間は長くない。そのため，夕方4時頃になると母親だけでなく父親が子どもを迎えにくる光景をよくみかける。保育時間が短いため，保育者も長い時間園に縛りつけられることはなく，5時頃になれば多くの保育者は自宅に戻って家族と過ごす時間がとれるようになっている。親としての発達ということを考えたときには，このように子どもや家族と共にいる時間を確保するということがとても大切なように思われる。

（5）　生涯発達という考え方

　1980年代に入り，乳幼児期から成人になるまでを中心とした発達心理学に対しての懐疑から，生涯発達という考え方が提示された。ドイツの心理学者であるバルテスら(1980)の生涯発達の考え方(図1-2)が注目され，その後，世界的に生涯発達の考え方は広がっていった。バルテスらの発達観では，①標準的・年齢的影響，②標準的・歴史的影響，③非標準的影響の3つが相互に影響を及ぼしながら人の発達に関与していると考える。

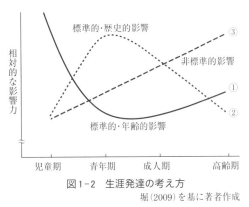

図1-2　生涯発達の考え方

堀(2009)を基に著者作成

①　標準的・年齢的影響

　遺伝などの生物的要因と家庭や学校といった環境的要因との相互作用によるもので，線①が示すように児童期が最も高い影響を受け，それ以降は次第に下がっていくが，成人期から高齢期にかけて緩やかに上昇していくというものである。

②　標準的・歴史的影響

　その時代に起こった大きな災害や社会の変化，経済的出来事など同時代に生きた人たちに大きな影響を及ぼす要因で，特に青年期や成人期初期の段階の人たちへの影響が大きい。

③　非標準的影響

　同世代の人たちに同じく影響を及ぼすような標準的なものではなく，その人に固有の出来事(離婚，転職，離職など)による影響で，年齢を重ねるごとにその影響が強くなり高齢期には最も高くなっている。

　例えば，出産時に何らかの障害を有して生まれてきた子の場合，その子が育つ家庭や園の子育て環境がどういったものかということは，今後の人生にとって大きな影響を及ぼす。障害があったとしても，その他の機能を最大限に活用できるような機会を与えてもらえば，一般の人には成し遂げられないようなことが達成できたり，そのことによって自信をもって，その後の人生と向き合っていけることだろう。その逆に，障害がある

ことについて特別な配慮がなされなければ，ある特定のことができないということだけに留まらず，自分に対して自信をなくしたり，友だちと対等につき合うことができないという2次的な障害を抱えてしまうことにもなりかねない。もしその障害が大人になってから事故などで受けたものであれば，自分自身がどう生きていくか，どう障害と向き合っていくかということを自分で決定することができるが，子どもの時代だと自ら環境を用意することは難しく，家庭や園にいる大人にゆだねるしかないだろう。

　本章で見てきたように，子どもの見方，発達の捉え方は時代によって大きく変化してきた。そのことにより，子どもたちがどのような保育や子育てを受けることができるかも影響を受けてきたわけである。最後の例で見たように，子ども自身は自らが受ける保育や子育ての環境を整えることはできず，そこは自分の周りにいる大人たちに任せるしかない。そうであるからこそ，保育や子育てに関わる私たちは，子どもの育ちや発達をしっかりと理解したうえで，目の前の子どもたちに向き合っていかなければならないのである。

1章　〈参考文献〉

P. アリエス：「〈子供〉の誕生」みすず書房（1980）

乙訓稔：「西洋近代幼児教育思想史」東信堂（2005）

E. ケイ：「児童の世紀」p. 208，冨山房（1979）

J. A. コメニウス：「世界図絵」平凡社（1995）

F. A. シルバ・W. R. スタントン（編）：「ダニーディン―子どもの健康と発達に関する長期追跡研究」明石書店（2010）

J. A. L. シング：「狼に育てられた子」福村出版（1977）

鈴木光太郎：「増補オオカミ少女はいなかった」pp. 11‐59，筑摩書店（2015）

辰野千壽：「児童の学習（野間教育研究所第3集）」p. 10‐11，講談社（1950）

苫野一徳：「苫野一徳特別授業「社会契約論」」NHK 出版（2020）

中島常安・請川滋大・畠山寛・畠山美穂・川田学・河原紀子（編著）：「発達心理学用語集」，発達　p. 4，同文書院（2006）

C. A. ネルソン・N. A. フォックス・C. H. ジーナー：「ルーマニアの遺棄された子どもたちの発達への影響と回復への取り組み」福村出版（2018）

藤永保：「ことばはどこで育つか」大修館書店（2001）

J. S. ブルーナー：「教育の過程」p. 42，岩波書店（1986）

掘薫夫：「ポール・バルテスの生涯発達論」大阪教育大学紀要　第Ⅳ部門　教育科学,58(1)，pp. 173‐185（2009）

A. ポルトマン：「人間はどこまで動物か」岩波書店（1961）

W. ミシェル：「マシュマロ・テスト」pp. 92‐106，早川書房（2015）

J. J. ルソー：「エミール（上）」岩波書店（1962）

K. ローレンツ：「ソロモンの指環－動物行動学入門」早川書房（1987）

2章　発達と環境

目標：保育の中では「環境」という言葉がよく使われるのだが，その用いられ方は多様である。ここでは，環境という言葉の意味から，保育において環境がどのように重要なのかについて触れていく。さらに，環境を構成する者としての保育者の役割についても触れていきたい。

SECTION 1　保育における環境の意味

■1　環境とは何か

　私たちは「環境」という言葉をどのように用いているだろうか。最近は異常気象の背景として「環境の変化」といわれたり，また「環境を守ろう」といったスローガンが掲げられたりする。保育の分野では「子どもの育つ環境」ということであったり，また保育実践の中では「環境の構成」といった用いられ方もする。このようにみていくと，前者で用いる「環境」という言葉と，保育の中で用いる場合の「環境」とでは，その意味する範囲が異なるような気がしてくる。

 一般的な意味で用いる「環境」とはどういうものであろうか。ある辞書の最初には以下のように記されている。

　周りを取り巻く周囲の状態や世界。人間あるいは生物を取り囲み，相互に関係し合って直接・間接に影響を与える外界（デジタル大辞泉）。

＊　　　＊　　　＊　　　＊　　　＊

　ここからは，環境とは私たち（人間）を取り巻く状態のことであることがわかり，さらにそれらが私たちに影響を与えていることも理解できる。幼児教育に関する法令でも，これと同様の意味で「環境」という言葉が用いられている。

 学校教育法の第三章幼稚園の冒頭

第二十二条　幼稚園は，義務教育及びその後の教育の基礎を培うものとして，幼児を保育し，幼児の健やかな成長のために適当な環境を与えて，その心身の発達を助長することを目的とする（傍点引用者）。

＊　　　＊　　　＊　　　＊　　　＊

　ここで用いられる環境には，遊具や身近な動植物などの物的な環境はもちろんのこと，保育施設にいる様々な人々を中心とした人的な環境，季節や気候の特質や園の雰囲気など多くのものが含まれている。また，「適当な環境を与えて」という部分からは，私たちの周りに自ずと存在しているものとしてのみ環境を捉えるのではなく，幼稚園そして幼稚園教諭が環境を意識的に配して，子どもの発達の助けになるよう求められているこ

とが感じとれる。

　加えて，幼稚園教育要領の総則でも，同じような意味で環境という言葉が用いられている。

 幼稚園教育要領第1　総則1幼稚園教育の基本

　幼児期の教育は，生涯にわたる人格形成の基礎を培う重要なものであり，幼稚園教育は，学校教育法に規定する目的及び目標を達成するため，幼児期の特性を踏まえ，環境を通して行うものであることを基本とする(傍点引用者)。

＊　　　＊　　　＊　　　＊　　　＊

　ここでは，幼稚園教育は「環境を通して行うもの」であることが述べられている。これは，幼稚園教諭が言葉などを用いて直接的に教育を行うことだけでなく，子どもたちを取り巻く環境を用いて間接的な教育を行うことを基本とすることを主張したいからである。

２　「環境を通して行う」教育とは

　私たちは教育という言葉を聞くと，そこには「教える人」と「教えられる人」がいて，教える人が文字や言葉を使って指導をするというイメージをもってしまう。「教える人」の教授があるからこそ，そこに「教えられる人」の学習が成立するという考え方だ。しかし，学習が成立するためには必ずしも「教える人」が必要なわけではない。赤ちゃんが，自分の身の回りのことを認識していくことを想像してほしい。知らないことだらけの赤ちゃんは，とにかく自分の周りにあるものに触れたり，口に持ってきたりと自分の感覚を使って試しながら世界を認識していく。そのため，大人であれば口に持っていかないような汚いものや危ないものでも，赤ちゃんは自分でやってみないとわからないので，何でも手に取ってしまう。たばこや小銭でも口に入れてしまうので，下手をしたらニコチンで中毒を起こしたり，小銭をのどに詰まらせて窒息し，最悪の場合は死に至ってしまう。だからこそ大人は，赤ちゃんの周りの環境には特に配慮しなければならない。

　さらに成長をすると，今度は周りの人たちがどのようなことをしているかをよく見るようになる。生後７〜８か月頃には，意図的に周囲の人たちの行動をまねるようになる。この頃の赤ちゃんがパチパチと手を叩いて喜ぶ姿は，大人がそういった行動しているのを見たり，また手をたたく行動をとると大人が喜ぶのを見て繰り返し行うようになった結果である。

　ロゴフ(2006)は，コンゴ民主共和国のエフェ族の11か月児が，鉈で上手に果物を割っている姿を紹介している。子どもたちは小さな頃からよくまねをし，周囲の人々がやっていることを自分のものにしている。学校に通う前から，子どもたちが周りにいる人々の様子を見て，それを自分の行動に取り込んでいくという観察学習は，すでに始まっているのである。

Column　学校とは異なる学びの場

　職人の世界を想像して欲しい。かつて寿司職人になるためには，どこかの寿司屋へ修行に出ることが必要であった。寿司屋で働かせてもらいながら，最初は誰もができる仕事をすることになる。そのうち仕事ぶりが認められるようになると少しずつ重要な役割り（仕入れの手伝いや魚の下処理など）を任され，次第に寿司職人の仕事の全貌がみえてくるわけである。学校とは違い，一人前になるための期間はわからない。もしかしたら10年勤めても寿司職人として独り立ちできないかもしれない。

　親方は教えるプロではないし，教える義務もない。基本的に仕事は盗め（見て学べ）という姿勢である。そんな職人がなぜ仕事のできない弟子を採るのかといえば，それは弟子を入れることで仕事全体が楽になるからだ。親方が店の掃除や料理の下準備などすべてのことを行うことはできない。弟子を採り，彼らが少しずつ仕事を覚えてくれることで，そういった仕事を任すことができるようになる。

　一方，修行に入った弟子は仕事を覚えないと一人前になれないので，学校とは違った真剣さがそこに表れる。一通りの仕事を覚えるまで頑張らないと，今までの苦労も水の泡だ。何としてでもこの下積み時代を乗り越え，寿司職人として独り立ちしたいという動機がそこにはあった。

　上記のような「見て学ぶ」学習のスタイルを観察学習という。誰かの行動や態度を見て自分も真似をしてみる，という方法だ。幼児期の学びでは，この観察学習がとても必要な位置を占める。そして，より適切な学び方だと考えられる。なぜ適切かといえば，それは学ぶことの目的と関係してくる。

　幼児の場合，特に3歳前後の頃であれば，自分が何のために学ぶのか，また，なぜ学ばなくてはいけないのかということを自覚することは難しい。そのため，まずは自分が何をやってみたいのか，どうなりたいのかを自らみつけることが必要になってくる。そんな状況で誰かに与えられた課題をこなしていくよりも，自らがやりたいこと，なりたいものをみつけ，それを目指して取り組んでみることがこの時期の子どもたちには合っている。「環境を通して行う」保育・教育とは，子どもが環境に身を置くことにより，そこでやりたいことをみつけ，それを存分にやってみるという学びのスタイルを支えるものである。

SECTION 2　生活環境の変化と保育

1　子どもを取り巻く生活環境の変化

　子どもたちの学びにとって重要な環境は，現在どうなっているだろうか。まず感じられるのは，大人に守られた環境の下にいる子どもが多いということだ。このことには，メリットとデメリットがある。メリットとしては，子どもたちの周りには常に大人がいるので，一定程度の安全を守られながら活動できるということである。子どもが巻きこまれる事件や事故が報道されるたびに大人たちはとても慎重になり，より安全が確保された環境をということになる。さらに，ただ場を用意するだけでなく，そこに教育の機能を加えようと「教える人」を配置し，子どもの居場所が意図的な教育の場となってしまうこともある。これは子どもにとってメリットのように感じられるが，子ども自らがやりたいことを見つけてそれに取り組むといった機会が少なくなってしまうというデメリットにもなる。小さい頃から「教える人」がいる場に身を置く子どもたちは，いつになったら自分たちの時間を自らの手に取り戻すことができるのだろうか。

　かつてと比べて現代は子どもの数が少ないこともあり，子どもだけで留守番をさせたり，外に遊びに出すことは親にとってとても心配なことだ。また，昔と比べて専業主婦がとても少なくなり，両親共に仕事をしている家庭が増えたので，家には誰もいないという状況が珍しくない。そのため，子どもには安全・安心な場所に身を置いてもらいたいということで，就学前であれば長時間の保育，小学校の低学年では学童保育，高学年になると習いごとや塾といったように，お金を支払ってでも大人が見守ってくれる場に子どもを預けておきたいというのが昨今の保護者の傾向である。多くの子どもたちがそういった場へ行くようになると，学校から直接自宅へ戻る子どもたちは遊び相手がいなくなるのでつまらない。そのような理由から習い事や塾に通う子どもがいるというのも現実だ。このようにして，常に大人がいる場所に身を置く子どもたちが増えている。小学生が何らかの習い事をしている割合は，2020年の調査で78.7％であり，この調査を始めた1989年の39.1％と比べて約2倍の数値となっている（学研　2020）。また幼稚園や保育所に通う幼児（4〜6歳）においても，2019年の調査で56.8％，調査を開始した2017年度の37.9％と比べて18.9ポイント上昇している（学研　2019）。

Column　かつての子どもたちの生活

　今から50年ほど前，筆者が子どもだった1970年代は，学校が終わった後の時間は子どもの手に委ねられていた。小学生の頃は学校から帰ってくると家にかばんを置き，友だちと一緒に公園や空き地で遊んでいたものだ。そこは子どもたちだけの時間であった。たまにいる大人は紙芝居のおじさんや，駄菓子屋のおばさんで，わずかなお小遣いをもってあめ玉やお菓子を買っていた。子どもの数が多かったので，公園や学校へ行けば誰かがいたし，遊び相手に困ることはまずなかった。大人がいない分，危ない遊びもしたし，わるい先輩から悪事へ巻き込まれそうになったこともある。自転車で走り回っていたので，車にひかれそうになったこともしばしば。そのような生活の中で，自分の身の守り方や，友だちや年上の人たちとの接し方を学んでいたのだと思い返される。

（1） チャレンジできる環境

　　大人に見守られ，管理されている環境の下に置かれている子どもたちは，昔よりも安全な状況にいるというのは疑う余地がないことである。しかし，子どもの発達を考えた際には，安全面だけが保障されていればよいということではない。子どもたち自らがやってみたいことにチャレンジできる環境を大人たちが意識的に整えていくことが必要となる。ただ，それを家庭にだけ委ねることは難しいだろう。

　　前述した通り，専業主婦が減り仕事に出る母親が増えたということで，乳幼児期の子どもに望ましい環境をつくるのは家庭よりも保育施設にかかる割合が大きくなっている。仮に母親が働きに出ていないとしても，各家庭の教育観は様々であるため，子どもたちを好き放題にさせておくまったくの放任主義から，極端に教育熱心な管理主義まで，その幅はとても広い。

（2） 保育施設の環境

　　それほど様々な環境の中で育つ子どもたちが，発達に必要な経験を適切に積み重ねられるようにするためには，保育施設がどのような環境を子どもたちに用意するべきかをよく考えておく必要がある。

　　保育施設の環境や教育について考える際には，そこで過ごす数年間のことだけを想定するのではなく，卒園後の小学校やその後の学校での生活，そして大人になってからの社会生活までも含めて考えなければいけない。就学前の時期だけを何とかやり過ごしたところで，その後の学校や社会での生活に適応できないのであれば，ただ預かっているだけといわれかねないだろう。

　　しばらく前から，幼小の接続や保幼小の連携ということをよく聞かれるようになったが，1998（平成10）年に告示された幼稚園教育要領からは小学校以降の学校教育との接続を意識した記載がなされるようになった。

　幼稚園教育要領第3章 指導計画作成上の留意事項 1 一般的な留意事項総則

　　(8)幼稚園においては，幼稚園教育が，小学校以降の生活や学習の基盤の育成につながることに配慮し，幼児期にふさわしい生活を通して，創造的な思考や主体的な生活態度などの基礎を培うようにすること（傍点引用者）。

　　ここで重要なのは，小学校の先取りをするようなことではなく，「幼児期にふさわしい生活」を通して「創造的な思考」や「主体的な生活態度」を育てることを意識した書き方としているところだ。

　　つまり，小学校以降の学校とのつながりを意識するとはいえ，「幼児期にふさわしい生活」をおざなりにするようなものではないのである。1989（平成1）年に改訂された幼稚園教育要領には，上記のような小学校以降の教育とのつながりを意識した書き方は，されていない。しかし領域「言葉」の留意事項として，「文字に関する系統的な

指導は小学校から行われるものなので，幼稚園においては直接取り上げて指導するのではなく個々の幼児の文字に対する興味や関心，感覚が無理なく養われるようにすること」という記述がある。つまり1989年当時から，幼稚園教育は小学校の教育を先取りするのではなく興味・関心を育てることに力を注いできたということを読みとることができる。

＊　　　＊　　　＊　　　＊　　　＊

では，小学校以降の教育につながる幼児期の教育とはどういったものだろう。「言葉」のことに関していえば，遊びの中でその興味・関心を育てることができる。

ある幼稚園でレストランごっこをしている年長児の姿を見たときのこと（図2-1）。そのレストランには品物が書かれたメニューがあり，そこには「はんばーぐ」や「らーめん」といった言葉が記されている。伸ばす棒（長音符）を使って文字を書くのはなかなか難しいが字が，書ける子が代表して書いたのか，図鑑や絵本を見ながら書いたか，あるいは先生に書き方を教えてもらったのだろうか。メニューを作成している過程が想像された。

図2-1　レストランごっこ

こういったひらがなやカタカナの書き方は小学校に入ってからきちんと教えてもらえる。ただ，教えてもらっていなくても書きたいという気持ちが勝れば，幼児はそれを何とか形にしようとするのである。もし，このメニューの記載について，正確さを重視するならば，小学校ではひらがなに長音符は使わないという指導がなされるので，「はんばーぐ」は「はんばあぐ」か「ハンバーグ」と書き直さなければならない。しかし，文字表記の正確さよりも「メニューをつくりたい！」という子どもたちの気持ちを大切にするのが幼児期の教育なのである。

■3　環境を構成する主体としての子どもたち

子どもたちの主体的な生活や，興味・関心を土台にした活動を支えるためには，自分たちの思いで環境を構成したりつくり変えたりできるようにしておくことがポイントとなってくる。保育の環境は元々存在するものだけを活用するのでなく，大人が意識的に構成することが必要だということはすでに述べた通りであるが，さらにいえば子どもたち自らが自分たちの周りの環境を構成したり，つくり直したりすることができるということも重要な要素である。与えられた環境でのみ生活するのではなく，自分たちの目的

に合わせて環境をつくり変えていくことにも大きな意義がある。

　特に好きな遊びの時間は，何をしたいかを自分たちで考えるところから始まり，その思いを達成するためにはどういった環境を用意しなくてはならないかを一緒に遊ぶ仲間同士で想像しなくてはならない。大型の積み木やカーペットを用意しておくと，子どもたち自らが遊びで使うスペースを囲ったり，ままごとの家をイメージした場を確保することができる。園庭など屋外の場合は，酒屋さんにあるようなびんの飲みものを入れるプラスチックケース（図2-2）などがあると丈夫で軽く，子どもたちでも活用しやすい。

図2-2　プラスチックケースを利用した遊び

4　遊びや生活に刺激を与える人的環境

①　異年齢の子どもたちとの関わり

　一方，人的環境でいえば，様々な人々と交流できる機会を設けることが，子どもたちの遊びにとって多くの刺激となるだろう。子ども同士の関係でいえば，年齢別のクラス編成にしている場合，異年齢の子どもたちと関わる機会があると遊びや生活にも変化が出てくる。

　さらに園内だけでなく，園外の子どもたちとの交流が用意されていると，新たな活動に発展する可能性もある。ある保育所では近隣の小学生のために学童保育の場を確保しているのだが，そのことにより，小学生と園児が関わる場面もみられるようになった。小学生にとっては小さな子どもたちと関わる機会が，園児にとっては小学生のおにいさん，おねえさんに遊んでもらう機会が表れ，互いに普段の生活ではなかなか経験できないよい異年齢交流の場となっている。きょうだいが少ない昨今，このような形で異年齢の子ども同士が交わる機会があることは，子どもが多くいた時代の遊びを再現しているようにも感じられる。

Column　異年齢児が共にいることの効果

　運動会は多くの就学前施設で行われる行事である。こういった行事は本番だけでなく，そこへ至るまでの準備や，行事が終わった後の遊びや生活のことも意識して行うと普段の生活にもメリハリが出てくる。例えば，年長児ではチーム対抗のリレーを行うことが多いが，リレーで使ったバトンを運動会後も遊びの道具として使えるようにしておくと，年長児の姿にあこがれをもった年少児などがバトンをもって走る姿を見かけるようになる。年少児にとって，年長児の姿というのはよいモデルとなる。「黄色組のおにいさん（おねえさん）みたいにカッコよく走りたい」という気持ちになっているときに，その年長児が使っていた道具があると，その姿を遊びの中で再現しようとする。

　本来のリレーにはルールがあり，チーム内でバトンをつなぎながら，どちらのチームが早くゴールできるかを競うものである。しかし，年少児にはそんなルールよりも「あの棒をもって走りたい！」という気もちが強いので，バトンを友だちに渡した後には，また後ろに並んで，次の順番を待つというエンドレスのリレーになったりする。まさにリレー「ごっこ」である。この遊びは誰かに指示されて始めたわけではなく，子どもたち自らがやりたいと思ったから取り組んでいるものであり，まさに「主体性」や「興味・関心」をベースにした遊びといってよいだろう。

② 身近な大人たちとの関わり

また子ども同士だけでなく，子どもたちが様々な大人と接する機会があることにも意味が存在する。それは大人たちがどんなことをしているか知ることにつながり，将来の職業イメージをもつきっかけになるということだ。乳幼児にとって一番身近な大人は保護者であるが，自分の親が仕事をしている姿を見るチャンスは今の子どもたちにとって，それほどたくさんあるわけではない。実は一番身近なところで仕事をしている大人の姿を見ることができるのは，保育所などの保育施設である。保育者はもちろんのこと，給食の調理員や栄養士，清掃や園環境の整備を行う人たち，書類仕事をしている事務職員など園には様々な大人がいる。そういった大人たちの仕事を垣間見ることができると，子どもたちは大人の役割や仕事に対して新たなイメージをもつきっかけになるだろう。

図2-3　ランチルームから見たカウンター式の調理室

最近は，保育所や認定こども園の調理室内がよく見えるよう窓を大きくしたり，子どもの背の高さで調理員さんたちとコミュニケーションがとれるように調理室の床を下げたりしているところがみられる（図2-3）。自分たちが食べている給食がどんな人たちによって，どうつくられているのか。食育という意味でも非常に重要なことであり，それを超えて大人の仕事を知るという点でも貴重な機会となっている。

③ 園外の大人たちとの関わり

人的な環境として最後に，園外の人々との交流についても触れておきたい。大人たちとの接点を園外にまで目を向けると，その環境の豊かさはさらに広がりを見せる。街は様々な人たちが生活をしている場であり，さらには働くための場にもなっている。そこで実際に生活をしている大人たちや，その場にあるモノや出来事に触れることは，本や映像の中ではない現実の世界のことだけに，その子どもに与える印象はとても大きい。保育園などでは日常の中で散歩に出かけることがよくあるが，身近な動植物などの自然環境だけに留まらず，地域に暮らす人々の生活に触れられると子どもたちの遊びにもより広がりが出てくるだろう。

④ いろいろな人びととの関わりを意識した保育

保育所保育指針の第2章保育の内容3 3歳以上児の保育に関するねらい及び内容(2)ねらい及び内容 イ 人間関係（イ）内容⑬に，「高齢者をはじめ地域の人々などの自分の生活に関係の深いいろいろな人に親しみをもつ」と書かれている。昔であれば三世代同居が一般的だったので，自宅で祖父母と一緒に暮らしている子どもも多かった。しかし，現代においては子どもたちが高齢者と身近に接することは日常的ではなくなってきている。そのため，高齢者との交流も意識しないとなかなか起こらないということなのだが，世の中には小さな子どもだけでなく，高齢者や障害のある人，外国につながりのある人

など様々な人たちが存在する。そのような人たちと小さな頃から接していることが，多様な人たちと共生をしていくという感覚を生み出す原点になるだろう。

　高齢者との交流は，子どもにとってはもちろんのこと，高齢者の側にとっても効果的な側面がある。小さな子どもたちと接するということは元気を分けてもらうことにもなり，つい同年齢の世代とばかり接することが多くなりがちな高齢者にとっても大変よい機会となる。最初のうちは子どもたちがお年寄りとどう接していいかわからず，せっかくの交流の機会でも遠巻きに見ている，直接接触をしたがらないという子もいる（徳田・請川　2020）。しかし，保育者が交流の仲介役となり，どうやって関わったらよいか戸惑っている子どもたちの接点となることで，次第に心を許し直接的な関わりも嫌がらなくなってくる。高齢者だけでなく他の人びととの交流も同じだが，毎回異なった人と出会うのだと常に不安感や緊張感を伴うが，同じ人たちと定期的に交流できれば「前に遊んでくれたおじいちゃんだ」ということでスムーズに活動へ入っていけるだろう。年に一度，敬老の日に高齢者と触れ合う機会を設けている園は多いだろうが，日常の中で触れる機会を設けることもよい試みだと感じる。心配なのは，交流することにより感染症が広がらないかということなのだが，その点を十分に考慮したうえで，ぜひこのような交流は継続してもらいたいものである。

　高齢者だけでなく，様々な国の人々や，普段接する機会のない大人と触れる機会を意識しておくことは重要なことだ。保育は生活そのものであるので，大人の生活の中で起こることを想定し，就学前の子どもたちがいろいろな人と接することができるようにすることは体験に広がりが生まれることにつながる。子どもたちの生活が多様で豊かなものになることは，彼らの成長・発達を促すきっかけになるので，保育施設内だけに留まらずぜひ施設の外にいる人々との交流もイメージしておいてもらいたい。

　Column にあるあんず幼稚園の「たんけん遠足」は，一日がかりの遠足だが，子どもたちにとって，とても刺激の多い遠足になっていることがよくわかる。そしてたんけん遠足が終わってからは，遠足で見つけておもしろかったものや，興味をもった出来事を園での遊びに再現していくのである。遠足という行事がその行事だけに留まらず，普段の遊びや生活に還元されているところが非常に興味深い。多くの人たちとの関わりが自分たちの遊びによい刺激となり，また遠足や遊んだことの思い出が大きくなったときにも何らかの形で心に残ってくるだろう。

Column　「たんけん遠足」における様々な出会い

　埼玉県入間市にあるあんず幼稚園では，年長の秋になると街を探検して歩く「たんけん遠足」を行う。子どもたちは5〜6名の小グループに分かれ，保育者と共に電車に乗って街へ探検に出かけるのだが，新しい自動販売機に驚いたり，駅の中で見慣れないものを見つけたりと発見することがたくさんある。もし，わからないことがあったら駅員さんや，お店の人たち，街にいる大人に声をかけて疑問を解決し，自分たちの目的地へ向けて進んでいく。パトカーに興味をもった子どもたちがおまわりさんにいろいろと質問をし，その疑問を解決してきたということもある。

SECTION 3 子どもの発達と環境

1 ブロンフェンブレンナーの生態学的システム論

　子どもの発達と環境との関係性を検討する際に，ブロンフェンブレンナーの生態学的システム論の考え方が役に立つ。彼は子どもの発達に影響するであろう周囲の人々や環境，さらには，それらを取り巻く社会基盤や時代の雰囲気などを生態学的なシステム（echological system）として理論立てた（図2-4）。

　生態学的システム論では，子どもの発達に影響を及ぼすであろうものを，その関係性の直接的または間接的な度合いによっていくつかのレベルに分けている。まず子どもと直接関係する学校や家庭，仲間集団などをマイクロ・システムと名づけ，この子どもが直に関わるマイクロ・システム間の関係性をメゾ・システムとした。そして，子どもが直接的には関与していないが，子どもをより身近なところで取り巻くマイクロ・システムに影響を及ぼすものをエクソ・システム，最後にこれらすべてのシステムに一貫して関与するその時代や国，地域などの考え方や信念をマクロ・システムと整理した。

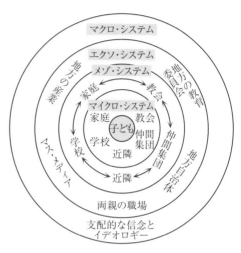

図2-4　ブロンフェンブレンナーの生態学的システム（Cole & Cole　1989）
「子どもの発達と社会・文化」放送大学教育振興会より（p.67）（三宅和夫編：1995）

　生態学的システム論で考えると，目の前にいる子どもの課題や問題行動を検討する際にも，いろいろなレベルでその対策を講じることができるだろう。

　Columnのように，保育者として子どもと関わる場合，子どもの様々な課題や問題に出会うことになる。その際，何らかの課題を子ども自身に内在する問題として考えるだ

Column　眠たそうにしているのはなぜ？

　保育施設に通う3歳児が毎朝眠そうにし，うつらうつらしていたとする。この眠そうだという事実の背景に何があるのかと考える場合，個の要因と環境の要因を考えることができる。もしかしたら，常に眠いという病気かもしれないとも考えられるが，多くの場合，「寝る時間が遅いのではないか」という家庭の要因〈マイクロ・システム〉として予測されるに違いない。そこでお母さんに話を聞いてみたところ，自身が夜遅い時間まで仕事をしているために，つい子どもを寝かせる時間も遅くなってしまうということであった。そこで，園では思い切り遊ぶことで夜は早めに寝られるようにし，家庭には可能な限りでよいので早めに寝かせることをお願いした〈メゾ・システム〉。お母さんには夜遅い勤務を昼間の勤務に変えてもらいたいところだが，病院に勤務する看護師という仕事上〈エクソ・システム〉，なかなかそう簡単にはいかない。看護師という仕事は非常に忙しく，本来はもっと看護師を増やしたいところだが，激務のために資格がある看護師もなかなか病院に勤務してくれないという日本の課題がその背景にある〈マクロ・システム〉。

けではなく，その子を取り巻く環境的な要因，さらにはその環境要因も生態学的システムのようにいくつかのレベルに分けて考えると，今この子のために自分にできることは何だろうかと整理して検討できる。もし子どもにまつわる問題を担当の保育者だけで解決できなければ，園内の保育者に協力を求めたり，さらには園外の専門家の力を借りるということもできる。現在は連携という言葉でよく語られることだが，そういった異なるレベルのシステムを活用することは，子どもの生活を充実させるためにも非常に重要な視点である。

2 アフォーダンスと保育者の役割

「アフォーダンス」とは，J. ギブソンというアメリカの心理学者によって提唱された概念である。そもそも英語にはアフォーダンスという言葉はなかったのだが，アフォード（afford）という「〜を与える」という単語を基にギブソンがつくった心理学用語である。アフォーダンスには「○○を与えるもの」という意味がある。環境のアフォーダンスといえば，「環境が動物に提供するもの」(ギブソン　1985)。環境が生き物に与える意味ということになる。

日本におけるアフォーダンス研究の第一人者である佐々木正人は，アフォーダンスを「環境が動物に提供する『価値』」(佐々木　1994)と説明している。

ただ，これだけを聞くと，それほど重要なことを述べているように感じないかもしれない。この概念の興味深いところは，その環境がもつ意味というのは環境の方に内在するものではなく，また，動物の方が元々もっている意味というのでもない。環境とその動物との間に生まれる意味や価値ということになる。

これまで人間は，その歴史の中で様々に環境をつくり変えてきたのだが，それは「環境が人間にアフォードするものを変えるため」(ギブソン　1985)であった。傾斜地は人が住むのに不都合だが，そこを平らに整えることで新たな住宅地に変えてきた。海に人は住めないが，そこを埋め立てることで新たな土地を生み出した。このように環境をつくり変えることで環境のアフォーダンスを変更し，人々がその環境で何ができるのかという新たな価値を生み出してきたのである。

保育施設へ行くと園児用の小さなイスが置いてある。このイスを見たときに多くの園児は「座れるもの」という価値をそこに見いだすだろう。では，初めてそこにいった実習生のあなたはそのイスに「座れるもの」という価値を見いだすことができるだろうか。

さらに，お相撲さんだったらどうだろう。同じイス（環境）でも，感じとる側（動物）によって，その意味や価値は異なる。その前提に立つと，保育施設で子どもたちが環境から受けとっている意味と，保育者など大人が受けとっている意味とでは異なるものに違いない。大人から見ると広々として思い切り遊べそうだと感じる空間も，園児は「広すぎて落ち着かない」という意味を感じとっているかもしれない。保育者が環境を構成するというのは，環境が園児たちに訴えかける意味を変更するということであり，子どもたちが遊びたくなるかどうかもその環境構成にかかっているのである。

図2-5はある公立幼稚園の写真だが，保育室を入って
すぐのところにたくさんのペンが色別に並べられており，
同じ棚には自由に絵が描けるようたくさんの紙（裏紙も含
む）が入っている。そしてその棚の横には，絵を描いた
り制作をするための大きなテーブルとイスが複数置いて
あるので，保育室に入っただけでも何か絵を描いてみた
いような気持になる。

図2-5　自由に使えるたくさんの
ペン

保育者として，「子どもたちが遊べない」，「何をして
よいか見つけられないみたいだ」と感じているとしたら，
それは子どもに内在する個の要因だけでなく，環境の方
にも何か要因があるかもしれないと考えてみよう。子ど
もにまつわる問題行動や課題を個の要因だけに閉じ込め
るのではなく，人的環境も含め，子どもの周りにある環境を変化させることでアフォー
ダンスを変更し，何か対応することができないかと考えるのが保育者の役割なのである。

2章　〈参考文献〉

J. J. ギブソン：「生態学的視覚論—ヒトの知覚世界を探る—」p. 140，サイエンス社（1985）

佐々木正人：「アフォーダンス—新しい認知の理論—」岩波書店（1994）

小学生白書 Web 版（2020年8月調査）「小学生の日常生活・学習・新型コロナ対策の休校に関する調査」学研
　教育総合研究所（2020）

　https://www. gakken. co. jp/kyouikusouken/whitepaper/202008/index. Html

「デジタル大辞泉」「環境」小学館

　https://www. weblio. jp/content/% E7 % 92 % B0% E5 % A2 % 83?dictCode＝SGKDJ

徳田多佳子・請川滋大：「保育における幼児と高齢者の世代間交流：幼稚園の保護者・保育者に対する調査か
　ら」日本女子大学大学院紀要. 家政学研究科・人間生活学研究科(26)，149-157，（2020）

U. ブロンフェンブレンナー：「人間発達の生態学」川島書店（1996）

三宅和夫（編）：「子どもの発達と社会・文化」p. 67，放送大学教育振興会（1995）

文部科学省：幼稚園教育要領解説，フレーベル館（2018）

文部省：幼稚園教育指導書増補版，フレーベル館（1989）

文部省：幼稚園教育要領（1998）

B．ロゴフ：「文化的営みとしての発達」新曜社（2006）

幼児白書 Web 版（2019年8月調査）「幼児の日常生活・学習に関する調査」学研教育総合研究所（2019）

　https://www. gakken. co. jp/kyouikusouken/whitepaper/k 201908/index. html

3章　発達の理論

目標：本章では，1章で検討された発達を捉える視点，2章で学習した発達に及ぼす環境の意義を踏まえ，保育を行ううえでの「発達の理論」を学ぶ意味を考えていく。「保育の心理学」では子どもの発達を均一的な視点で捉えるのではなく，保育者が今ここに生きる子ども一人ひとりの心身の発達の姿を「過程」として理解し，保育という場の中で生かしていくための知識や考え方の理論を学ぶことが求められる。

SECTION 1　発達の理論とは

1　発達の理論と保育

（1）　保育者の関わり方

　　保育者は『幼稚園教育要領』，『保育所保育指針』，『幼保連携型認定こども園教育・保育要領』の理解は欠かすことができない。それらは，幼児期の教育の内容や，保育の内容及び方法，また教育課程の編成などについて，その要点をまとめたものである。

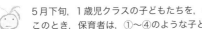
　　5月下旬，1歳児クラスの子どもたちを，午前中の散歩につれて行くことになった。このとき，保育者は，①〜④のような子どもの姿を想定して，園の外に連れていく。

　①　ゆっくり時間をかけて，自分の足で歩く喜びを感じる。

　②　季節の中で変化する，その時々の自然に親しむ。

　③　子どもたちが自分で歩いて危険のない場所を満足のいくまで探索する。

　④　友達の興味・関心に思いを寄せる。

　　1歳児のこの時期のクラスの子どもの姿を，保育者が思い描きながら練られたものである。保育を組み立てる際には，保育者が一人ひとりの子どもの発達の姿を思い描けるかどうかが重要となる。そして，発達の姿を思い描くには，一人ひとりの子どもの姿と照らし合わせた，発達の過程*の理解が必要となる。

　＊保育においては，「子どもの発達について理解し，一人一人の「発達過程」に応じて保育すること。その際，子どもの個人差に十分配慮すること」〔保育所保育指針〕平成29年。なお，『幼稚園教育要領』『幼保連携型認定こども園教育・保育要領』では「発達の過程」の用語を用いている。本書では，「発達の過程」とする。

＊　　　＊　　　＊　　　＊　　　＊

　　発達は，ある年齢（月齢）になれば子どもたちすべてに当てはまるような均一的なものとして捉えず，その姿に達するまでには，一人ひとり異なる生活経験をし，それらが複合的に積み重なっていく連続的なプロセスがある。このように人間の発達には，それぞれの時期や年齢に特有の発達の過程があると考える。保育者は，このような育ちの道筋を考慮して，今，目の前の子どもたちの発達を促すため，日々の保育の内容を思案しているのである。

　　では，次に保育上重要である「発達の過程」という視点を修得するには，発達という現象をどのように理解すべきなのかについて述べる。

(2)　発達－生涯発達という視点

多鹿 (2000) は，「発達」という概念を以下のようにまとめている。

① 時間の変化にともなって起こる個体の一連の変化であること。

② その変化の過程は，より完全な状態へ，あるいはより適応状態へという方向をとること。

③ 生涯を通じて続く変化であること。

 生涯発達心理学の発展に貢献した1人がロバート・ハヴィガースト (Havighurst, R. J.) である。

近年，生涯発達心理学 (life-span developmental psychology) という観点から，発達という概念についての見直しが生じている。現代では，平均寿命も伸び，仕事や子育てが一段落した中年期以降も，様々なライフイベント (人生での出来事) に直面し，それぞれの人生において，悩みや問題を抱えたりする。現代人にとっては，健康で幸福な人生をどう生きるのか，という問いが重要な課題となった。そのなかで，発達という概念も，成人期を頂点として，過去と未来を説明するために用いられるのではなく，胎児期から，誕生，そして終焉という長い人生の道のりを見据えて，その変化を説明しようとするものへと改められていた。この改変は，単に時間的に長いスパンを研究の射程に含むようになっただけでなく，それまでに考えられてきた発達の概念そのものの見直しをせまるものであった。

＊　　　＊　　　＊　　　＊　　　＊

この改変に関しては高橋・波多野 (1993) は，成人期を頂点とする従来の発達の概念は，生産性というキーワードを軸に，「有能になっていく過程」に焦点を当てていたことによるものであるという。そのため，乳幼児期から学齢期，そして就労していくまでの過程という，人生における短いタイムスパンの中での変化に着目し，そのなかで意味のある現象を取り上げて，つなぎ合わせて発達という概念をつくり出したものである。

生涯発達という視点から発達を見直したとき，単なる生産性というキーワードだけで語ることが果たして適切かどうかは再考すべきことである。例えば，生涯発達という視点から生じた見直しではないが，最近，非認知的能力に焦点を当てた発達研究が盛んに行われるようになったことは発達の概念の見直しについて考えるには参考となる。生産性というキーワードからみた発達観においては，認知能力の向上をいかに達成させるかに関心がしぼられ，発達の「点」を探り出そうとしてきた。しかし，成人期における適応状態は，幼児期における社会性や情動的スキルの育成のほうが重要であったことが最近わかってきた (ヘックマン　2015)。

このように従来の発達研究が掘り出してきた「点」は，生産性というキーワードからみた発達観に基づくものであり，その発達観が改変されると，発達にとって重要とされる「点」の位置づけも変更されるのである。

さらに，最近の乳児の脳科学の研究 (小西　2012) からは，胎児期から乳児期初期にかけてつくられてきたシナプスが，1歳以降減少していくシナプス刈り込み＊という現象の

発見からも，発達は青年期，成人期に向けて一直線に右肩上がりで進むものでもないこと，さらには，原始反射の消失のように，次の発達に向かうには，現在獲得したものの上に積み重ねるばかりではなく，それを破棄したり，崩したり，放棄したりすることも必要であることがうかがえる。

　時間的経過のなかで生じる様々な現象を，意味あるものと意味のないものとを選別し，つなぎ合わせて，発達という概念がつくり出される。そのつなぎ合わせる原理，そして変化のメカニズムを説明する原理が「発達の理論」というものなのである。

　どのような現象を「発達」として捉えるのか，また変化が生じる原因をどのように説明するかということは，発達の理解の仕方に依拠していることとなり，どのような「発達観」をもつかによって，理論も異なってくる。

　　＊シナプス刈り込み：シナプスは，ニューロンが電気的・化学的信号を別のニューロンに送信できるようにする脳の構造である。シナプス刈り込みとは，不要になった脳内のシナプスが除去される現象である。

（3）　発達を理解する

①　点と点をつなぐ

　一言に発達を過程として捉えるといっても，毎日子どもの様子をみていれば捉えられるというものではない。

　確かに子どもの姿は日々変化していく。発達を過程として捉えると，目の前にあるこどもの姿も到達した結果ではなく，その子どもなりの「発達の過程のなかで表れている姿」としてみえてくる。発達しつつある存在としては，いま何を乗り越え，どう育とうとしているのか，その姿の発達的意味が理解できるのである。

　このように変化を「点」として捉え，それをつなぎ合わせた結果，みえてくるのが発達というものである。

　保育者は数か月または数年単位の時間経過のなかで起きる現象を念頭におき，その変化を十分に説明できる「点」を見つけ，「その点をどうつなぎ合わせるのか」の見当をつけるという重要な役割をもつ。

　また，ある「点」とある「点」をつなぐために，さらにその間にある「点」をみつけ出さなければならない場合もあるし，今まで不要と考えられていた「点」に焦点を当てなければならない場合もある。

　例えば，幼児期にみられる“独り言”は，ある発達理論からみれば，頭で考えればすむものがあふれ出てきてしまった非社会的な言葉であり，発達の過程としては意味のない現象と捉えるが，別の発達理論からみれば，それは，他者とのコミュニケーションとして用いられていたものが，自分の思考に置き換わっていく過程に生じる非常に重要な言葉であると捉える。このように発達の理論は，子どもの発達の中で生じる様々な現象の意味を理解する手助けとなる。

②　段階として捉える（発達段階）

　発達の理論は，一般化された子どもの発達の姿を示すために，発達をある一定の区部に分け，段階的に捉えるようとする（1章表1-1 p.8参照）。人の生涯発達を，数年から長

いものでは数十年を一つの段階(ステージ)として捉えるものもある。段階的に捉えるということは，発達を構造的に捉えるということであり，その区分を示す特徴をもって区分しようとする発想である。このような捉え方を，発達段階という。発達を段階的に捉える視点は，発達を積加算的な変化ではなく，構造(ステージの特徴)の質的な変化と捉える(ピアジェの発達理論)。

　発達という現象を，段階的に捉えることは，一般的なものではあるが，発達の道筋(順序性と方向性)を私たちに提供してくれる。例えば，人の生涯を単純に，乳児期，幼児期，児童期，青年期，成人期のように区分することができ，それぞれのステージにおける特徴を示してくれる。これをさらに，詳細区分することも可能である。また，発達の心身の各機能に焦点を当てて，その変化を段階的に捉えることもできる。例えば，走ることができるようになるためには，歩くことができる段階が前段にあり，その前には一人で立ち上がるなどの姿がある。

　しかし，そのように子どもの発達の姿を捉えられるようになったのも，19世紀末以降のことである＊。ヨーロッパ中世においては，現在のように細かな区分はなかった。時代の変遷や社会・文化によって，人の生涯をどのように捉えるかは大きく異なり，そこには，それぞれ時代や社会・文化のもつ子ども観が影響している。

　　＊アリエス(Aries, P.)によれば，近代以前は，人の生涯発達のなかで，現代の私たちがもつような「子ども」
　　という明確な概念すらなかったという。

　人の生涯を単純に「子ども」，「大人(成人)」と分けたとする。どのような特徴をもって，「子ども」と「大人」を区分するのかは，単純に年齢によるものでないことは，容易に理解できよう。何をもって「大人」とするのか，儀式や法律や制度において「大人(成人)」にならないと社会的に許可されないものを列挙したとしても，では，なぜそれらは「大人」の特徴なのかは，説明が必要となる。

　私たちが，人の生涯発達を区分することによって，そのステージの特徴は認識しやくなる。しかし，ステージの特徴を捉えやすくする一方で，均一的にみる傾向がある。それは，さらに，ステージに年齢を組み合わせて，何歳になれば何ができる(できる・できない)といった視点でみてしまうこともある。

　また，ステージ間の移行や心身の各機能における関連性については見落としがちになってしまう点も多いので，保育を行ううえで，十分注意しておく必要がある。

③　過程として捉える(発達の過程)

　保育においては，おおよその月齢・年齢における発達的な特徴を理解しておくことは，重要であるが，一人ひとりの子どもの姿の全体像から発達の過程を考慮して，援助・支援を行っていくことが重視されている。前述したように，段階論的視点からは，ある一定の期間を一つのステージとして捉えるため，その特徴は捉えられるが，その移行については捉えにくくなる。

　保育においては，この移行が重要であるため，発達を連続的な過程として捉える必要性が生じてくる。

図3-1は，乳幼児の把握行動における16〜52週の発達の過程を4〜9か月，1年1か月の間隔で示している。

　この一連の図は，子どもがものを「つかめない」状態から「つかめる」状態への移行を示したもので，親指，人差し指，中指の3指の先端で物をつかめるようになるまでには，おおよそ1年ほどかかることがわかる。

　この過程は発達の変化に即した時間単位でみることが必要である。数か月単位の方が特徴の変化がみえやすいものもあれば，数年単位の方がみえやすいものもある。これが「段階」と「過程」との違いであり，各ステージの間に，時間的なつながりをどの程度求めるかにある。単なる縮尺の違いではなく，日々の成長を見守るスケールである。

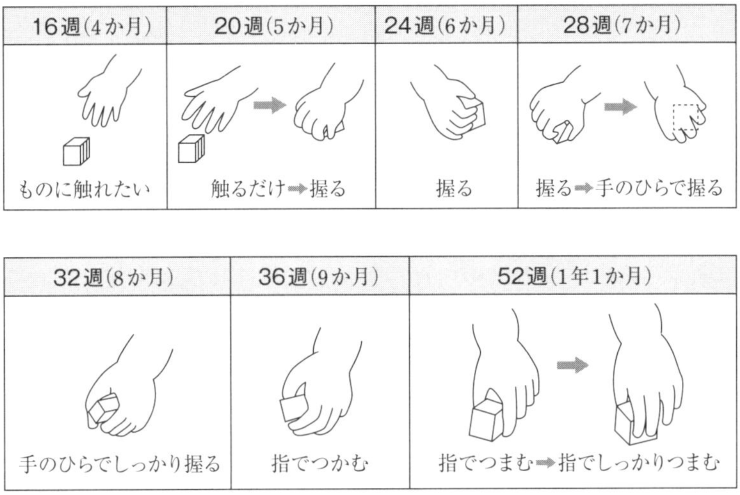

16週(4か月)	20週(5か月)	24週(6か月)	28週(7か月)
ものに触れたい	触るだけ➡握る	握る	握る➡手のひらで握る

32週(8か月)	36週(9か月)	52週(1年1か月)
手のひらでしっかり握る	指でつかむ	指でつまむ➡指でしっかりつまむ

図3-1　把握行動の発達

　発達を段階的に捉える場合は，子どもの全体的な姿には抽出された各機能の発達の様子が示されることが多い点に注意しなければならない。一方，発達の過程を捉える場合には，各機能の発達は，他の機能の発達と関連していることを十分考慮し，各機能の間を横断的に参照しながら，子どもの一人ひとりの発達の姿を理解するよう努めることが大切である。

　また，2章で既習したように，発達に影響をあたえる環境が十分に整えられているかも同時に，捉える必要がある。

２　発達の理論の構成

（１）　発達観

　人の発達を，どのような現象をつなぎ合わせて捉えるかは，それぞれの理論によって異なる。もちろん，その理論を提唱した人がもつ関心領域の差にもよるが，それぞれの理論は，それぞれがもつ「発達観」の影響を受けている。

　「発達観」とは，発達そのものについてどう考えるのかということである。

　例えば，性格をどう考えるのかにも性格の「発達観」が影響している。性格は生まれ

たときから決まっていると考える(生得説)のか,それとも今までの経験のなかで徐々に形づくられてきたと考える(経験説)のかといった考え方の違いがある。また,早め早めに学びを先取りすれば,より早く成長を遂げられるのか,学びをより充実させるためにはある時期まで待たなければならないのかという考え方の違いや,人の成長は教えられることによって促進されるのか,教わるよりも人の真似することで学びは促進されるといった考え方の違いは,異なる「発達観」が影響を与えているといえるだろう。

(2) 経験則(素朴理論)

　厳密な過程を経て理論が構成するまでには,様々な現象において,その理論が当てはまるのか検証が繰り返される。しかし,私たちが日常耳にする理論とよばれるものすべてがこのようなプロセスを経ているわけではない。いわゆる「経験則」というものも,私たちの日常生活の中では用いられることが多い。経験則とは,私たちが日常的に経験する事柄から,ある一定の法則性を見いだし,それに基づいて現象を説明するために使われる理論のことである。

　心理学ではこの経験則を「素朴理論」とよぶこともある。素朴理論は,日常生活で経験する事柄から構成されるため,日常生活で経験する現象を超えて説明の範囲を広げることはなかなか難しい。

　経験は有限であり,世界で起こるあらゆる現象を包括できるものではない。

　したがって,素朴理論は,自分が経験したことの範疇のなかで構成された理論であるといえるだろう。

　その素朴理論を用いて日常の個々の現象の説明に不整合が生じないなら,日常生活の中で困ることはない。実際には地球が回っているのであるが,私たちの日常生活の中では,天体の方が動いていると理解していてもほとんど困ることはないのである。

(3) 経験則から発達の理論へ

　前述のように「日常の個々の現象の説明に不整合が生じないなら,日常生活の中で困ることはない」と述べた。

　私たちは,天文学者ではないので天体が動いていると理解していても,日常にはさほど影響はない。しかし,正確な暦の作成や星の位置によって正確な方位測定が必要となると,天体が動いているという説明では不整合が生じてくる。

　その結果として,地球の方が動いているという新たな理論が生まれ,それによって多くの天体現象に説明が可能となった。

　同様のことは,発達の理論についてもいえる。

　「子どもは,白紙の状態で生まれてくる」と考えられていた時代においては,子どもをそのような視点から捉えていた(1章 p.8参照)。その時代においては,新生児微笑や話し始める前の言葉(クーイングや喃語)などについては,発達的な価値は見いだされていなかった。

① 発達の理論の創出

　経験則から始まった発達に関する説明は，ダーウィン（Darwin, C.）の進化論により，人の発達に「連続性」，「発生」，「方向性」，「適応」といった概念が設けられ，19世紀末にアメリカのホール（Hall, S.）によって，児童に関する様々なデータが収集され，児童心理学が創設されるに至る。その後，様々な発達の理論が，実験データや観察データに基づきながら，20世紀以降，創出されていった。

 20世紀以降，従来考えられていた子ども像に大きな変化が生まれる。

　新生児であっても全くの無能力ではなく，生得的な社会的能力をもって生まれてくることや，子どもの思考の様式が大人のものと異なること，動物のように物理的な報酬がなくても他者の行動から学習が生じることなどがわかってきた*。

　　＊新生児が社会的能力をもって生まれてくることは，メルツォフとムーア（Meltzoff, A. & Moore, M. K.）の表情模倣の実験や，ファンツ（Fants, R. L.）の選好注視の実験などが代表的なものである。また，思考様式については，ピアジェ（Piaget, J.）の発生的認識論，他者の行動から学習が成立する知見では，バンデューラ（Bandura, A）の観察学習の実験が代表的なものである。

＊　　　＊　　　＊　　　＊　　　＊

　このように，子どもの発達研究の知見の蓄積により，徐々に「発達とは何か」という問いに対しての説明（理論）が蓄積され，経験則に対しての裏づけを保障すると同時に，実証的データに基づかない経験則については，その検証と修正が施されていく。さらに，理論がつくられることによって，今まで見落とされてきた発達の過程において重要な「点」がみえるようになり，そういった現象の探索にも発達の理論は大きな力を発揮することとなる。

② 発達の理論を学ぶ

　「発達の理論を学ぶ」というと，心理学の大家フロイト（Freud, S.）やエリクソン（Erikson, E. H.），ピアジェ（Piaget, J.），ヴィゴツキー（Vygotsky, L. S.）などが唱えた体系を覚えると思いがちである。

　確かに，フロイトの心理性的発達論やエリクソンの心理社会的発達論，ピアジェの知の構成論，ヴィゴツキーの社会文化歴史的アプローチにおいても，それぞれの理論体系の中での一貫性は整たれ，強い説明力をもっている。しかし，彼らの発達の理論を巡っては，現在でも議論が続いている。

　したがって，理論を過大評価し，「理論ありき」で個々の子どもの発達や「気になる」行動を頭ごなしに解釈するのは，子ども一人ひとりがもつ個別の発達の過程をないがしろにしてしまうことになる。「発達の理論を学ぶ」ことは，「発達の理論を覚える」ことではない。彼らの理論を学ぶことの意味は，発達という現象を，どのような視点から捉え，それぞれの関心領域の中で，どのようにその現象について説明したのか，という点であろう。

SECTION 2　保育の中での子どもの育ち

1　保育と子どもの育ち

（1）子どもの育ちの姿

　　図3-2は，「幼児期の終わりまでに育ってほしい姿」として示されたものである。これらは就学前の子どもの発達のゴールではなく，その後に続く発達の過程の一部であり，小学校以降の学びをスムーズに進めていくためのものである。

図3-2　幼児期の終わり（就学前）までに育ってほしい姿

　　このような姿を培うために保育者は日々の体験を通して「子どもの今の姿をどのように理解するのか」，「子どもがどのような発達の過程を経ていくのか」，「発達を促す要因」について理解を深めることが大切である。

（2）育ちの姿と個人差

　　当然のことであるが，すべての子どもたちがそろって「幼児期の終わりまでに育ってほしい姿」に成長するわけではない。保育では子どもの育ちに応じて，自分でできることは自分でするよう保育者が援助していく。このような姿が里程標であることを知っておくことは大事であるが，すべての子どもたちが同じような発達の過程を経て成長していくわけではないことを忘れてはならない。

　　例えば，同じ3歳児クラスであっても，生まれ月によっては一つのクラスの中に10か月の差があることもあるため，低年齢のときは，生まれ月の差は大きく感じられる。また，同年齢の子どもの間では同じ発達を示すかといえば，決してそうではなく，発達には個人差が生じる。また，発達はいくつかの機能が連関し合ったり，ある機能の発達を土台に他の機能の発達が促進されたりする。各機能の発達は，一人の子どもにおいても，月齢に応じてすべての機能が同じ発達水準にあるわけではない。

　　例えば，言語発達面において，表面上は発達の里程標に比して停滞しているようにみえても，言語の理解面においては，年齢相当以上の水準であることも少なくない。また，言語の発達には，対人関係も含め，多領域から総合的に把握することが必要である。また，その子どもの発達の現状については，保護者の育て方や保育者の関わり方や子ども自身の経験といった環境的要因を多面的・複合的な観点でとらえることが望ましい。

　　保育で，個人差をどのように扱うかについては，誤差や変数としての扱い方ではなく，一人ひとりの子どもがもつ重要な特性として，配慮することが望ましい。

SECTION 3　発達のメカニズム

■1　発達を促す要因

　発達という現象は，原則があることが確認されている（1章 p.3参照）。ある一定の順序性や方向性があっても，その中には必ずといっていいほど個人差が存在する。その点を踏まえたうえで，発達を促す2つの要因について考えてみる。

（1）　発　生（genesis）

　発生は，遺伝情報の連続的な発現によるものであり，人の発達に大きな影響を及ぼす。生物学的発生の概念は，次のように分けることができる。

①　個体発生（ontogeny）

　個体レベルでの受精から死までの過程に焦点を当てたもの。

②　系統発生（phylogeny）

　生物の時間軸にそった変化を，進化の観点から種のレベルでみたもの。

　個体発生は系統発生を繰り返す（ヘッケル，Haeckel, E. H.）。

　ドイツの生物学者ヘッケルは，著者「有機体の一般形態学」（1866）の中で，生物の発生過程は，その生物の進化の過程を繰り返す形で行われるという反復発生説を唱えた。

　彼の学説は，人の受精卵が胎児になっていく過程において，生物の進化の過程で生じてきた特徴が再現されるという現象を捉えたものである。

　しかし，子どもの行動や心性を太古の人類の行動の名残であるように解釈することの妥当性については，議論が必要であるとされている。

（2）　環　境（environment）

　人の発達は，自然・物理的な環境のみならず，人的環境や社会文化的環境の影響を受ける。どのような環境も同じように影響を及ぼすわけではなく，小さな環境の変化でも発達に強く影響を及ぼすものもあれば，かなり大きな変化が生じないと発達への影響が確認できないものもある（環境閾値説）。

　教育と発達の関係については，教えるという大人側の関わりによって，発達が促されると考える。人の発達が，社会文化的な環境のなかでよりよく生きていくようになることであるとすれば，社会文化的な営みである教育の要因は非常に大きい。

　しかし，一人ひとりの子どもの発達の特性を無視し，教育の役割を強調する立場（環境優位説）は，過度な教え込みやしつけ，強制的な訓練といったものを導きやすく，健康な発達をゆがめることもある。

■2　生得説（nativism）と経験説（empiricism）

　「氏か育ちか」という議論は，古代から現代にまで続く議論の一つである。人の発達は，

遺伝と環境，どちらの影響を多く受けるのか。ここでは，代表的な生得説と経験説，現在主流となっている学説を取り上げる。

（1） 生得説

　生得説とは「人の能力や特徴が生まれながらのものであると考え，遺伝を始めとする生得的な要因が個体の発達に強く影響を与える」というものである。

　子どもの発達には，愛着が重要である(ボウルビィ，Bowlby. J)。

① ボウルビィの愛着理論（アタッチメント理論）

　ボウルヴィは，動物行動学(エソロジー)の知見をもとに，人間の乳児も大人への接近や接触を求める生物学的傾性をもって生まれてくるとし，その後は，この傾性をもとに，自分の世話をしてくる大人(養育者や保育者)に対して愛着を形成していくとした。つまり，特定の対象に対しての愛着形成については，経験によるものであるが，世話をしてくれるものに接近や接触を求めようとすること自体は，経験によるものではなく，生得的なものと考えた。

② ゲゼルの成熟優位説

　ゲゼル(Gesell, A)は，人の発達はあらかじめ遺伝的にプログラムされており，そのプログラムに沿って展開されるとした。またゲゼルは，その発達的変化を「成熟」とよんだ。彼は，発達は経験や学習によらず，神経系の成熟によって進むと考え，そのことを証明するために，ある一卵性双生児を対象に歩行訓練の実験を行った。

　その結果，歩行開始前に歩行訓練を行った子どもは，一時期は自立歩行の発達が促進されたが，後にちょうど歩行が開始される時期に訓練を行った子どもに追いつかれてしまったのである。この結果から，ゲゼルは，発達は生得的な成長能力にかかっており，教育によってこれを促進することはできないと考えた。また，教育が有効にはたらくためには，成熟を待たなくはならない(レディネス)という，成熟優位説を確立し，教育界に大きな影響を与えた。

　しかし，生得説を強調すると，人の発達は，あらかじめ，遺伝的要因によって制約されているという極端な成熟説の立場にたち，発達の可塑性*の過小評価につながってしまう。

　　＊発達の可塑性：発達初期の経験の影響について，長期的な視点に立った場合，どれほど影響を及ぼすのかという問題に対して，その後の成育環境が良好であるならば，発達の軌道修正が認められるということ。

（2） 経験説

　経験説とは「環境の影響が子どもの発達にとって，決定的な力をもっており，発達は生まれた後の経験と学習によって決まる」というものである。

　発達を「学習の所産」と考える。

① ロック(Locke, J)のタブラ・ラサという考え方

　哲学者のジョン・ロックは，生まれたての子どもをタブラ・ラサ(白紙)にたとえ，経験によってそれに書き加えられていくと考えた。

人は誰もが生まれた瞬間はタブラ・ラサの状態であり，その後の知覚経験の違いで，知識にも差がでてくるという考えを主張した。

② ワトソン（Watson, J）の環境優位説（学習優位説）

心理学者のワトソンは身体的な特徴や構造には遺伝的な差異はあるが，能力や性格のような機能に遺伝はないとし，子どもの学習可能性と環境適応性を強調した（環境優位説・学習優位説）。

ワトソンは，怖がることのなかった白いぬいぐるみを，赤ちゃんが怖がる大きな音（嫌悪刺激）と同時に見せる実験を行った。その結果，赤ちゃんは，嫌悪刺激がなくても，白いぬいぐるみを怖がるようになった。

この結果は，人が何かを怖がるという情動反応は経験による学習であるということを示した。

しかし，子どもの発達が一方的に環境からの影響を受けるという考え方は，子どもの主体性や自ら成長発達していく力を過小評価しているとも考えられる。

（3） その他の説（輻輳説，相互作用説：環境閾値説）

現在，遺伝と環境のどちらか一方の立場に立って，発達を説明することは，ほとんどない。遺伝も環境も，共に発達にとって重要な要因であると考えるのが主流になっている。

① 輻輳説（シュテルン, Stern. W.）

輻輳とは「方々から集まる」という意味で，輻輳説とは，遺伝的な要因と環境の要因が車の車輪のように合わさって影響を及ぼすというものである。

② 相互作用説

現在，最も主流となっている考え方が相互作用説である。遺伝的な要因と環境の要因は独立してはたらくのでなく，互いに影響し合いながら，組み合わさって発達に影響を及ぼすというものである。

ジェンセン（Jensen, A. R.）は，相互作用説の中でも，具体的な遺伝と環境の関係について，環境閾値説を提唱した。環境の影響は一律ではなく，影響を受ける機能と環境の影響の程度によって異なるというものである。

図3-3によると，特性A（身長・体重や語彙数）は，遺伝の影響が大きく，極端に

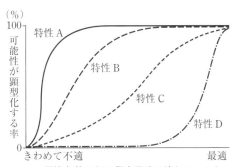

図3-3 ジェンセンの環境閾値説

特性A：身長・体重や語彙数
特性B：知能テストの成績
特性C：学業成績
特性D：絶対音感

内藤・北村・市川（編）：「Next教科書シリーズ」 発達と学習」 弘文堂（2016） より

不利な環境でなければ類型化する傾向にあるが，特性D（絶対音感）は，特定の訓練や好適な環境条件がない限り，類型化しないことがわかる。つまり，特性によって発達に影響を及ぼす環境条件が異なることを示している。

SECTION 4　発達の諸理論

■1■　フロイトの心理性的発達理論

　ジークムント・フロイト（Freud, S. 1856 ～ 1939）は，オーストリアの精神科医である。彼は，精神分析学を発展させていく過程の中で，人間の乳幼児期から青年期までのリビドー（性エネルギー）の発達を明らかにし，リビドーが5つの発達段階において，どのように処理されるかによって人間の性格が定まるという心理性的発達理論を提唱した。

　精神分析学の創始者，フロイトの5つ発達段階ってどんなもの？

①　口唇期（0～1歳頃）　リビドーの源泉：口唇や舌

　乳房や哺乳びんから栄養を摂ることで，空腹という不快が除去され，快がもたらされる。リビドーがこの時期に固着すると飲酒，喫煙，また爪を噛むといった問題につながる。

②　肛門期（1～3,4歳）　リビドーの源泉：肛門

　排泄による肛門への刺激によって快を得ると考える。この時期，排泄のしつけが親によって行われる時期であり，排泄を規則正しく行えるようになることが発達の課題であるとされている。この頃のしつけにより，我慢することや反抗することを覚えていく。

③　男根期（エディプス期）（3,4～5,6歳）　リビドーの源泉：男性器

　性に対する意識・識別をするようになり，男女の違いにも興味を示すようになる。この時期の特徴の一つにエディプス感情がある。男児も女児も人生最初の異性を親に求めるようになり，男児は母親に，女児は父親に愛情をもつようになるが，同性の親をライバル視することをエディプス感情という。それが後の超自我へと引き継がれていく。

④　潜伏期（6歳～思春期）リビドーの根源：特になし

　性的衝動は一時期，影を潜め，社会的充足（学業やスポーツ）を求める時期となる。

⑤　性器期（思春期以降）　リビドーの根源：性器性欲に到達

　この時期では，これまでの各段階で発達してきたリビドーが統合される。自身の身体に対してのリビドーの固着から異性である他者への愛に関心が向くように発達を遂げる。

　また，フロイトは人間の精神をエス，自我，超自我の3層に分類した。主に，エス（Id），自我（Ego），超自我（Superego）が人の性格を創っているという考え方である。

- **エス**：人間には生まれたときから備わっている生理的欲求や本能がある。それを「快楽原則」をいう。例えば，乳幼児が痛みを感じたとき，お腹が空いたとき，おむつを替えてほしいときなどは，その欲求が解消されるまで泣き続ける。つまりやりたいことをやりたいように，やるというような精神的特性の部分を「エス」という。
- **自我**：外界の現実（現実原則）と接触し，外界やエス，超自我からの要請を調整する機能をもつ。
- **超自我**：5歳ぐらいから出てくる精神の構造で，社会や親から発信される「モデル」や「規範」を内化させてつくり出したものである。つまり「いつもよい子」でいるための見張り役が超自我である。

2　エリクソンの心理社会的発達理論

　エリク・ホーンブルガー・エリクソン（Erikson, E. H.1902～1994）は，アメリカの発達心理学者である。フロイトの心理性的発達論を発展させ，心理社会的発達理論を提唱した。また，それぞれの発達段階には乗り越えるべき発達課題（心理社会的危機）があるとした。

 人は，発達段階において危機と向き合いながら課題を解決していく（エリクソン , Erikson, E. H.）。

（1）　発達課題（心理社会的危機）

　エリクソンは，ライフサイクルを8つの発達段階に分け，それぞれの段階にある固有の発達課題を設定した（図3-4）。彼は発達課題は社会・文化から与えられた課題であり，個人的な葛藤と共にそれらの葛藤を乗り越えていくことで，次の発達段階に進むことができるとしている。

　例えば，フロイトの口唇期にあたる乳児期には，栄養を享受してくれるのは養育者であり，空腹時に適時，養育者から授乳を受けることで不快が除去されると共に，養育者に対して安心感を得る。そして，それがもととなり，周りの世界に基本的信頼感を抱くようになる。一方，養育者から適宜，世話が受けられない場合には，他者への信頼をもてず，外界に対して不信感をもって接することになるとした。

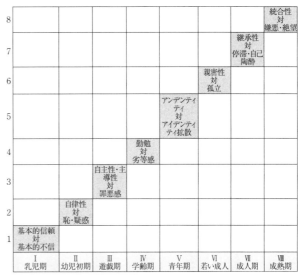

図3-4　エリクソンの発達の漸成図式

エリクソン，E. H..（西平・中島訳）：「アイデンティティとライフサイクル」誠信書房（2011）をもとに作成

（2）　漸成説

　心理社会的発達理論では，例えば「自律性 対 恥・疑惑」のように，発達段階の中に相克的*な対立概念を位置づけ，葛藤を経て次の段階へ進んでいくという，漸次的な発達を唱えている。また，発達段階の進行においてネガティブな対立項を排除するのではなく，ネガティブなものに対してポジティブなものが優位にあるというバランスを保ちながら進んでいくとしている。また，各発達段階における発達課題は，その時期が過ぎればなくなるというわけではなく，以降の発達段階においても形を変えて登場することもあるとしている（エリクソン，2011）。

　＊相克的：対立・矛盾する二つのものが，相手に勝とうとして，互いに争うこと。例えば「理性と感情の相克」のように用いられることもある。

3 ピアジェの認知発達理論

　ジャン・ピアジェ(Piaget, J. 1896～1980)はスイスの心理学者である。彼の提唱した認知発達理論は，人の知能・心理の発達を環境への適応の過程と捉え，大人のような認識がどのように形成されるのかを示したもので，発生的認知論といわれる。

（1）認知の発達

　ピアジェは，認知機能の発達は環境との相互作用の結果として生じ，段階的に進行していくと考えた。また，認知発達の段階を4つの段階に分けた。認知発達の段階において，0～12歳の子どもの認知能力(知覚・記憶力・推理力・言語能力など)の成長順序は，個人差はあるものの普遍的なものだとした。

（2）認知発達の過程

　ピアジェは，人がいろいろなものを認知し学習していく過程を「シェマ」の改変の過程とし，「同化」と「調節」の2つの機能を重視した。また，同化と調節によって認識精度が高まっていくことを「均衡化」とよんだ。

　同化と調節の機能について，3歳の子どもに鉛筆を認知させる場合に当てはめて，考えてみよう。

- シェマ：色や長さの違う鉛筆を組み合わせたものを「これは鉛筆だよ」と教える。
  すると，子どもは色や長さが違っても，共通点をみつけ，「これは鉛筆なのだ」と認識する。これがシェマである。
- 同　化：ボールペンを見せる。すると，子どもは「これも鉛筆でしょう」という。一度得た知識から「鉛筆っぽいもの」だと判断する。このように既存の「シェマ」に他のものを取り込んで考えることを「同化」という。
- 調　節：新たにマジックペンを見せると，今までと太さや描き心地の違いに気づき，子どもは鉛筆，ボールペン，マジックペンをそれぞれ別ものだと認識する。これが「調節」である。
- ・均衡化：同化と調節によって，物事を安定的に認識できるようになることを均衡化という。

（3）認知発達の段階

 ピアジェの認知発達は，大きく分けて4つの段階がある。

① 感覚運動的段階（0～2歳）

　生後1か月ぐらいまでは，吸てつ反応などの反射的な行動で，外界との接触をもち，シェマの土台をもち始める。ただこの時期に自分と他者との区別はない。成長と共にからだを動かし，五感の刺激を求め，同化・調節を繰り返す。周囲の人の声かけ，世話，スキンシップで「自分と他者を区別」，「物の形・役割」，「物事を予測する」ことを覚え，

表象をつくり始める。この時期に発達する認知機能は以下の3つである。

循環反応：指しゃぶりや，ガラガラを振り続けるなど同じことを繰り返し行うことで，
　　自分の身体，物の存在，行為とそれによって生じた結果との関係を確認する。

対象物の永続性：人，物が目の前から見えなくなっても，状況に応じて「存在を予測」
　　できるようになる。

シンボル機能：物事を抽象的に捉え，認識できるようになり，あるものが別のもので表
　　されていることに気づき始める。
　　絵本の中のイヌとぬいぐるみのイヌが同じものだとわかる。

② 前操作的段階（2〜7歳）

　　言語機能・運動機能共に発達が著しく，物事を自分のイメージを使って区別して認識
できるようになる。創造力，想像力を使った「ごっこ」遊びを盛んに行う時期である。
一方，論理的思考が未熟なため，自己中心的な思考・行動パターンが多い。この時期に
は3つの特徴がみられる。

自己中心性（中心化）：他者の視点から思考することが難しく，自分自身の思考，もし
　　くは単一の視点から思考する。

保存性の未発達：自己中心的な思考により「物の形状が変化しても，量・性質は変わら
　　ないこと」の理解が難しい。

アニミズム的思考：無生物に命や意思があるように擬人化する傾向がある。ぬいぐるみ
　　に話しかけたりして，ひとり芝居をする様子がみられる。

③ 具体的操作期（7〜11歳）

　　具体例や事物を介してではあるが，徐々に論理的思考力が発達し，相手の思考を考慮
して発言・行動できるようになる。数的概念が理解できるようになり，重さ，長さ，距
離などの比較も可能になる。アニミズム的思考は徐々に減っていく。
　　この時期の特徴は以下の2つである。

保存概念の習得：「物事の本質」を論理的に考えることができるようになる。見た目に
　　惑わされることはなくなるので，1リットルの水はどんな容器に入れても1リットル
　　であることを認識できるようになる（5章 p.63参照）。

脱中心化：コミュニケーション能力が発達し，共感力が育つことで，他者の視点に立っ
　　て物事を考えることができるようになる。

④ 形式的操作期（11歳〜　）

　　具体的な事象・時間の流れに捉われずに，抽象的思考が可能となり，物事を広い視点
で考えることができるようになる。自分が体験したものでなくても，説明，映像から具
体的なイメージを描くことができる。また，今までの知識や経験を応用して仮説を立て，
結果を予想して発言・行動することも増える。

4 ヴィゴツキーの発達理論

　レフ・セミョノビッチ・ヴィゴツキー(Vygotsky, L. S. 1896 〜 1934)は，ベラルーシ出身のソビエトの心理学者である。彼は人間の発達を文化獲得や文化的学習の過程であると捉えた。文化とは，人が生活している中で日常的に用いる言語や，社会制度，習慣，また，それに伴う道具の使用の仕方である。子どもたちは，そのような文化に参加し，大人からその文化の中での振る舞い方について，教授を受けながら成長を遂げていくとした。

 ヴィゴツキーは，「心理学のモーツァルト」と称される人物である。

　ヴィゴツキーは，37歳という若さで亡くなっていて，研究期間は，たった10年間であったが「心理学におけるモーツァルト」とよばれるほど，この間に多くの研究を行い多大な功績を残している。

（1）　発達の最近接領域

　ヴィゴツキー(2005)の理論の最も特徴的である発想は，子どもの発達のこれから育ちつつある点に着目したところである。子どもが一人でできる限界と，援助があればできる境界のことを「発達の最近接領域」という。ヴィゴツキーは，その子一人で行う課題の結果よりも，協同で行う場合には，現段階の発達水準よりも高い水準の課題をこなすことができる事実に着目した。

　教育は，子どもの現在の発達水準において意味をもつのではなく，明日の水準に目を向ける限りにおいて意味をもつという。

　今日，一人でできなくても，大人や仲間からヒントをもらったり，やり方を教えてもらったり，また真似をしたりして，常に自分一人でするよりも多くのことができるということである。ここに教育の役割が存在する。

（2）　ヴィゴツキーの発達理論の特徴

　ヴィゴツキーは，発達の過程を，「精神間機能から精神内機能へ」という概念と，「直接的な過程から間接的な過程へ」という概念で説明した。

①　精神間機能から精神内機能へ

　ヴィゴツキーは，「子どもの文化的発達におけるすべての機能は二度，2つの局面に登場する。最初は社会的局面であり，後に精神的局面に，すなわち，最初は，精神間的カテゴリーとして人々の間に，後に精神内的カテゴリーとして子どもの内部に登場する」という。発達は，はじめは，人々との共同的な活動のなかで発生する外的な過程として現われ，やがて個人の内的な過程へと転化して，内的な機能として再び登場するというのである。内化は，外的に行われていたものの，そのままの引き写しではなく，独特の機能と構造をもつという。

　例えば，言葉は，もともとはコミュニケーションの手段(外言*)として用いられるが，やがて内化され，内言*となって思考の手段になるという。内言は，機能としては思考

の手段になり，構文としては省略を特徴とする。内言を媒介とした言語的思考は，計画
をたてたり，論理的に考えたりする媒介機能を担うことになる。

> ＊内言：述語中心の構造をとり，圧縮や省略が多く，単語同士が非文法的に結合している。
> 外言：通常の音声を伴う，伝達の道具としての社会的言語のこと。主語中心の構造をとり，文法的に整合
> 性をもつ。

② 直接的な過程から間接的な過程へ

　ヴィゴツキーの発達理論のもう一つの特徴として，直接的な過程から間接的な過程へ
の移行についてあげられる。人は外界の刺激に直接的反応するのではなく，媒介物（記
号や道具など）を用いて外界と関わるという考え方である。これは，子どもの発達にお
ける言語獲得過程において顕著であり，手で直接届かないものがあっても，言葉という
媒介手段を使うことを習得することによって，間接的にものを入手することができるよ
うになることを意味する。また，認知発達においても，ヴィゴツキーは，媒介物の役割
を重視している。事物を記憶する場合，媒介物なしで記憶するよりも，補助的手段を用
いた方が記憶は正確になる。例えば，子どもに無意味な図形をいくつか覚えなければな
らない課題を与えると，子どもなりにその図形に意味を付与させて（図形についた小さ
な黄色い斑点を太陽と見立てる等）覚えようとする。また，数えるといった思考の発達
では，いきなり数字を用いて計算できるようになるわけではなく，それ以前には，具体
的な事物そのものを数えていたものが，その事物を具象した絵に置き換えて数えるよう
になり，さらには，具象した絵から「○」等の記号に置き換えたり，指で代行したりと
いった媒介物を用いた行為を経て，徐々に内的な思考に移行していく，と考えている。
彼は，人間の認知発達（記憶や注意や思考）は，内的な心的操作に移行していく前には，
媒介物を用いた外的な過程が存在することを強調した。これらの媒介物は，人間の文化
の中で歴史的につくられ，使用されてきたものである。そのような意味で，発達は文化
の獲得を意味すると考えるのである。

3章　〈参考文献〉

　アリエス，P.：「＜子供＞の誕生　－アンシャン・レジーム期の子供と家族生活」みすず書房(1980)

　ヴィゴツキー，L.S（柴田義弘訳）：「文化的－歴史的精神発達の理論」学文社(2005)

　エリクソン，E.H.：「アイデンティティとライフサイクル」誠信書房(2011)

　小嶋秀夫・森下正康：「改訂版　児童心理学への招待」サイエンス社(2004)

　小西行郎・遠藤利彦編：「赤ちゃん学を学ぶ人のために」世界思想社(2012)

　柴田義松：「ヴィゴツキー入門」子どもの未来社(2006)

　高橋惠子・波多野誼余夫著：「生涯発達の心理学」岩波書店(1990)

　多鹿秀次・鈴木眞雄：「発達と学習の心理学」福村出版(2000)

　中山元：「フロイト入門」筑摩書房(2015)

　ピアジェ，J.（谷村覚・浜田寿美男訳）：「知能の誕生」ミネルヴァ書房(1978)

　フロイト，S.（井村恒郎・小此木啓吾訳）：「フロイト著作集6」人文書院(1970)

　フロイト，S.（懸田克躬・高橋義孝訳）：「フロイト著作集5」人文書院(1969)

　ヘックマン，J.J.：「幼児教育の経済学」東洋経済新報社(2015)

　村井純一（編）：「別冊発達4　発達の理論をきずく」ミネルヴァ書房(1986)

　村田孝次著：「発達心理学史入門」培風館(1987)

4章　身体機能と運動機能の発達

目標：この章では，乳幼児にとっての運動の意義と，運動発達を促す要因について理解し，子どもの運動発達を支える保育者のあり方について考察する。また，運動発達の大まかな流れを理解すると同時に，それぞれの発達段階における子どもの生活全体をイメージし，乳幼児の運動発達が知的発達や社会性の発達とどのように関連しながら進んでいくのかを理解する。

SECTION 1　乳幼児の運動発達とは

1　運動発達を促すもの

　　自分自身のこれまでの運動発達や，周囲にいる子どもの運動発達をイメージしてみよう。産まれたばかりの赤ちゃんは自分の意思で行きたいところへ移動したり欲しいものをつかんだりすることはできない。しかし，1歳過ぎには立って歩くことができるようになり，自分の意思で手を動かし，身の回りの物をつかんだり簡単な操作をするようになる。幼児期になると，走ったり登ったり跳ねたりと，運動の範囲が広がる。手先の巧緻性も増し，自分で服を着脱したり，道具を使って食事をするようになる。

（1）　遺伝的要因

　　このような乳幼児の運動発達は，いったい何によってもたらされるのだろうか。

　　まず一つめの要因として，遺伝的要因があげられる。ヒトの運動発達は遺伝的にある程度プログラムされている。世界中の人々の育ちを想像してみよう。日本人の赤ちゃんでも欧米人の赤ちゃんでもアフリカの少数民族の赤ちゃんでも，それぞれの生活の中で適切に養育されていれば，首がすわった後にお座りができるようになり，ハイハイの時期を経て立って歩くことができるようになる。これは中枢神経系の発達によるものであり，その発達の方向性は遺伝的に決まっている。それゆえ，おおまかな発達の順序は，どこの国の赤ちゃんも同じである*。

> ＊発達の方向性と個人差：運動発達には一定の方向性があることが知られている。頭部から尾部へ（頭部から足部へ進む），中枢から末梢へ（体幹から四肢へ進む），粗大運動から微細運動へ（全身を使う大きな動きから手指を使う細かな動きへ進む），という方向性である。それぞれの運動発達については，できるようになる目安の時期がある一方，個人差があることもまた事実である。ただし，発達の方向性が変わることはない。

（2）　環境的要因

　　二つめの要因は，環境的要因である。それぞれの国の生活様式の違いや自然環境の違い，子育て文化の違いなどによって，運動発達の細かな内容は違った様相を呈することがある。例えば，母親におんぶされている時間が圧倒的に長いアフリカの赤ちゃんは，

先進国の赤ちゃんより早い時期に首がすわる傾向があることが知られている。同じ日本の中でも，家族構成や住居の特徴，家族の生活スタイルなどによって，ハイハイをたくさんする赤ちゃんもいれば，あまりしない赤ちゃんもいる，比較的早い時期につかまり立ちを始める赤ちゃんもいればそうでない赤ちゃんもいる，というように多少の違いがみられることがある。

　では親や保育者は，子どもの運動発達を支えるためにどのような構えで子どもと関わればよいのだろうか。子どもの中枢神経系が発達し，然るべき運動が可能になる経緯を傍らでじっと見守っていればよいのだろうか。あるいは，ある運動がより早くより上手にできるように訓練を施すのがよいのだろうか。

（3）　内発的動機づけ

　遺伝的要因，環境的要因のほかに，乳幼児の運動発達を促すもう一つの忘れてはならない大切な要因がある。それは，子ども自らが「こんなことをしてみたい」，「こんなことができるようになりたい」と思い，やってみようとするエネルギーである。これは内発的動機づけ(杉原　2014)とか内的欲求(A. J. Ayres　2005)と説明されたり，「子どもの願い」(白石　2018)と表現されるなど，多くの研究者が重要視している大切な要因である。達成したらご褒美がもらえるからなどといった外的な報酬のために運動するのではなく，子どもの内に運動しようとする原動力があることが大切なのである。

2　乳幼児にとっての運動の意義

　杉原(2014)によると，「運動」は「身体的・精神的な目標を達成するための手段」，「運動は，運動することそれ自体に意義がある」という大きく二つの意味合いで使われており，乳幼児にとっては，特に後者が重要だといわれている。幼稚園教育要領には「自分の体を十分に動かし，すすんで運動しようとする」と，保育所保育指針には「自分の体を十分に動かし，様々な動きを(3歳以上では，進んで運動)しようとする」と記載がある。つまり，ある特定の運動技能を獲得するため，忍耐力を養うためといった目的で運動をするのではなく，運動そのものを楽しいとか気持ちいいと感じ，もっとやってみよう，今度はこうしてみようと工夫し，自分ができたことに対して自分なりの有能感を感じられることが重要なのである。つまり，前述した，内的に動機づけられた運動，子どもの内的欲求，内なる願いから発せられた運動であること，これらが乳幼児期においては特に大切だといえる。

　乳幼児の運動発達を支えるために，保育者は，まず子どもが今どんな運動をしたいのか，どんな運動に挑戦しようとしているのかを感じとることが必要である。そして，子どもが挑戦している運動をどうすれば実現することができるか考えをめぐらし，適切な環境を提供したり，すぐにはうまくいかないときも，本当はやってみたい気持ちを支えたり，うまくいったことを一緒に喜ぶなど，子どもの気持ちにより添い共感的に対応しよう。もっとやってみたいと思える子どもの意欲を引き出すことが保育者にはできるはずだ。

SECTION 2　乳児期の運動発達

1　乳児期前半の運動発達

 episode　4-1　生後1週間 M　本書では，episode の登場人物（多くの場面における子どもたち）を基本的にMに統一した。

　　生後1週間の M は，母親と一緒に病院を退院し，自宅で家族との生活をスタートさせた。
　　オギャーと泣き出した M に母親は「あらあら，どうしたのかしら，お腹がすいたのかしら？」と話しかけながら抱き上げた。そして母親が M の頬にツンと乳首を触れさせると，M はまだ目をつぶったままにも関わらず，乳首が触れた方向に顔を向け，乳首を小さな口でしっかりと捉え上手におっぱいを吸い始めた。母親は M の姿を幸せそうに見つめながら，「それにしても，上手に飲むことができるのねぇ。たくさん飲んで元気に育ってね。」と言葉をかけるのだった。

＊　　　＊　　　＊　　　＊　　　＊

（1）　原始反射（出生～生後数か月）

①　随意運動

　　大人は当たり前のように手足を動かすことができるが，これは無意識に行われているわけではない。実は，大脳からの指令が運動神経を通じて手足に伝わることによって動く意識的な運動なのである。このように，動かそうとする自分の意思に随伴して起こる運動を随意運動という。これに対し，産まれたばかりの赤ちゃんは，自分の意思で手足を動かしたり，行きたい場所へ自分で移動をして行くことはできない＊。大脳が未発達なため，まだ自分の意思による随意運動を起こすことができないのだ。

　＊ジェネラルムーブメント：近年の研究によると，新生児においても，外的なはたらきかけがない状態で自発的に全身を使った複雑多様な動きをすることが報告されている（小西　2013）。

②　原始反射

　　生後間もない赤ちゃんには，外からの刺激に対して自分の意思とは無関係に不随意的に起こる運動である原始反射が備わっている（表4-1）。

　　episode 4-1の中で M は，頬や唇に何かが触れるとそちらの方を向くルーティング反射と，唇に触れた物を吸う，吸てつ反射により，母親のおっぱいを飲むことができた。これは厳密にいうと，唇に乳首が触れたことに対し反射的に引き起こされた動きであって，M が「おっぱいを飲もう」と考え自分の意思で起こした動きではない。しかし，このような原始反射が備わっているおかげで，赤ちゃんは生きるために必要な栄養を摂ることができるのである。原始反射は概して，産まれたばかりの赤ちゃんが生命を維持す

表4-1　主な原始反射

原始反射の名前	特　徴
モロー反射	振動や大きな音がしたときなどに，両手を広げて抱きつくような姿勢になる
バビンスキー反射	足の裏をこすると，足の指が扇状に開く
吸てつ反射	口唇に触れると，吸うような動きをする
ルーティング反射	口唇や頬に触れると，頭をその方向に向けて口を突き出す
把握反射	手のひらに触れた物を握るような動作をする
歩行反射（自動歩行）	からだを支えて立たせ，足裏を床に触れさせると，歩くような動作をする

るために必要な行動と関わりが深いことが知られている。また，原始反射は赤ちゃんの意思によるものではないとはいえ，その動きはとても可愛らしく，まるで大人の関わりに応じているかのようにみえる。そのことが，大人の子育て意欲を高め，その後の関係性構築に寄与することが知られている。中枢神経の発達と共に随意運動が可能になると，原始反射はしだいに消失していく。

（2）　首がすわる（生後3, 4か月頃）

　　生後3, 4か月頃，中枢神経系の成熟と共に首がすわる（頭を支えていなくても首がぐらぐらしなくなる）と，赤ちゃんは自分の意思で首を動かして左右を見回すことができるようになる。そして，自分が気になる方向へ顔の向きを変え，周囲の人や物をしっかりと目で捉えることができるようになる。赤ちゃんは，初めは一点を見つめることで精いっぱいだが，しだいに，人や物の動きを最後まで追うことができるようになる（追視）。さらに発達がすすむと赤ちゃんは二点にあるものを交互に見ることができるようになる。こうした運動発達と視覚の発達が相まって，赤ちゃんは周囲のものや人を他のものや人と区別できるようになる。最も親しく身近な母親や父親のことを，他の人と区別することができるようになるのは，ちょうどこの頃である。このように，赤ちゃんの運動発達は，知的発達や社会性の発達とも深く関係している（赤ちゃんになったつもりで，一点を見る，追視する，二点を交互に見る動作をしてみよう。外界の見え方がどのように変化するだろうか）。

（3）　随意運動と感覚のつながりを通して世界を知る（生後4, 5か月頃）

　　生後4, 5か月頃になると，自分の手と手，足と足を触れ合わせたり，手で足をつかんだり，さらには手で持った足を口にくわえるといった姿が見られるようになる（大人には考えられない姿勢だが，何とも愛らしい姿である）。このような動きを通して，赤ちゃんは他でもない自分のからだについて知っていく。赤ちゃん自身の意思に基づく随意運動と，それに付随する皮膚感覚との間につながりができることで，赤ちゃんは，「今自分が舐めたのは自分の足である」といったことを認識するようになる。随意運動と様々な感覚の間につながりができるようになると，赤ちゃんは自分が触れたときに感じる様々なものの質感を感じ，触れたときに出る音に気づくようになる。そして，周囲の世界にある様々な物を探索し始める。乳児を対象としたおもちゃには，触れると音が出るものや光るものが多くみられる。こうしたおもちゃは，探索意欲が旺盛になってきた赤ちゃんの興味を惹きつけるだろう。

　　赤ちゃんはしだいに，自分が意識的に行った運動と周囲の大人の反応とのつながりにも気づくようになる。自分が動かした手が母親のからだに当たると母親が「はーい，なぁに？」といって笑うこと。父親が抱っこで揺らしてくれたときに足をバタバタ動かすと「楽しいかぁ！よーし！」と再度揺らしてくれること。こうした気づきをもとにして，赤ちゃんは周囲の人とのやりとりを盛んに楽しむようになっていく。ここでもやはり，運動発達が知的発達や社会性の発達と深く関わっていることがわかる。

![episode]
episode　4-2　0歳5か月M（0歳児クラス）

　Mは，最近よく仰向けの姿勢で足を高く上げ，そのままごろんと右に倒れたかと思うと正面に戻り，今度はごろんと左に倒れるといった具合に，からだの向きを変えて遊んでいる。時々勢いがついてうつ伏せの姿勢に近づくことがあるが，まだ自分で寝返りをうつことはできない。Mは，保育者にうつ伏せの姿勢にしてもらうのが好きなようだ。仰向けに寝ていたときには，見えなかったものを見つけて，とてもうれしそうな表情をしている。

4-3　0歳10か月M（0歳児クラス）

　お座りがすっかり安定したM，最近はつかまり立ちを始めた。行動範囲が広がり，部屋の中にある様々なものに手を伸ばしてはつかみ，それがどんなものか確かめているようだ。先日，Mはテーブルの上に置いてあったティッシュペーパーの箱に手を伸ばし床に落とすと，今度は箱から次々にティッシュペーパーをひっ張り出した。引っ張り出しては放り投げ，保育者が気づいたときには，Mの周りはティッシュペーパーだらけになっていた。

*　　　*　　　*　　　*　　　*

（1）　寝返り（生後5，6か月頃）

　赤ちゃんになったつもりで，仰向けの姿勢で見える世界とうつ伏せの姿勢で見える世界を比べてみよう。寝返りができるようになると，仰向けの姿勢で遊んでいたときとは見える世界が変わることに気づくだろう。寝返りをすると，今まで視界に入っていなかった様々な興味深い物を前方に見ることができる。寝返りの獲得により新たに視界に入ってきた物に赤ちゃんは興味深々，触れてみたい様子で手をバタバタ動かしてみるが，初めのうちは手が届かない。ときどき偶然に手が届いて触れることがある程度だ。しかし，目の前にあるおもしろそうな物に触りたいという欲求を原動力とし，大人からの励ましの声かけや関わりが後ろ盾となり（「Mちゃん！」と声かけながら，母親が音の鳴るぬいぐるみを赤ちゃんの前方で振ってみせるなど），しだいに，触りたいおもちゃに手を伸ばし，しっかりとつかむことが上手になっていく（図4-1）。この頃，赤ちゃんは，目で見た情報をもとに腕を伸ばす距離や角度などをコントロールすることが少しずつできるようになる。これを目と手の協応という。

図4-1　物をつかむ

　寝返りができる時期には個人差があるようだが，ときどき大人が手伝ってうつ伏せの姿勢にし，新しい世界に誘ってあげることは，運動面での発達と共に認知面での発達も同時に促すことにつながっていく。

（2）　座位の安定と移動（6，7か月頃）

　生後6，7か月ごろ，多くの赤ちゃんは座位（おすわり）がとれるようになる（図4-2）。初めのうちは，ふとした瞬間にバランスを崩し，バタンと後ろに倒れてしまうが，しだいに安定していく。座位が安定すると，座ったままの姿勢で様々なものに触ることがで

きるようになる。微細運動の発達も相まって，両手を使ってじっくり物と関わることができるようになると，赤ちゃんは周囲の物についての理解をさらに深めていく。

図4-2　座位が安定する

（3）　微細運動（乳児期後半）

①　つかむことと手放すこと

乳児期後半に入ると随意的な手指の運動発達が進む。赤ちゃんは，それまではつかむことしかできなかった物を手放すことができるようになる。episode 4-3にあるティッシュペーパーのエピソードは，この頃の赤ちゃんによくみられる様子である（図4-3）。

②　物を定位する

引き出しや容器から物を出す経験を十分に味わった後，今度はものを容器に入れることができるようになる。大人が「ちょうだい」と手のひらをみせると，もっている物を渡してくれるようになる。両手に積木をもってトントンと胸の前で打ち合わせたり，帽子を頭にあててみせたりする。物を定位する（物の位置を定める）ことが可能になるのである。赤ちゃんは，様々なやり方でものを定位し，物にはたらきかけることを繰り返しながら，手指の巧緻性を高めていくと共に，「合わせると音が出る」，「引っ張ると飛び出す」，「穴に入れると落ちる」などの因果関係に気づき，物事の関係性を理解していく。

図4-3　ティッシュペーパー出し

③　微細運動の発達と誤飲の防止

微細運動の発達が進むと，赤ちゃんは，手でつかんだ物を自分の口元に運び舐めて確認するといった行動をとるようになる。小さな物を上手につまむようになると，薬やボタンのようなものさえ上手につまんで口に運んでしまう。この時期，誤飲には細心の注意が必要である。

（4）　移動の獲得（乳児期後半）

乳児期後半，ずり這いやハイハイができるようになると，赤ちゃんの探索活動の幅はぐんぐん広がっていく。気になるものを触りに行くこともできるし，大好きな母親のところまで移動して抱いてもらうこともできる。つかまり立ちができるようになると，今まで知らなかった高い世界への興味が広がる。テーブルの上のリモコンに手を伸ばしてみたり，高いところから物を落としてみたり，離れたところにある魅力的なおもちゃのあるところまでテーブルを伝って一歩一歩近づいていくこともできるようになる（伝い歩き）。こうして赤ちゃんは，周囲の世界をどんどん知り，周囲の人との関わりをますます深めていく。

赤ちゃんの運動発達は，知的発達*や社会性の発達と切っても切れない関係にあることを再度確認しておきたい。

　＊知的発達：年齢が上がり言葉を使った思考ができるようになってくると，徐々に運動発達と知的発達は分化していくが，様々な場面で形を変えて相互に関係し続けるといわれている（杉原　2014）。

SECTION 3　幼児期の運動発達

◼1　幼児期前半の運動発達

🐰（episode）　4-4　1歳8か月 M（1歳児クラス10月）

　気持ちのよい秋晴れの日，クラスのみんなで400ｍ先の公園まで散歩に出かけた。Mは公園が大好きだ。コンクリートの歩道からウッドチップの道に入ると，その感触を確かめるかのように足踏みを始めた。ふと顔を横に向けた M は，道の脇に背の高い草が生えているのを見つけた。するとMはすぐに寄って行って草を引っ張った。しかし，草は案外しっかりと根を張っているようで，Mは抜くことができずに尻もちをついてしまった。少し行くと今度は枕木が敷いてあった。Mは枕木を一つずつ慎重に跳んで渡り歩いた。そして，全部の枕木を渡り終えると，にっこり笑みを浮かべて走り出した。すると，その先に広い芝生広場が見えた。Mは芝生の上を気持ちよさそうに走り回った。トンボを見つけると手を斜め上に上げながら追いかけた。公園の端にある車いす用のスロープもMのお気に入りの遊び場だ。Mは緩い坂を上っては駆け下りた。何度も何度も飽きることなく繰り返していた。

＊　　　＊　　　＊　　　＊　　　＊

（1）　歩行の確立と運動バリエーションの増加

①　歩行の充実と完成

　1歳を過ぎ一人で歩けるようになった子どもは，線をまたいでみたり，段差に上がってみたり，坂を下ってみたり，わざわざ砂利道を歩いてみたり…と，様々な場所に立ち寄り，身体をいろいろなやり方で使いながら歩く。episode4-4のMもまさに，歩けるようになった自由をじっくりと堪能しているようだ。この頃の子どもは，大人なら数分で歩ける道のりを20分も30分もかけて歩くことを楽しむものだ。そして，獲得した歩行をしっかりと充実したものにしていく。

②　運動バリエーションの増加

　2歳頃になると，少し高いところによじ登ったり，ちょっとした段差からジャンプしたり，ほんの一瞬だけ片足立ちができるようにもなる。3歳頃までには手すりを使わずに階段を上がったり，座った姿勢から手を使わずに立ったりといったことができるようになる。自分では動くことができなかった赤ちゃんが3歳頃までには，しっかりと安定した歩行をものにする。

　上の様子からもみてとれるように，幼児期は，ヒトの発達の中で全身の調整力が最も獲得されやすい時期であることが知られている (Gallahue　1996/1999)。また，この時期の子どもは歩行の充実・確立，運動バリエーションの増加と共に，外界への関心を大きくし，さらに世界を広げていく。虫や草花を見つけては目を輝かせてしゃがみ込み，じっと観察したり，触ってみたりする。吹く風や雨など天候の変化さえ，遊びに楽しい変化をもたらす。向かい風を切って走ることも，雨でできた水たまりをわざわざ通って歩くことも，この頃の子どもたちにとっては楽しい遊びとなる。でこぼこ道や縁石など様々な地面の変化も子どもの興味を引きつけるだろう。子どもたちは，全身を様々に動かしながら，周囲の物事や現象に関する理解を深めていくのである。ここでもまた，運動発達が

知的発達と深く関連していることがわかる。

（2）　手指を使った遊びと生活の広がり
① 　手指の細かな動きと力の加減
　1歳台後半〜2歳頃から，子どもは手指の巧緻性や目と手の協応の力の獲得と共に，玩具や道具を巧みに使用し，遊びや生活を広げていく。積木を高く積むときには，積木が倒れないように手指の力を加減してそっとのせることができるようになる。ままごとでは，片方の手で野菜を押さえながらもう片方の手で溝に合わせてナイフを押しつけ，野菜を半分に切って楽しむ。線路をつなげるときには，レールの凹凸をよく見ながら合わせる部分をもって手指の力をコントロールし，仕上げにぎゅっと押すという操作をする。
② 　描画・製作
　幼児期には，描画や製作活動にも関心をもって取り組むようになる。1歳過ぎにはクレヨンを持った手を上下に動かして点々を描いたり，腕を左右に動かしてなぐり描きをしたりする様子がみられる。腕の動きがより滑らかになってくると，ぐるぐると円錯画を描くようになる。きれいに閉じたマルを描くには，自分が描いた線を見ながらクレヨンを持った手を止めるという，より高度な目と手の協応の力や，手指の力のコントロールが必要になる。しだいに，身近な人やキャラクターをイメージし，顔らしきものを描くようになる。
③ 　様々な素材を用いた遊び
　粘土をちぎってお椀に入れご飯に見立てたり，丸めてお団子をつくったりといった遊びも，子どもたちの大好きな遊びである。何気ない遊びだが，こうした遊びを通して子どもたちは左右の手をそれぞれに動かすことや，力を込めること，力を調整することなどを身につけていく。
　砂場遊びでは，子どもたちはプリンカップに砂を入れぎゅっぎゅっとつめこんだ後，平らなコンクリートの上にカップをひっくり返し，そっとカップを外す。力の調整が上手くいくと，とてもきれいなケーキが出来上がる。つめ込み方やカップの外し方が上手くいかないと，少々不格好なケーキが出来上がる。ケーキをつくる遊びを繰り返しながら，子どもたちは自然と手指の力を調整したり，両方の手で細かな動作をしたりといった経験をしているのである。
④ 　身辺自立に向けて
　生活面では，何でも自分でやりたい気もちの高まりと共に，身辺自立に関心をもって取り組むようになる。靴や靴下の着脱，カバンのファスナーの開け閉め，スプーンやフォークなどの道具を使った食事，そして，少し難しい洋服のボタンかけにも果敢にチャレンジする姿がみられるようになる。
　このように，遊びや生活の中には，子どもの手指の巧緻性を高める活動が数多くあり，そうした活動において達成感を感じ自信を高めながら，子どもは生活の主体へと成長していく。

episode 4-5 5歳3か月M（5歳児クラス5月）

「鬼ごっこするものこの指とまれ！」 Mが大きな声でいうと，何人かの年長児が集まってきた。「何オニする？」，「ぼくは色オニがいい！」，「えー，手つなぎオニにしようよ！」。どうやら意見が分かれているようだ。

そこへ保育者がやってきて，「ねぇねぇ，園庭にある遊具にはいろんな色のものがあるよね。」というと，みんなは一斉に「色オニにしよう！」といい，意見が一致した。Mはオニが「みどり！」というのを注意深く聞くと同時に園庭を見回したが，すぐには，みどりのものをみつけることができなかった。Mが迷っている様子をみてオニはすかさずMの方へ駆けてきた。「まずい！」 Mは慌てて走り出した。とにかくオニに捕まらないよう懸命に走った。そして，走りながらみどり色をしたブランコの座面をみつけた。Mは，ブランコにたどり着くまでオニに捕まらないようスピードを上げ，ときどき鋭角に曲がってオニを振り払おうとしたが，ブランコまであと3メートルのところで捕まってしまった。

（1） 全身のコントロールとより複雑な動きの獲得（4歳頃）

4歳頃になると，全身のバランスをとり，運動をコントロールすることが上手になる。また，2つ以上の動作を組み合わせて複雑な運動をすることが上手になる。そして，それまでとは質の異なる難易度の高い運動ができるようになっていく。例えば，片足でバランスをとりながら前に進むといった運動が上手になるのはこの頃である。簡単な縄跳びができるようになるのもこの頃である。3歳頃までは縄跳びの縄を回しながら跳ぶというように，2つの動作を一緒にすることはまだ難しいが，4歳頃になると縄を回すという動作と跳ぶという動作を一緒にすることができるようになる。

小学校に入学する頃までには，運動コントロールや骨格・筋肉がさらに発達し，ボールを投げる，ボールを捕る，木に登る，うんていにぶら下がって渡る，自転車をこぐなど，バリエーションや巧緻性に富んだ運動を獲得していく。2つ以上の動きを組み合わせ，リ

投げる　　　捕る

ズムに合わせて動きをコントロールすることができるようになり，スピードやしなやかさも増す。また，仲間と一緒に遊びを楽しむようになり，鬼ごっこや「だるまさんが転んだ」など，簡単なルールのある遊びの中で巧みにからだの動きをコントロールして遊ぶようになる。

このような遊びを通して，子どもは運動能力のみならず，数量や時間，空間認知等の知的能力も発達させていく。仲間との遊びは，社会性の発達や，他者視点の獲得にも大きく寄与する。

同時に2つ以上の動作をすることができるようになると，生活の中でできることも増えていく。飲み物が入ったコップをこぼさないようにテーブルまで運ぶ，雑巾を床に押し当てながら前に進んで床の掃除をする，などといったお手伝いができるようになる。

（2）　手指を使った遊びの展開〜自立に向けて〜

① 手遊び

　保育所や幼稚園では，朝の集まりなどの活動で手遊びを行うことが多い。手遊びも，子どもの発達に合った内容のものを選ぶことで，子どもが意欲的に，より楽しく参加できる。各年齢の子どもたちにどんな手遊びを選んだらよいか考えてみよう。

　前述のとおり，幼児期後半になると同時に２つの動作ができるようになる。これは左右の手の使い方についてもいえる。４歳頃には，左右それぞれに違う動きをすることができるようになる。また，５本の指をばらばらに動かすことが上手になる。したがって，左右それぞれに異なる動作をして身近なものをつくる「グーチョキパーで何つくろう？」などは，この頃の子どもがちょうど楽しめそうな手遊びだといえる。

　これに対し，３歳頃まではまだ左右別々の動きをすることは難しいため，左右対称の動きをする手遊びを選んだ方が，子どもたちは自信をもって楽しめるだろう。「トントントントンひげじいさん」などがその類である。

　５歳頃の子どもの場合はどうだろう。５歳頃になると，左右それぞれの動きにスピードや強弱，しなやかさが加わる。「ちゃつぼ」や「アルプス一万尺」のような複雑な動きを，日増しにスピードを上げてやってみるなどの遊びの方が，子どもたちの挑戦したい意欲を引き出せるかもしれない。

② 描画・製作

　幼児期後半になると，左右の手でそれぞれの動作ができるようになることで，製作活動の幅もぐんと広がる。片手で紙を持って押さえながらもう片方の手にはさみを持って紙を切るといった作業や，片手で折り紙がずれないように押さえながらもう片方の手で折り目をつけるといった作業が可能になる。片手に持ったひもにもう片方の手で輪を通し，首飾りなどをつくる遊びも楽しめるだろう。

　５歳頃には，いくつかの作業を組み合わせ(例えば，色を塗る，切る，貼るなど)ある目標に向かって作品をつくりあげることができるようになる。

　描画では，線をひきながら角度をコントロールし三角形や四角形など様々な形を描くことができるようになる。そして，しだいに，様々な形を組み合わせ，イメージした物や人物を自分なりに絵に描いて表現することを楽しむようになる。

③ 身辺自立

　生活面においては，身辺自立がすすむ。幼児期後半には，ボタンかけやファスナーの開閉，靴や靴下，衣類の着脱がスムーズになる。

　また，幼児期前半は，一つひとつの作業そのものに興味をもってじっくり取り組む様子がみられるのに対し，幼児期後半は，生活の流れの中で，ある目的に向かって(例えば外に出かけるために)一連の作業に取り組むことができるようになっていく。小学校にあがる頃までには，大人の手助けをほとんど借りる必要がないくらいに概ね自分の身の回りのことができるようになる。

SECTION 4　乳幼児期の保育における留意点

1　乳児期の保育における留意点

🐰 episode　4-6　0歳児クラス

　　乳児クラスの保育者は，ホールでの運動遊びの時間にビニル製のトンネルを出してみることにした。ハイハイが上手になったクラスの子どもたちの多くが興味を示して遊ぶのではないかと考えたからだ。保育者の予想どおり，間もなくＭとＮがハイハイでトンネルの入り口までやってきた。好奇心旺盛なＭはチラッと保育者の顔を見てから，トンネルの中をぐんぐんと進み，あっという間に向こう側から外に出る。慎重派のＮはそんなＭの様子をトンネルの入り口からじーっと見ている。保育者が「Ｎも行ってごらん」と軽く背中を押すと，抵抗するかのように背筋を伸ばして座り直す。でもやっぱりまたＭがトンネルを通る様子をじーっと見ている。決してその場から離れようとはしない。

＊　　　＊　　　＊　　　＊　　　＊

（1）　安心して楽しく運動できる環境

　　活動の範囲がぐんと広がり何にでも興味をもって触ってみようとするこの時期の保育においては，何よりもまず安全対策が必要不可欠である。子どもが触ると危険なものは排除しておく必要がある。つかまり立ちをしたときに椅子が倒れてしまわないか，引っ張ったときに上のものが落ちてこないか，口の中に入れて飲み込んでしまう危険があるものはないかなど，子どもの動きを想定し，安全な環境づくりに十分に配慮しよう。

　　そのうえで，子どもが「触ってみたい」，「あっちまで行ってみたい」と自ら興味をもち，運動したいと思えるような環境を用意することが大切である。座位が安定した子どもの上の方で，保育者がきれいな色の布を広げてひらひらと動かしてみせるとどうだろう。子どもは上を向いて喜び，スカーフに触ろうと両手を高く上げるだろう。少し離れたところで大好きな保育者が空き箱を高く積んでみせれば，子どもは興味を示してハイハイで進んでいくだろう。保育者は日頃の子どもの様子をよく観察し，どんな動きが可能かを把握し，どのような物や様子に興味をもつかを想像しながら保育を行っている。そのような日々の保育者の子ども理解に基づき，子どもが自然と動き出したくなる関わりが生まれてくるのである。

（2）　子どもの気持ちに寄り添いながら

　　子どもがいま達成している運動発達の状況を把握することに加え，子どもが次にどんな運動にチャレンジしそうな状況にあるかについて想像をめぐらすことも大切である。少しチャレンジングな状況は子どものやってみたい気持ちをひき出すことがある。緩やかな坂や，段差，トンネルなどは，ハイハイが上手になった子どもたちにとって適度に変化のある楽しそうな環境構成であり，行ってみたい気もちをひき出す。「トンネルの中はどんな様子だろう」，「入ってみようかな」子どもはトンネルという新しい世界への興味を膨らませる。

　　しかし，episode 4-6のように，やってみたいと思ったことを実際にやってみるまで

の様子は子どもによって様々である。Mのように，興味の赴くまま躊躇することなくハイハイで進んでいく子どももいれば，Nのように，初めてのトンネルの中の世界にちょっぴり不安を感じ，入口に座ったまま一歩を踏み出せない子どももいるだろう。しかし，そんなNもその場を離れることはなく，友だちが遊ぶ様子をじっと見つめている。この姿から，行ってみたいけど少し不安，でも本当は興味があるし，やってみたいと葛藤する気持ちが感じられる。そんなときは，無理に促すことなく，子どものペースに合わせながら一緒に中の様子を覗いてみるのもよいだろう。中の様子がわかってきたら，今度は保育者がトンネルの中に入り楽しそうな姿をみせてあげるのもよいかもしれない。

　同じぐらいの運動発達段階にある子どもでも，取り組みの様子は一人ひとり違う。発達には共通点と個人差がある。このことを常に念頭におくことで，画一的な関わりではなく，個々の子どもの状況に添った関わりを意識できるだろう。子どもの気持ちをいつでも完全に理解して寄り添うことはできない。しかし，それを自覚していればこそ，子どもの微妙な気持ちを推測し，揺れ動く気持ちの変化のサインを捉えようと，子どもに歩み寄る姿勢ができるのではないだろうか。

（3）"いたずら"を遊びに

　先に述べたように，この時期の子どもは，様々な物に興味をもって触れ，物と関わる。ただし，操作の仕方はまだ限られている。握る，叩く，引っ張る，つかんで放す，などである。これらの操作をしたときに何かおもしろい変化が起こると，子どもは繰り返し同じように操作してみようとするだろう。

　この頃の赤ちゃんは，大人を困らせるような"いたずら"をすることがよくある。テーブルに置いてあるパソコンを両手でバンバン叩く，棚の後ろにちらっと見えているコードを引っ張る，引き出しに入っているハンカチを全部出してしまう，テーブルの上に置いてある携帯電話やテレビのリモコンを触る，その携帯電話やリモコンをごみ箱に捨ててしまう，などは，どこの家庭でもよくみられるようだ。

　ところで，赤ちゃんは本当に"いたずら"をしようとしてこのような行動をとっているのだろうか。大人からみると，してほしくないこと＝"いたずら"かもしれない。しかし，赤ちゃんにとっては，発達の過程で獲得した粗大運動・微細運動の能力をフルに使って自分の周りの世界を知ろうとする大事な試みなのである。自分の周りの世界には何があるのか，それはどのような色や形をしていてどのような性質のものなのか，自分が物にはたらきかけるとそれはどう変化するのかについて知ることは，約1年後に出てくるであろう言葉の土台にもなっていく。

　以上のことを考慮すると，赤ちゃんには正当な"いたずら"を存分にさせてあげたいものである。子どもが興味をもって触ったり操作したりするときに，手指の動きに付随して起こる変化を楽しむことができるような遊びを考えてみよう。叩いたり振ったりすると様々な音が出る楽器，引っ張るときれいなスカーフがどんどん出てくる不思議な箱，

穴にボールを入れると「ポトン」といい音がして中に入る透明な容器，スイッチを押す
と動物が飛び出すおもちゃなどは，赤ちゃんの好奇心をひきつけるだろう。他にも，粗
大運動・微細運動の発達に合わせて赤ちゃんがついやってみたくなるような遊びを考え
てみよう。

2　幼児期の保育における留意点

（1）　幼児期前半の保育における留意点

保育所保育指針の領域「健康」の内
容（1〜3歳未満）には，「走る，跳ぶ，
登る，押す，引っ張るなど全身を使
う遊びを楽しむ」という記載がある。
歩行を充実させ，運動バリエーショ
ンを広げていくこの時期，子どもが

走る　　　跳ぶ　　　押す

健全に運動発達をとげることができるよう全身を使った遊びを楽しめる環境を用意する
ことは保育者にとっての大きな責務である。

散歩では子どもの好奇心にゆったりつき合う余裕をもち，子どもが周囲の世界へ関心
を広げながらからだや手指の様々な使い方を自然と経験できるよう配慮したいものだ。
室内であっても，階段をのぼったり台からジャンプしたりと，からだを動かしたくなる
ような変化に富んだ仕掛けを工夫しよう。

幼児期前半は友だちへの関心が芽生え，高まっていく。友だちが登っていれば「自分
もやってみたい」と同じように登ってみる姿がみられるだろう。友だちへの意識と運動
意欲をうまくつなぐ介入も大切である。また，この時期，乳児期と大きく異なる点とし
て，言葉やイメージの発達があげられる。家庭での生活のイメージや絵本の世界のイ
メージを遊びに取り入れながら，何かを形づくったり生き生きと表現できるよう，道具
や素材を用意したり声かけを工夫することも重要である。

（2）　幼児期後半の保育における留意点

幼稚園教育要領の第2章ねらい及び内容 健康2内容（2）には，「いろいろな遊びの中
で十分に体を動かす」，保育所保育指針の第2章保育の内容3 3歳以上児の保育に関す
るねらい及び内容（2）ねらい及び内容ア健康（イ）内容②には，「いろいろな遊びの中で
十分に身体を動かす」と記載されている。幼児期後期には様々な状況に合わせてからだ
を使いコントロールする力が発達する。したがって，これまでは一つひとつの動きを
じっくり経験できるような環境を用意することに重きを置いてきたのに対し，幼児期後
期には，子どもが環境や周囲の人の動きに合わせながら身体を動かし運動をコントロー
ルすることを経験できるような環境を用意することが重要である。

例えば，その時の状況に合わせて自分のからだの大きさも考慮しながら手足を動かし，
水平・垂直・斜めと様々な方向への運動を組み合わせて頂上を目指すジャングルジム，

○の数に合わせて片足立ちになったり両足を広げたりしながらバランスをとって進む「ケンケンパ」などは，この時期の子どもたちが楽しく意欲的に取り組む遊びの典型例といえる。幼児期後半には，友だちと簡単なルールを共有し共同して遊びを楽しむ力が育つため，鬼ごっこや椅子取りゲームなど，集団で楽しめる遊びを取り入れることも発達的な意義がある。

ケンケンパ

　幼児期後期にはこれまで同様，保育者が子どもと一緒に運動遊びを楽しみできた喜びを共感することで運動意欲を支えることに加え，うまくいかないときにもよりよい方法を考え粘り強く繰り返し取り組むことができるよう，子どもの気持ちに合わせて見守る，励ます，よりよい方法を教えるなどの関りが求められる。また，場合によっては保育者が仲立ちしながら，友だち同士で教え合う，ルールを確認し合うなどの機会を十分にもつことも大切である。仲間づくりを経験し，集団の中でのかけがえのない自分としての自信を育む貴重な機会となるだろう。

　運動発達は知的発達や社会性の発達と密接に関連しながら，生活主体としての子どもの全体発達を促すものである。

4章　〈参考文献〉────────────────────────────

　A・ジーン・エアーズ：「感覚統合の発達と支援　子どもの隠れたつまずきを理解する」金子書房 (2020)

　小西行郎・遠藤利彦編：「赤ちゃん学を学ぶ人のために」世界思想社 (2012)

　白石正久：「子どものねがい子どものなやみ　乳幼児の発達と子育て」クリエイツかもがわ (2018)

　杉原隆・河邉貴子編著：「幼児期における運動発達と運動遊びの指導　遊びのなかで子どもは育つ」ミネルヴァ書房 (2014)

　デビッド・L・ガラビュー：「幼少年期の体育　発達的視点からのアプローチ」大修館書店 (1999)

5章　認知の発達

目標：小さな子どもと接したことのある人なら，子どもの言動について，「子どもらしい発想」と感じたことがあるのではないだろうか。心理学では物事の理解のしかた，考え方などのことを「認知」というが，本章では，その「子どもらしい」認知がどのように生まれて変化していくのかということについて，詳しくみていく。また，そのような子どもの独特の認知のあり方に合わせた保育者の関わりについて学ぶ。

SECTION 1　赤ちゃんの感じる世界

1　視　覚

 **episode**　5-1　0歳5か月M（0歳児クラス5月）

　午前中の明るい保育室で，Mはあお向けで寝かされている。担当保育者があやすのに応えるように，微笑んだり喃語を発したりしている。保育者と声や笑顔のやりとりをしばらく続けたあと，保育者が，「見えるかなー」と言いながらMの顔の前で小さなガラガラを鳴らして，ゆっくりと動かして見せる。Mはガラガラを目で追っていく。保育者はしばらくMの顔の前でガラガラを動かしながら鳴らしたあと，「Mちゃん自分でやってみる？」といって，ガラガラをMの横で止める。Mはからだをひねって，ガラガラに手を伸ばしてつかむと，腕をバタバタと動かす。ガラガラはその動きに合わせて音を立てる。Mは少しの間，腕を振り回していたが，ガラガラを口に運んで，歯のない口でしゃぶり始める。

＊　　　＊　　　＊　　　＊　　　＊

（1）　生まれてすぐは目が見えない？

　昔は，新生児のことを「目も開いていない赤ちゃん」という言い方があった。確かに，新生児のうちは目をぱっちりと開かないことが多い。イヌやネコの赤ちゃんが生まれてしばらくは目を開かないので，それと同じだと思われていたのかもしれない。

　実はヒトの赤ちゃんは，生まれてすぐ目を開くことができる。ただ，目のピントの調節機能が弱いことと，目からの信号を受け入れる脳が未熟であることから，視力は0.02程度しかない。それが生後6か月で0.2程度まで見えるようになり，3歳で1.0程度，そしてその後も10歳頃まで，ゆるやかに発達が続く。

　だが，赤ちゃんに「何が見えますか」と質問しても「顔が見えます」などと答えてくれるわけではない。いったい，新生児の視力をどのように調べることができるのだろうか。

　赤ちゃんの研究では，「選好注視法」という実験手法が広く使われている。これは，赤ちゃんに何かものを見せて，それにどのくらい長く視線を向けているかを調べることで，赤ちゃんの「好み」を調べるという方法である。いろいろな図形パターンを赤ちゃんに見せて注視時間を測ってみると，赤ちゃんの視覚的な好みについていくつかのことがわかった。赤ちゃんが好んで長く注視するのは，柄や模様のあるもの，同心円や縞模様，顔を描いた図などであった（図5-1）。

さらに，赤ちゃんが見慣れた刺激よりも
目新しい刺激を好んで長く見るという性質
を利用して，2つの刺激を切り替えて見せ
て違いに気づいて注視するかどうかも調べ
た。この方法を使って，「このくらいの違
いが見分けられるということは，視力はこ
のくらいだろう」というように，赤ちゃん
の視力が推測されてきた。

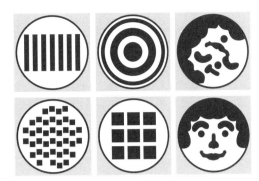

図5-1　乳児が好む図形パターン
(山口　2010)

（2）　赤ちゃんの視覚の発達

　赤ちゃんの感覚の中でも，とくに視覚については，たくさんの研究が取り組まれてき
た。前項で紹介した視力の発達以外に，赤ちゃんの視覚の発達でわかっていることをい
くつか紹介する。

①　目を動かす

　赤ちゃんは，目のピントを調節できるようになる前に眼球を動かせるようになる。生
後1か月ぐらいから，大きくて明暗のはっきりしたものの動きを目で追うことができる
ようになる。4か月前後には眼球の動きはかなり滑らかになる。しかしその後も，10歳
過ぎまで眼球を動かす筋肉の調節は発達し続けることがわかっている。

②　動きと形の知覚

　何かが目の前に急に近づいてきたとき，私たちは反射的に目を閉じる。新生児でも近
づく動きに対して，まばたきや頭を後ろにそらそうとする動きをすることがわかってい
る。他の研究でも，動きの知覚はかなり早い時期から発達していることが示されている。
　一方，形の知覚はもう少し遅く発達する。太く見やすい輪郭の図形を見てわかるよう
になるのは3〜5か月頃とされる。また，静止したままでは知覚できない図形を，動か
すと知覚できることもわかっている。

③　顔の知覚

　選好注視法について説明した際にも，赤ちゃんが顔の絵を好んで見ることを紹介した。
赤ちゃんの目の動きを調べてみると，出生直後は顔の輪郭に視線が向くことが多く，2
か月ぐらいから顔の中のもの（目や口など）に反応し始める。4か月ぐらいになると顔の
表情を見分けられるようになる。ただ，大人と同じように目，鼻，口の位置関係を手が
かりに顔を判断できるようになるのも，横顔を認識できるようになるのも，生後8か月
ぐらいからとされている。

④　色の知覚

　赤ちゃんの脳の反応を調べると，見えているものの色の違いに応じた反応が安定して
見られるようになるのは生後2〜3か月であることがわかっている。しかしその反応は
大人とは異なっていることから，育っていく過程で環境や経験の影響を受けながら，色
の知覚が形づくられていくと考えられている。

⑤　奥行きの知覚

　試しに誰か他の人に指を一本，自分の前に立ててもらって，片目をつぶった状態でその指をつかもうとしてみてほしい。両眼で見ているときよりも失敗することが多いはずである。私たちは，二つの目で見えているものの微妙なずれをもとにして奥行きを感じとっている。奥行きを正確に知覚するためには眼球の動きを細かく調節できなければならない。生後4か月頃にはある程度の奥行きに対応した反応ができるようになる。つまり，ハイハイが始まる6か月の頃には，自分の周囲のものの位置関係などをある程度とらえることができるようになっていると思われる。

❷　視覚以外の感覚
（1）　聴覚の発達

　胎内にいる胎児には光は届かないので，胎児のうちは視覚を使うことはない。しかし，音は振動として胎内にも伝わるので，聴覚器官と神経系が一通りそろってくる妊娠24週以降は，妊婦が聞いている音は胎内にも届いていると考えられる。もちろん，妊婦の話し声も胎児には聞こえている。そして，新生児の研究では，自分の母親の声を聞いたときに，他の人の声を聞くのとは明らかに異なる脳の反応がみられることが示されている (Uchida-Ota, Arimitsu et al. 2019)。

　赤ちゃんの耳は出生直後からよく聞こえているが，聞こえ方は大人とは違っている。大人は，いろいろな音や話し声が聞こえる環境の中でも，話し相手の言葉を聞きとって会話を続けることができる。しかし，乳幼児期の子ども，特に4歳以下の子どもは，雑音の多い場所で特定の声や音を聞きとることは，まだ苦手である (嶋田容子，志村洋子 et al. 2019)。

（2）　触覚の発達

　触覚は感覚の中でも最も早く発達するとされており，胎児は妊娠8週ほどで皮膚感覚が生じているとされる。この頃から胎児には自分のからだに触る動きがみられ，もう少し大きくなった胎児では，指をしゃぶっている姿も観察されている。

　触覚の神経系は，優しくゆっくりした接触をここちよく感じるようにできている。ハーロウ (1971) による古典的な研究で，哺乳びんのついた針金製の母親模型よりも柔らかいタオル布でできた母親模型を子ザルが好むというものがある。これも，柔らかい感触を好む傾向の現れといえる。そして，このような柔らかく優しい接触が，愛着関係の発達に関係しているのではないかという説もある (McGlone, Wessberg et al. 2014)。

（3）　味覚・嗅覚の発達

　味覚は舌などにある味蕾（みらい）という器官で感じる。味蕾は妊娠14週の胎児からみられ，胎児期から甘い味を好む傾向があることが示されている。また，酸味や苦味，塩味を避ける傾向は新生児期からあるが，塩味については生後4か月ぐらいから好むようになる。

　嗅覚は鼻の奥の粘膜に化学物質が接触することで生じる。においを感じる神経系は生まれる前に成熟している。胎児は母胎内で羊水に浮遊しているが，この羊水は妊婦の健

康状態や食事内容などに応じた様々な物質を含んでいて，胎児は，そのにおいを感じている可能性が高い。新生児が自分の母親のにおいをかぎ分けることができるという研究，授乳中の母親が食べたものによって母乳の風味が変化し，その風味の違いを赤ちゃんが感じ分けていることを示す研究もある。

　子どもの味やにおいの好みは，胎児期に妊婦が食べたものの影響を受けるという説もあるが，母親と子どもの食べ物の好みの一致率を調べると，はっきり影響があるとはいえないようである。ただ，若いときほど大人が食べないような目新しい食べ物を食べようとする傾向があるという(Maone, Mattes *et al.* 1990)。

（4）　感覚はつながっている

　ある日，筆者が公園のベンチに座っていると，ベビーカーを押した家族連れが公園にやってきた。夫婦と3歳ぐらいの女の子と，6か月ぐらいの赤ちゃんである。女の子は父親と遊び始めた。追いかけっこのようなことをして，女の子は「きゃっきゃ」と笑い声をあげた。その瞬間，たまたま筆者の方に顔が向いていたベビーカーの赤ちゃんが，「にへーっ」と笑顔になったのである。笑い声をあげた女の子の姿を，赤ちゃんは見ていない。背後から声が聞こえただけである。筆者には，女の子の笑い声に含まれている「楽しい気分」のようなものを赤ちゃんが受けとって，反射的に笑顔になったように見えた。これは厳密な実験で確かめられたことではないが，その赤ちゃんは，女の子の楽しそうな姿を見ていないのに，聞こえるものからその姿を認識したように思えた。

　メルツォフら(Meltzoff and Moore 1977)は，生後1か月未満の赤ちゃんの前で，大人が舌を出したり口を開けたり口を突き出したりした顔をしばらくの間見せた。そのときの赤ちゃんの反応には，見えている大人の顔と同じような顔をする瞬間があった(図5-2)。赤ちゃんは鏡で自分の顔を見ながら表情の練習をしたわけではないが，見えているものと自分の顔の動きをこのように連動させることができる。

　メルツォフらの別の研究(Meltzoff and Borton 1979)では，赤ちゃんに見えないようにしながらおしゃぶりを口に入れた。使ったのは表面のすべすべした普通のおしゃぶりと，表面にイボイボのついた特製おしゃぶりである。しばらくおしゃぶりを吸わせたあと，2つのおしゃぶりを並べて赤ちゃんに見せると，赤ちゃんは自分の吸った方のおしゃぶりをより長い時間注視した。見えていないにも関わらず，口の感触で形がわかったかのような反応をみせたのである。

　このように，赤ちゃんは，一つの感覚の刺激からそのものの「本体」のようなものをとらえているかのような姿を見せる。人間の感覚はよく「五感」と分類されるが，一つひとつの感覚がバラバラに，はたらいているわけではない。赤ちゃんはすべての感覚を動員して，自分を取り巻く世界をとらえようとしているのである。

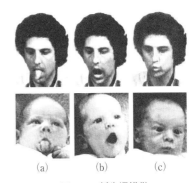

(a)　　　　(b)　　　　(c)

図5-2　新生児模倣
a舌を突き出す　b口を開ける　c口唇を突き出す(Meltzoff & Moore, 1977)

SECTION 2 「世界」と関わる

episode 5-2　1歳1か月 M

　自宅の居間の床に座り込んだ M は，食品用のラップフィルムの芯の紙筒を立てて持ち，もう一方の手に持った四角柱や円柱型の積木を紙筒の中に一つひとつ落とし込んでいった。積木が紙筒の穴にうまく入らずに少し手間取るときもあるが，積木の持ち方を変えたりしながら，真剣に積木を入れている。いくつか積木を入れると，紙筒の中がいっぱいになり，積木が紙筒の上から少しだけはみ出した状態になった。そのはみ出ている積木を M は上からぎゅうぎゅうと押したが，それ以上は入らない。母親が紙筒を少し持ち上げてやると，下から積木がいくつか滑り出してきた。紙筒はまた積木が入れられる状態になり，M はまた，積木を手に取って紙筒の中に落とし込み始めた。

＊　　　＊　　　＊　　　＊　　　＊

（1）原始反射と循環反応

　生まれてすぐの赤ちゃんは，自力で動くことは，ほとんどできない。だが何もできないわけではない。口もとに乳首が触れると，それを口に含んで吸おうとする。生存のために最低限必要なことはできるように生まれてくるのである。

　生まれてしばらくの赤ちゃんでは，このおっぱいを吸う行動のように自力で動くというよりも，特定の刺激に対して特定の行動をするような反応がいくつか見られる。これらを「原始反射」という (4章 p.44参照)。

　赤ちゃんが世界と関わりながら，自分を取り巻く世界を理解していく出発点として，この原始反射があると考えたのがピアジェである (3章 p.38参照)。

　ピアジェは，赤ちゃんが自分の周囲の環境と関わり，同化と調節を繰り返しながら，ものごとについての認識を形成していく。その過程で，赤ちゃんは同じ行動を何度も繰り返す。episode 5-2にみられる乳児期の繰り返す行動を，ピアジェは「循環反応」とよんだ。

　誕生当初の赤ちゃんは，原始反射を中心とした限られたパターンの行動を繰り返している。それが徐々に自分の周囲のものに対して手を伸ばしたり，つかんだり，自分が関わることによるそのものの反応や変化を確かめるかのように繰り返す行動を示すようになる。例えば，赤ちゃんの足にひもを結びつけて，そのひもをメリー（寝ている赤ちゃんの顔の上につり下げて，回転したりして目を楽しませるおもちゃ）につなげておく。そうすると，何かの拍子に足を動かして，ひもが引かれてメリーが揺れ動くことに気づいた赤ちゃんは，メリーの動きを確かめるかのように繰り返し足を動かすようになる。このような繰り返しの行動が，ピアジェのいう循環反応である。

　循環反応による行動は，その後様々な形で現れる。例えば，1歳前後の赤ちゃんがティッシュペーパーを次々と出して箱を空っぽにしてしまうという話は，赤ちゃんを育てている家庭では一度や二度は起きる事件である (4章 p.47参照)。そして，ある時期には繰り返していた行動が，いつの間にか全然やらなくなっているということもある。それで，「もうこれはこういうものだということがわかった」と納得したのかどうかはわからないが，こ

ティッシュペーパー出し

のような繰り返しが、自分の身の回りの「世界」と関わり、その「世界」がどのようなものなのか、どんな振る舞いをするのかを確かめる行動であるとはいえるだろう。

　子どもの発達を手助けするための保育の環境を整える際に、赤ちゃんがこのような繰り返しをある程度自由に（もちろん安全に）経験できる環境を保障することが重要なポイントになる。

（2）　表象と対象物の永続性

　この時期の乳児は、ピアジェの認知発達の分類では「感覚運動的段階」にあたる（3章p.38参照）。感覚運動的段階の子どもでは、頭の中でものを考えるというよりは、目の前にあるものとの直接的な関わりそのものが考える過程になっているとピアジェは考え、このような思考のあり方を「感覚運動的思考」とよんだ。

　0〜2歳ぐらいまでというこの時期は、発達的な変化がとても大きい。もののわかり方・考え方についても、驚くほど大きな変化がみられる。その中でも、特に重要な変化の一つは、表象の獲得である。

　表象とは、動作や物事について心の中に思い浮かべる“イメージ”のことである。皆さんは「おにぎりを想像して」といわれたら、目の前におにぎりがなくても、心の中におにぎりを思い浮かべることができるだろう。「おにぎりはどうやってつくるか」とたずねられたら、実際に手を動かさなくてもその手順を思い浮かべることができるだろう。このように、心の中に思い浮かべられるものを、表象という。

　例えば10か月ぐらいの赤ちゃんの見えるところに、おもちゃを置いたとしよう。それを見た赤ちゃんは、おもちゃに向かってハイハイを始める。その最中におもちゃに布をかぶせて見えないようにしても、赤ちゃんはそのまま近づいていって布をはぎ取って、おもちゃを手にする。このことは、この赤ちゃんが、おもちゃが見えなくなっても「布の下にはおもちゃがある」とわかっているということである。心の中におもちゃの表象があるからこそ、見えなくなったおもちゃにも向かっていくことができるのである。

　やっとハイハイができるようになってきた7か月過ぎの赤ちゃんの場合はどうか。前方におもちゃを置くと、赤ちゃんはそのおもちゃの方へと這って近づいていく。おもちゃに布をかぶせると、この赤ちゃんは移動をやめる。布を取り除いておもちゃが見えるようにしてやると、またおもちゃに向かって這っていく。だが、またおもちゃに布をかぶせると、何に向かって這っていたかを忘れてしまったかのように止まってしまう。

　7か月の赤ちゃんは、まだ表象をうまく使うことができないので、見えなくなってしまったおもちゃは、その瞬間存在しなかったことになる。表象を使える10か月の赤ちゃんは、「おもちゃが見えなくなっても、消滅してしまったわけではなく、そこに存在している」ということがわかっている。このように、物が消えてなくなるわけではなく、そこにずっと存在する、ということがわかるようになることを、「対象物の永続性」を獲得した、とピアジェは表現した。そして、対象物の永続性がわかるためには、目の前にない物を思い浮かべる、表象を使えるようになることが必要だと考えたのである。

SECTION 3 思考の「子どもらしさ」

 episode 5-3　3歳2か月M（2歳児クラス7月）

　　保育所の庭の隅にクラスの畑があり，ミニトマトの苗が植えられている。子どもたちが園庭で好きな遊びをしているときに，保育者は近くにいる子どもを誘って苗に水をやりに行くことがある。最近ではトマトに黄色い花や小さな球形の緑色の実がつき始め，子どもたちはそれを見つけては成長と収穫を楽しみにしている。

　　Mは水やりの常連で，保育者が水やりをするときに，自分も子ども用の小さなジョウロに入れた水をトマトの苗にかけるのが好きだ。その日もMは保育者や他の数人の子どもと共に畑に行った。Mは「お水いっぱい飲んでねー」といいながら，トマトの花や実に次々とジョウロの水をかけた。

　　　　　　　＊　　　　＊　　　　＊　　　　＊　　　　＊

（1）「子どもらしい」発想

　　episode5-3の3歳児Mの，"トマトの花が水を飲む"という発想は，いかにも「子どもらしい」，「かわいい」印象を受けるのではないだろうか。保育の現場で子どもたちと一緒に過ごしていると，このような子どもらしい独特のものの見方や，大人では思いつかない発想に出会うことがある。これは，保育にたずさわる者にとっては，子どもの魅力に触れたと感じられる経験の一つであろう。

　　このような子どもの言動に私たちが感じる「子どもらしさ」の背景には，いったい子どものどのような思考やものの見方の特徴があるのだろうか。ここでは，ピアジェの理論を手がかりに，その「子どもらしさ」の背景についてみていこう。

（2）感覚運動的段階

　　感覚運動期の子どもの物事のとらえ方，考え方については，SECTION 2で述べたように，この時期は，頭の中だけで何かを考えるのではなく，物や人と直接関わりながら考えるという側面が大きい。よって何でもさわったり口に入れたりし，同じ遊びや動作をエンドレスに繰り返す姿がみられる。それがこの時期の"赤ちゃんらしい"思考の現れである。

（3）前操作的段階

①　自己中心性

　　前操作期の子どもは，いまもっている表象（自分の経験したこと，知っていること），いま目の前に見えていること，いま触っている物をもとにして，物事を理解したり考えたりする。ピアジェが前操作期の幼児の特徴としてあげた「自己中心性」は，何に対しても「いま自分がもっている表象」，「いま見えていること」を当てはめてとらえようとするこの時期の子どもの思考の特性を反映している。それ以外の視点をもつことが難しいので，結果的に自分の視点から物事を理解したり考えたりすることしかできないのである。

　　episode5-3の3歳児Mの"トマトの花が水を飲む"というとらえ方は，アニミズム的思考（3章p.39参照）の現れである。これも，自分自身の「水を飲む」経験をトマトに当て

はめているという意味では，自己中心的な思考の反映ということができる。

② 表象的思考と直感的思考

　ピアジェは，表象(心の中のイメージ)を使えるようになる前操作期に入ると，子どもは，心に思い浮かべた表象を使って思考ができるようになってくると考え，そのような思考を表象的思考とよんだ。

　だが，前操作期の表象的思考はまだ限定的なものであり，頭の中だけで思考を進めていくことは難しい。いま自分がもっている表象だけでなく，いま目の前で見えていること，いま触っている物などの助けを借りながら，ものごとを理解したり考えたりする。すると，子どもの思考は，見えているもの，触っている物の影響を受ける。前操作期のそのような思考の特徴は，保存課題の際の幼児の反応によく表れている。

　保存課題とは，子どもが保存性(保存概念)を獲得しているかどうかを調べる実験課題である。例えば，同じ大きさ・形の2つのコップAとBに同じだけ水を入れて，子どもの前でBのコップの水を少し細長い形の容器Cに移して見せる。CはAより細いので，Cの水はAの水よりも液面が高くなる(図5-3)。すると，前操作期の子どもはBよりもCの方が

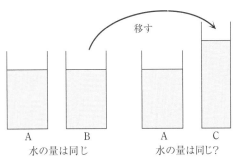

図5-3　保存課題の例

水が多い，と答えたりする。水の形が変わってしまったことで，思考が見た目の変化に引きずられてしまうのである。論理的に考えるのではなく見た目の印象で直感的に答えてしまうこのような思考をピアジェは直感的思考と名づけた。

（4）　具体的操作期の思考

　具体的操作期に入ると，子どもは自分の経験や知識(表象)などをもとに，物事について頭の中だけである程度筋道を立てて考えることができるようになる。目の前に見えているものに頼らなくても，心の中で表象を操作することがある程度可能になってくる。すると，保存課題への反応も前操作的段階とは違ってくる。図5-3の例でいえば，水の見た目が変わっても，水を足したり引いたりしていない，元の容器に戻せば同じ，といった，見た目に引きずられない判断が可能になる。

　だが「もしネズミがゾウよりも大きかったら，ゾウより小さい人間とネズミではどちらが大きいか」といった，自分の知識に反する仮定をもとに推論することはまだ難しく，ネズミが小さいという知識に引きずられて「ネズミより人間の方が大きい」と答えてしまうことがある。

（5）　形式的操作期の思考

　ピアジェによれば，表象を心の中だけで操作できるようになり，表象的思考が完成する段階である。先述のゾウとネズミの質問のような，経験していないことや事実に反すること，抽象的なことでも，仮定をもとに論理的に考えることができるようになる。

SECTION 4　かしこさ，頭のよさ

episode　5-4　1歳8か月〜5歳6か月 M

　　Mは1歳10か月ぐらいから時計が大好きで，時計を見つけると「トケッ」「トケッ」といいながら何度も指さす子だった。外出するときは，両手首にペンで腕時計を描いてもらわないと気がすまない。歌ってもらうのが好きな歌は「とけいのうた」という，筋金入りの"時計マニア"であった。3歳になった頃には興味の対象が時計から電車に移っていて，「大きくなったらなりたいもの」をたずねると「しんかんせん！」と答えた。

　　Mの母親は，Mの興味の対象が偏っていると感じて，その発達について不安を抱いていたが，その後Mは物知りでおしゃべりをよくする利発な幼児に育った。Mが5歳6か月のころ，「Mは小さいころ時計マニアだった」という話をしてみたが，Mはその頃のことを全然覚えていないようだった。この頃のMの「大きくなったらなりたいもの」は，「レーシングカーのドライバー」だった。

＊　　　＊　　　＊　　　＊　　　＊

（1）　記憶のしくみ
①　幼児期健忘

　　皆さんの一番幼い頃の記憶は何歳頃のものだろうか。個人差はあるが，多くの人の最初の記憶は3〜4歳のものといわれている。2歳以前のことを思い出せる人はほとんどいない。この現象は幼児期健忘とよばれている。0歳児も1歳児も学習能力はあるのに，大きくなってからその記憶を思い出せないというのは，不思議なことである。

　　その理由として，三つの説がある。一つ目は，記憶はどこかに残っているが，意識的に思い出すことはできないというものである。二つ目は，年齢の低い時期には脳の機能が未成熟で記憶が残っていない，というものである。三つ目は，子どもが大人との会話で過去の出来事についてのやりとりをする中で，過去の出来事の「語り方」を理解できるようになると，それ以降のことを自分の記憶として語ることができるようになる，というものである。どの説が正しいかは，まだわかっていない。

②　ワーキングメモリ

　　私たちの心の中には，今やろうとしていることを一時的に覚えておく，ワーキングメモリというものがあると考えられている。ワーキングメモリは，心の"メモ帳"とか"作業机"などと，たとえられることもある。ワーキングメモリの内容が消えないようにするには刺激を与え続ける必要がある。

　　その一つが心や口の中で繰り返し唱えるやり方で，これをリハーサルという。リハーサルは聞いた言葉を覚えておくときに必要なものである。

　　幼児に短い文章を聞かせて，その文章の最初の単語を報告する課題を実施してみると，4歳児では求められている最初の単語よりも聞いた文章全体を報告する傾向が強く，年齢が上がっていくにつれて文章の最初の単語を報告できることが多くなっていくという。これは，ワーキングメモリの中でも「聞こえたものをただ覚えておく」機能が先に発達することを示している。逆に，聞いたものを分析して必要な部分を取り出すためには注意深さや自分の行っていることを自分で監視・制御できることが必要で，このような

ワーキングメモリの高度な機能は学童期にかけての時期に発達し，8歳頃には大人で見られるのとほぼ同じ機能を獲得する（森口佑介2011，苧阪満里子2016）。

（2）　知　能

年中児が絵本の文字をすらすらと読んだり，簡単な足し算や引き算を素早くできたりしたら，「この子はずいぶん頭のいい子だな」と感じる人は多いだろう。一方，別の年中児が，雨が降ってきたときに踏み台を使って外に干してあった洗濯物を取り込んだと聞いたら，それはそれでなかなかもののわかった，かしこい子だと思うのではないだろうか。

一般に頭のよさ，かしこさといわれるもののことを心理学では「知能」というが，知能とは何かということに関しては，心理学者の中でも意見が分かれることがある。

①　個人差としての知能

知能を調べる方法には知能検査がある。これは様々な認知的分野の課題の成績から知的能力を測定しようとするものである。だが，この方法では，雨が降ってきたときに洗濯物を取り込もうとするようなかしこさを的確にとらえることが難しいことがある。また，年齢が低い子どもの場合には，発達状況を「知能」に限定して捉えることは困難である。さらに，検査は基本的にその課題を自力でどの程度達成できるかを測定するものなので，ヴィゴツキーのいう「発達の最近接領域」，つまりこれから伸びていく可能性についての判断の材料にはなりにくい。

ガードナー（1999）は多重知能という考え方を提唱している（表5-1）。知能には様々な側面があり，その中には日常生活に不可欠なものもあれば，不得意でも日常的には困らないというようなものもある。そういうものも含めて，かしこさということを多面的に捉えることが必要なのではないか，ということである。

②　適応のための行動

生物としてみれば，知能は生存と適応に有利な行動をとることにつながっている。人間の赤ちゃんの知的能力は一人で生き延びるには不十分だが，それを補うために大人から情報を得ようとする。

その一例が，「社会的参照」

表5-1　ガードナーの「多重知能」

論理・数学的知能	論理的，数学的，抽象的な問題解決
空間的知能	場所の移動，物の配置・並べ方などの理解
音楽的知能	歌・楽器での表現，鑑賞
身体・運動的知能	スポーツやダンスなどでの身体コントロール
言語的知能	聞く，話す，読む，書く活動
内省的知能	自分自身の能力と感情状態に関する感性
対人的知能	他者とのコミュニケーション
博物的知能	ものごとを分類したり関係づけたりする

である。図5-4のような，上面が厚いガラス張りで見た目だけ深い段差になっている「視覚的断崖」の実験装置に12か月児を乗せて，崖の反対側に親が立つ。赤ちゃんは親の方に近づくが，崖に差しかかると，動きを止めて，親の方を見る。ここで親が何事もないようにニコニコしていると，赤ちゃんは崖部分のガラスの上に進んで親のところまで行く。

しかし，親がこわい顔をしていると，その崖のところにとどまってそれ以上進まなくなる。これは自分では判断できない場面で，身近な大人の表情を手がかりにして適切な行動を選ぼうとする姿である。未熟に生まれて，養育者との密接な関係の中で育つ人間の赤ちゃんだからこそ発揮できる，かしこさの一つといってよいかもしれない。

図5-4　視覚的断崖
「乳幼児のこころ　子育ち・子育ての発達心理学」有斐閣アルマ（2011）を改変

Column　共感覚

　私たちは普段，音を聞くと，音の高さや強弱，音色などを感じる。「音色」という言葉はあるが，これはあくまでも音の響きのことで，目で見る色のことではない。しかし，音を聞いたときに視覚的な意味での色が思い浮かぶ，という人がときどきいる。例えばドの音は赤色，レの音は黄色，というように，特定の音を聞くとそれに対応した特定の色が感じられるという。

　また，文字や数字に色がついて見えるという人もいる。そういう人は，黒いインクで印刷された数字を見ても，1は紫，2は青，3は緑というように，数字ごとに異なる色を感じる。

　このように，一つの刺激に対して複数の種類の感覚が生じる現象は，共感覚とよばれている。いま例に挙げたような，音を聞いて色を感じる色聴，文字を見て色を感じる色字は，共感覚としては，比較的よくあるものだといわれている。それ以外にも，味から形を感じたり，曜日から色を感じたりするなどの様々な共感覚があることがわかっている。

　共感覚は子ども時代から現れるもので，年齢と共に弱まっていく傾向がある。大人になってから自分が共感覚をもっていたことに気づく人もいるが，それはその人にとって共感覚が当たり前で，自分の感覚が他の人と異なっていることになかなか気づかないからということもある。

　色字の感覚をもっていたある人は，幼稚園時代に鍵盤ハーモニカの練習をしたときの苦労について述べている（望月　2020）。

　幼稚園の先生が，音名（ド，レ，ミ…）ごとに色の違うシールを鍵盤に貼ってくれた。そして楽譜の音符にも，それぞれの音名に対応した色のシールを貼るように求めた。それは音の区別をしやすいように，覚えやすいようにという配慮だったが，色字感覚をもっていたこの人にとっては，大きな混乱のもとになった。「ド」の文字は海老茶色に感じるのにシールは赤色，「ミ」はピンク色に見えるのにシールは緑色，といった調子で，シールの色と音名の文字で感じる色がずれていたからである。

　共感覚の出現率は，調査によって幅があり，昔は10万人に1人といわれていたが，23人に1人の割合という説もある。芸術家に共感覚者が多いとか，遺伝的な素質が関係しているとも言われている。

　だが，わかっていることもある。共感覚は無意識的に起きるもので，自分で感じないように止めることはできない。また，同じ刺激に対して人によって感じる内容は異なるが，一人の人では子どものときから大人になるまで感じる内容は一貫している。そして，共感覚が起きるとき，好き・嫌いといった感情が伴う。例えば，数字に色が見える小学生が，計算結果の数字が汚い色だからと，きれいな色の数字に書き換えてしまったりする，というようなことが起きる。

　共感覚に関しては，まだわからないことが多いが，共感覚者は関連のないアイディア同士を結びつけることが得意らしいといわれている。

　　望月菜南子　2020　1は赤い。そして世界は緑と青でできている。　飛鳥新社
　　長田典子　2012　なぜ音や文字に色が見えるのか？　フシギ能力，共感覚とは何か　imidas オピニオン　https://imidas.jp/jijikaitai/l-40-146-12-02-g434　2021年11月24日閲覧

5章 〈参考文献〉

アイゼンク，M. W.（2000），山内光哉監修，白樫三四郎・利島保・鈴木直人・山本力・岡本祐子・道又爾監訳：「アイゼンク教授の心理学ハンドブック」ナカニシヤ出版（2008）

Uchida-Ota, M., *et al*.：Maternal speech shapes the cerebral frontotemporal networM in neonates: A hemodynamic functional connectivity study. Developmental cognitive neuroscience 39: 100701（2019）

大浜幾久子 and オオハマキクコ：ピアジェを読み直す：知能の誕生，駒澤大学教育学研究論集 21：19-46（2005）

苧阪満里子：ワーキングメモリとこころの発達，学術の動向 21（4）：4_63-64_66.（2016）

ガードナー，H. E.（1999），松村暢隆訳：MI：「個性を生かす多重知能の理論」新曜社（2001）

小西行郎・志村洋子：赤ちゃん学からみた音響学，日本音響学会誌 76（2）：85-92（2020）

阪井和男：多重知能理論とその大学教育への応用―アクティブラーニング設計原理としての多重知能理論の可能性―，電子情報通信学会 基礎・境界ソサイエティ Fundamentals Review 11（4）：266-287（2018）

坂井信之ほか：人はなぜ食べるのか（4）：発達初期における風味嗜好とその形成（Mennella and Beauchamp, 1996 より），広島修大論集．人文編 40（1）：329-362（1999）

嶋田容子ほか：環境音下における幼児の選択的聴取の発達，日本音響学会誌 75（3）：112-117（2019）

常石秀市：感覚器の成長・発達，バイオメカニズム学会誌 32（2）：69-73（2008）

Meltzoff, A. N. and R. W. Borton：Intermodal matching by human neonates. Nature 282（5737）：403-404（1979）

Meltzoff, A. N. and M. M. Moore：Imitation of facial and manual gestures by human neonates. Science 198（4312）：75-78（1977）

ハーロウ，H. F.（1971），浜田寿美男訳：「愛のなりたち」p.34 ミネルヴァ書房（1978）

Maone, T. R., *et al*.：A new method for delivering a taste without fluids to preterm and term infants. Developmental Psychobiology：The Journal of the International Society for Developmental Psychobiology 23（2）：179-191（1990）

McGlone, F., *et al*.：Discriminative and Affective Touch: Sensing and Feeling. Neuron 82（4）：737-755（2014）

森口佑介：児童期における実行機能の発達，上越教育大学研究紀要 30：115-121（2011）

森津太子：幼児期健忘と最初期記憶に関する研究の現在，甲南女子大学研究紀要．人間科学編 39：19-25（2003）

山内留美：乳幼児の視覚の発達について，光学 35（12）：673-674（2006）

山口真美：赤ちゃんは顔をよむ，日本視能訓練士協会誌 39：1-8（2010）

6章　言語の発達

目標：子どもの言葉は，周囲の人々とのやりとりを通して発達する。保育者が子どもの言葉の発達の道筋を
理解し，その時期に合った適切なはたらきかけをすることは，子どもの世界を豊かにするうえで非常
に重要である。

ここでは，生後すぐから小学校低学年までの子どもの言葉の発達について概観し，保育者として，
どのような関わりができるかを考える。

SECTION 1　言葉との出会い

■1■　乳児に向けられた発話

 episode　6-1　0歳2か月M

お母さんが生後間もないMを抱っこしている。Mはオムツを替えておっぱいを飲んだ後で，気
持ちよさそうな表情をして，うとうとし始めた。お母さんはMの顔を見つめながら「眠たくなった
の。おしりキレイキレイして，お腹もいっぱいになったもんね。あぁ，眠たい。」と，Mに話しかけた。

＊　　　＊　　　＊　　　＊　　　＊

（1）　IDS（子ども向けの会話）

episode6-1で，母親がどのような声で乳児に話しかけたか想像してみてほしい。赤
ちゃんに話しかけるとき，私たちは知らず知らずのうちに普段よりも高い声で，ゆっく
りと抑揚をつけて話す。このような乳児向けの音声は，「マザリーズ（motherese）」とよ
ばれている。マザリーズは母親語という意味だが，子どもを産んだ母親だけにみられる
ものではなく，性別や出産経験に関わらず大人全般にみられる傾向である。そのため，
大人向けの発話（Adult-Directed Speech：ADS）と対比して，子ども向けの発話（Infant-
Directed Speech：IDS）という用語が使われることもある。マザリーズの特徴としては，
①声が高くなる，②抑揚が大きくなる，③ゆっくりになる，④語尾が上がることが多い，
⑤繰り返しが増える，⑥相手の発声を待つ沈黙（潜時）があることがあげられている（志村
2004）。乳児の言語獲得を促進していると考えられている。

（2）　マインド・マインディッドネス

episode6-1で気づくのは，「あぁ，眠たい」と，まるで乳児自身が話しているかのよ
うなセリフを母親がいっている点である。このように大人が幼い乳児の心的状態に目を
向け，乳児を心をもった一人の人間として扱う傾向は，マインド・マインディッドネス
（mind-mindedness：心を気遣う傾向）とよばれており，子どもの社会性の発達に影響を
与えていると考えられている。篠原は，子どもが生後6か月の時点で高いマインド・マ
インディッドネスをもつ母親の子どもは，4歳時点において感情理解に優れ，同時に一

般語彙の理解も高かったことを報告している(篠原　2011)。

2　乳児初期の子どもの発声

（1）　クーイング

　　出生直後の乳児は，口の中のほとんどを舌が占めているため叫喚音(泣き声)しか出すことができない。生後3～4か月頃になると，口腔内が広がると共に構音器官が少しずつ整ってきて，クーイングという喉の奥で柔らかくクーと鳴る音や母音を出せるようになる。また，このクーイングを使って大人と交互に声のやりとりをする姿もみられるようになる。

（2）　喃　語

　　さらに生後半年ほどすると，喃語が盛んになる。喃語は「あ～う」といった母音から始まり(初期喃語)，次第に「ババババ(b＋a)」のように子音と母音が組み合わさった複数音節からなる基準喃語になっていく。また，生後11か月頃からは「バダ」，「バブ」のように子音＋要素が異なる母音が反復して表出されるようになる。さらに0歳の終わり頃には，母音，子音-母音，子音-母音-子音といったように音節を複雑に組み合わせて，ひと続きの音声を発するようになる。これは，大人には外国語のように聞こえるため，ジャーゴン(jargon)とよばれており，このジャーゴンに重なるように初語が出現する。

3　乳児初期の子どもと大人のやりとり

（1）　二項関係

　　乳児を抱き上げて顔を見て声をかけると，乳児も大人の顔をじっと見返してきて，ときにはクーイングや喃語で応えてくれる。大人が乳児に話しかける内容は，episode6-1上の事例のように，そのとき乳児が思っていそうなことを想像して言ってもよいし，大人自身が話したいことでもよい。こうした大人と子どものやりとりは二項関係とよばれており，生後3～4か月からみられ始める。このやりとりの間に大人が乳児にガラガラなどを手渡して持たせると，大人に向けられていた乳児の注意はガラガラへと移ってしまい，大人の方は見なくなる。注意を向けることのできる範囲が狭いためだ。「自分－他者」もしくは「自分－物」という二項関係は，生後7～8か月頃まで続く。

（2）　三項関係

　　生後9か月を過ぎて，お座りがしっかりできるようになってきた頃から，乳児は大人に「ちょうだい」といわれて物を手渡したり，「ほら，あれを見てごらん」といわれて大人が指さす対象を見たりなどの行動をするようになり，「自分－物－他者」という三項関係が成立したやりとりができるようになる。特に生後10か月以降には，乳児自身が物を大人に手渡してきたり，ボールを大人に渡して投げてほしいという仕草をするなど，乳児からやりとりを開始する場面が増えてくる。こうした三項関係のやりとりは，自分と他者との間で話題を共有して伝え合うというコミュニケーションの基本だといえる。

SECTION 2　やりとりの中から学ぶ

1　言葉の土台になるもの

🐰 **episode**　6-2　1歳1か月M

　1歳の誕生日を過ぎて，よちよち歩きを始めたばかりのMがお母さんに手をひかれて散歩をしている。道の向こうから大きな犬を連れたおじさんが歩いてきた。Mは犬を見つけて「お，おー！」とうれしそうに犬を指さした。お母さんもMが指さした犬を見て「大きいワンワン来たね〜」といった。Mがうれしそうな表情をしながら振り返ってお母さんの顔を見たので，お母さんもMを見て笑顔で「ワンワン，大きいね」といった。Mはもう一度犬の方を見て「わん，わん」といった。お母さんは「うん，そう。ワンワンだね」と返事をした。

$$* \qquad * \qquad * \qquad * \qquad *$$

（1）共同注意

　大人が指さす対象を乳児が見る，あるいはepisode6-2のように，乳児が自ら指さしをして大人の注意をあるものに差し向けて，二者が同じ対象に注意を向け合うことを共同注意という。共同注意は生後9か月頃から成立し始める。"相手が自分と同じ物を見ている"ということに気づいて，他者の注意の状態を操作し始めるということは，乳児が他者を自分と同じように「意図をもつ主体（intentional agent）」として認識していることを意味する。そして，相手が何を見ているか，何をしようとしているかといった「意図」の観点から他者の行為を捉え，そのとき発せられる「言葉」も相手の意図を伝えるものとして認識し始める。

　このため，子どもは自分で言葉を話せるようになる前に，大人が話す言葉の意味をかなりの程度理解できるようになる。「ママにちょうだい」，「ゴミ，ポイしてきて」など，最初は大人の動きに誘われて行動していたのが，次第に言葉のみに従って，相手に物を渡したり，ゴミをゴミ箱に捨てられるようになっていく。

（2）愛着の発達

　このような共同注意の成立や意図理解の発達は，愛着の発達に支えられている。愛着とは，特定の他者（養育者）との間に形成される親密な情緒的結びつきのことを指す。ハイハイや歩行によって自力移動が可能になった子どもは，大人から離れて過ごすことが少しずつ増えてくる。すると，一人で夢中になっておもちゃで遊んでいる間に，周りに誰もいなくなってしまうということが起こる。

　そのことに気づいた乳児は，不安になって慌てて愛着対象である養育者を探す。いわゆる「後追い」である。後追い行動は，愛着対象がどこにいるのか，あるいは，どこに行こうとしているのかに注意を払うということであり，このことが相手が何を見ているか，何に注意を払っているのかを認識することにつながる。特定の養育者との間に安心できる関係を結ぶという，一見言葉とは関連のないようにみえることが，実は言葉の発達を育む基礎となっているのである。

（3） 伝えたい出来事があること

　　一方，満1歳を過ぎた頃から乳児はひとり歩きを始め，ハイハイで移動していた頃と比べてずいぶん行動範囲が広がるようになる。行動範囲が広がると，子どもは，いろいろな物を発見する。大人にとっては見慣れた物でも，子どもにとっては未知のことだらけだ。新しい物に出会うたびに「これは何だろう？」と興味をひかれ，叩いてみたり，落としてみたり，つまんで，引っ張って，自分なりに試してみて，その物の特性について知ろうとする。

　　このように歩行を初めとする粗大運動や指先を使った微細運動の発達に支えられて，身の回りにある物や出来事に子どもなりに向かっていくなかで味わう様々な感情は，言葉が生まれる土台になる。何かを見つけてハッと心が動いたときは，その感動を誰かに伝えたくなるものである。行動範囲が広がり，生活経験が増えるということは，誰かに伝えたくなるような出来事が増えるということでもある。子どもは，指さしや発声で大人の注意をひき，何とかその思いを伝えようとする。そのときに子どもから出てくる「あっ！」「おー！」という声には様々な意味がこもっている。それは，言葉になる前の言葉である。

（4） 子どもの発声の意味を読みとる大人

　　episode 6-2のように，子どもが何かに驚き感動しているとき，大人は，多くの場合，子どもが見ている物について，あるいは子どもが今感じているであろうことについて，言葉にする。こうして語りかけられた言葉は，子どもの心の動きと結びつけられ，子ども自身の言葉になっていく。また，子どもが大人の注意を何かに差し向けたときには，大人はその対象を見るだけでなく，その対象について何か話すだろう。子どもはその言葉を自分の中に取り入れ，自らの言葉にしていく。

　　このように子どもの発声や指さしは，大人の言葉とは違って，それだけで何かを明示的に指し示すものではないが，大人に読みとられて初めて意味をもつものになる。そして，そのような大人の読みとりに支えられて，気持ちが伝わったという経験が子どもの言葉をつくっていく。保育の中では，言葉がけの重要性がしばしばいわれるが，それは単にたくさん話しかければよいということではない。子どもの一連の行動や表情から子どもの心の内を読みとり，その心の動きに合わせた言葉をかける必要がある。そのためにも，保育者は，まずは子どもの行動を丁寧に観察し，子どもの心を想像してみることが求められる。

2　発声から発語へ

（1） ジャーゴン

　　子どもは0歳の終わり頃になると，ジャーゴンとよばれる子音と母音を複雑に組み合わせた音声を発するようになる。この発声の中には，その国の言語に近い発音も含まれているため，それを聞きとった大人が「今，○○といったのね」といった形で応答し，

そうしたフィードバックが子どもに言葉を意識させることにつながる。

　また乳児は，生後9か月を過ぎた頃から大人の行動を模倣し始める。人人を「意図をもつ主体」として認識し始めるので，大人の行動を一つひとつバラバラの動きではなく，何か目的をもった一連の動作として捉えられるようになるためだ。模倣は行動だけにとどまらず音声の模倣も行われる。またepisode 6-2のように，大人が繰り返していう言葉を子どもも真似ていうようになる。

（2）　初　語

　こうした大人とのやりとりを通じて，1歳過ぎになると，ジャーゴンの中から意味のある言葉が出現してくる。初めての意味のある言葉を初語という。初語は，例えば，子どもにとって身近な「ワンワン（犬）」，「ママ」，「パパ」の他に「（いないいない）ばぁ」，「はい（返事，ものを手渡すとき）」，「バイバイ」，「あーあ（失敗したときに）」など，社会的な語が初語となる場合も多い。こうした言葉は，すべて子ども自身の生活経験の中から出てくるものである。生活の中で様々な経験をして，いろいろな感情を味わい，その感情を大人と共有することが，言葉が育つ豊かな土壌になっているのである。

（3）　初期の語使用における特徴

　初期の語の使用にみられる特徴的な現象に語の般化使用（過度拡張：over-extension）がある。ある子どもの場合「ニャンニャン」という言葉をねこだけでなく，犬やライオン，ぬいぐるみ，そして白い色で，ふさふさしていて，やわらかい感触の毛糸や毛布などにまで使用した（岡本　1982）。このように話し始めたばかりの時期の子どもは，ある言葉を大人の語彙の適用範囲より広く使うことがある。こうした子どもの言葉の使い方は，「ライオン」という別の語を覚えたり，「ぬいぐるみ」というカテゴリー全体を表す語が獲得されると，しだいになくなっていく。

　また逆に「ニャンニャン」という語が自分の家の飼いねこのみを表す固有名詞として使用され，ねこ一般を表していないかのように使われることもある。このように，大人の語のカテゴリーよりも狭い範囲に用いられる語の縮小的使用（過度制限：over-restriction）という。

　こうした語彙の獲得過程における初期の特徴は，言葉を使ったやりとりの経験が増え，また語彙数が増えるにつれて修正されていく。

3　文法の獲得

（1）　一語文

　話し始めたばかりの子どもの発語は，常に具体的な場面に基づいている。episode 6-2で子どもが発した「わんわん」という言葉は，「ワンワンがいた」という意味かも知れないし，「ワンワン，大きいね」ということかも知れない。また別の場面では，同じ語が「ワンワンのところへ行きたい」という意味で使われることもある。このような語の使い方

は，一つの単語だけで様々な意味を伝えようとするので，一語文といわれる。

　最初は語彙の増え方はゆっくりだが，表出される語の数よりも理解できる語の数の方が多くあるのが一般的である。1歳半以降，絵本などを見せて「○○はどれ？」と聞くと，その対象を指さして教えてくれるようになる。このような姿から，発語としては出ていなくても，子どもが語の意味を正しく理解できていることがわかる。また「ボールをお父さんに渡して」や「帽子取ってきて」など，言葉だけの指示であっても正しく行動できることから，子どもが生活の中で使われる言葉を理解できている様子がわかる。

（2）　語彙爆発

　個人差もあるが，2歳を過ぎて，子どもが50語を獲得した頃から語彙数は爆発的に増えていき，この語彙の急増期は語彙爆発（ボキャブラリースパート）とよばれている。この頃，「ママと（一緒にやりたい）」や「○○ちゃんの（くつ）」など，助詞がついた発話も出てくる。また「ぼうし，ない」，「パン，ちょうだい」など二つの語を組み合わせて伝える二語文（二語発話）も発せられるようになる。このような発話は文法能力が獲得され始めたことの一つの目安と考えられている。3歳頃には語彙数は200～300語になり，語彙数の増加と共に文法体系の充実化が進んでいく。

（3）　日本語の早期出現語の特徴

　では，子どもたちはどのような語から順に学習していくのだろうか。0～3歳児が最初に獲得した50語（早期出現語）に占める意味カテゴリの比率を算出すると，名詞が34％，社会的な語（日課，挨拶，会話語）が32％，述語（形容詞・動詞）が16％，人びとに関する語が14％，機能語（前置詞，接続詞，助動詞）が4％であり，名詞と社会的な語が日本語の早期出現語に多く含まれることがわかった（小林・永田 2012）。

　一方，早期出現語50語内の名詞と動詞の獲得数から算出するNV比（NV ratio＝noun / noun＋verb）は，日本語では0.65，韓国語では0.64であったのに対し，英語では0.92であった（小林・永田 2012）。このことから，英語学習児は名詞を早く覚えるが，日本語学習児と韓国語学習児は動詞を早く覚える傾向があるといえる。このような言語間の差が生じる理由については，言語構造（日本語では主語が消えることが多く動詞が強調される）や文化（英語では幼児が事物の名称を教えることに重きを置く傾向がある）が影響していると考えられている。

（4）　人間関係が言葉を支える

　2歳を過ぎた頃から「おいしいね」，「きっと○○だね」など，形容詞や副詞を使った表現も可能になる。このような表現は，その言葉をいいたくなるような人間関係に支えられている。例えば「おいしいね」という言葉は，食べ物を一緒に食べながら顔を見合わせておしゃべりする関係性の中から出てくる。また，「きっと」という言葉は，「いま，ここ」から少し離れた未来のことを一緒に思う関係性に支えられている。子どもの語彙数の増加や文法の獲得は，豊かな人間関係に育まれて可能になるものだといえよう。

SECTION 3　言葉が子どもの世界を変える

1　言葉によって視点が広がる

episode　6-3　4歳1か月M（3歳児クラス9月）

　朝，Mは3歳児クラスの保育室に入ってくるなり，興奮した様子で保育者のところへ走ってきて「生まれた！」と叫んだ。保育者は「？？」と不思議顔で「生まれた？」するとMは「あのな，たまちゃんがな，あのな…」と一生懸命説明しようとする。「たまちゃんて誰？」と，保育者がニコニコしながら質問すると，「ネコ。ぼくんちのネコ。あのな，きのうな，たまちゃんな，お母さんになったん。」なるほど，Mは，昨日自分の家の飼いねこが，子ねこを産んだことを朝一番に保育者に教えたかったのだ。

*　　　*　　　*　　　*　　　*

（1）　過去について話す

　3〜4歳には語彙数は1,500〜2,000語に増え，名前や年齢などを問われるとしっかり答えられるようになる。episode6-3のように自分が体験したことや見たことを一生懸命伝えようとする姿もみられるようになる。2歳頃でも，過去形を使って断片的に過去の出来事に言及することはあるが，過去の自分の体験について伝えようとするのは，3歳過ぎからである。しかしこの時期は，まだ語りの形式（ナラティブ）を十分には身につけていないため，上のように唐突に話し始めたり，相手が質問しないと何が言いたいのか伝わらなかったりすることも多い。

（2）　エピソード記憶

　「いつ，どこで，〜をした」というように時と場所が特定できる体験や出来事を思い出すことはエピソード記憶とよばれており，この語りの形式をもとに，特定の過去を正確に想起して語るのは，おおよそ4歳頃からだといわれている（上原　2012）。

　このような言葉の発達に支えられて，子どもたちは徐々に「いま，ここ」の状況を超えて，過去や未来に視点を移し，時間的な視点から自分をみることが可能になっていく。例えば，絵を描いておばあちゃんに見せたら「上手ね」と褒められ，壁に飾ってもらった経験を思い出して，園で絵を描くときにも自信をもって描くことができたり，鉄棒で逆上がりをしている年長さんの姿を見て，「ぼくもあんなふうにかっこよく逆上がりができるようになりたい」と，少し未来の自分を想像してみたりするようになる。経験が子どもの言葉の発達を支え，また言葉の発達に支えられて，さらに子どもの経験が広がっていくのである。

2　言葉で考え始める

（1）　言語と思考

　「もし明日雨が降ったらどうする？」，「もしお母さんが病気になったらどうする？」などと仮定の状況について聞かれたときに，3歳では「やだ」などというだけだが，4歳頃になると自分の経験を思い出しながら「傘さして行く」，「お薬もってきて看病する」

などと答えることが可能になる。また，身の回りの物事の仕組みや因果関係に興味を
もって「どうして〜になるの？」，「なんで？」と大人に質問することが増え，自分でも
「〜だからかな？」と考えるようになる。4歳以降言葉は，伝達の手段であるだけでなく
思考の道具としても機能し始める。

　また，4歳頃になると，それまでは一人で遊んでいるときにも考えていることがつぶ
やきとして発せられていたのが，内言として子どもの中で発せられるようになる。

　このように言葉が思考の道具として機能し始めると，子どもは思っていることや感じ
ていることのすべては口に出さなくなる。例えば，本当は自分もやりたいと思っていて
も「こんなに大人数ではできないのではないか」などと考え，言い出せなかったりする。

　保育の中でも，子どもが急に泣き出したので驚いてどうしたのか聞いてみると「本当
はやりたくなかった」とか，話し合いの場面でも複雑な思いをうまく言葉にできず，け
んかになってしまったりすることがしばしば起きる。この時期の子どもたちには，一人
ひとりが自分の思いを伝えられるように保育者が言葉をかけたり，友だちの思いを聞け
るように保育者が間に入って話し合いを進めるといった配慮が必要である。

（2）　なぜなぜ期

　上にも述べたように，身の回りの物事の仕組みについて「どうして？」，「なんで？」
と盛んに大人に質問してくるこの時期は「なぜなぜ期」とよばれている。「どうして月は
光るの？」，「なんで虹はできるの？」，「どうして道路はあるの？」など，あらためて考
えてみるとなかなか難しい質問を次々にしてくるため，答えるのが面倒だと思う親も多
い。しかし子どもたちは，こうした質問に対する"科学的に正しい回答"を求めているわ
けではない。まずは「そんなことに気づいたんだね」，「よく見ているね」と子どもの視
点のおもしろさや生活世界の広がりを認めてやりたい。そして「○○ちゃんはどう思
う？」と一緒に考えてみると，子どもなりの考えや回答が返ってくるはずだ。

　保育の中でも，このような子どもたちの気づきや視点を大切に「一緒に考えてみる」，
「みんなで調べてみる」場をつくると，子どもの思考力を育てると共に，友だちがどん
なことを考えているかを互いに知る機会になる。

（3）　つなげて話す，つなげて考える

　5歳になると語彙はさらに増え，言葉がコミュニケーションの中心になる。相手を意
識して話すことができるようになるので，相手がわからなさそうな顔をしたり，自分が
思っていたのと違う返事が返ってくると，別の言葉で言い直したりして，何とか自分の
思いをわかってもらおうとする姿も出てくる。

　また，この頃になると，読みきかせでもずいぶん長いお話を楽しむことができるよう
になる。頭の中で話の筋道（ストーリー）を捉えながら聞くことができるようになるた
めだ。子どもたちは，物語の中の出来事と出来事をつなげて考えることで登場人物の行
動の意味がわかったり，物語と自分の経験をつなげて考え，登場人物の気持ちに共感し
たりしながら絵本の世界に浸り，想像の世界を広げていく。

SECTION 4　幼児期から学童期における言葉

episode　6-4　6歳5か月 M（5歳児クラス2月）

　「あ，来てる！」Mがポストから手紙を出しながらうれしそうにいった。今，年長のすみれ組では郵便屋さんごっこが流行っている。保育者が段ボール箱でつくってくれたポストに手紙を入れると，お当番さんが配達してくれる仕組みだ。今日，配達当番になったMは，ポストの中に入っている手紙の中に自分宛の手紙を見つけたのだ。Mは自分の名前の文字は読めて書けるが，他は，まだ書ける文字と書けない文字がある。でも，お友だちや先生にお手紙を出したくて，「待って，どうやって書くの？」などと保育者に聞きながら一生懸命に字を書いている。

＊　　　＊　　　＊　　　＊　　　＊

1　文字への興味

（1）　文字の機能に気づく

　5,6歳になると，子どもたちは，自分の持ち物につけられた名前やマーク，町中で見かける標識や看板，身近な絵本などに書かれている文字・記号に興味をもち，その果たす役割と意味を理解するようになる。そして自分でも使ってみたいと思うようになり，ごっこ遊びなどのなかで，看板やメニュー，名前などを自分なりに書いてみたり，読んだりするようになる。

　幼稚園教育要領の第2章 ねらい及び内容 言葉2内容（10）には「日常生活の中で，文字などで伝える楽しさを味わう」ことが定められており，園生活の中で名前や標識，連絡や伝言，絵本や手紙などに触れながら，文字・記号に対する子どもたちの関心と理解が育つように環境構成に配慮すること，また，文字を使って楽しみたいという子どもたちの関心

図6-1　文字の形を少しずつ覚えて書く

を受け止めて，それぞれの子どもが文字を読んだり書いたりできるよう一人ひとりへ援助することの大切さが示されている。

　5,6歳では，平仮名はある程度読めるようになるが，書くことは，まだ難しく，自分なりの書き方になってしまうことが多い。それでも，episode6-4のように「お手紙を出したい」，「文字を使ってみたい」という気持ちに支えられて実際に文字を書くうちに，少しずつ形を覚えて書けるようになっていく。

（2）　音韻意識の獲得と文字習得

　文字習得は音韻意識の獲得と関連しているといわれている。音韻意識とは，話されている言葉について，その意味だけでなく，音韻的な側面に注意を向けてその音を操作する能力のことで，一般的には4歳半ばに発達する。日高ら（2007）は，読みと書きの両方を習得している子どもは，音韻分解（「さかな」を「さ」と「か」と「な」という音に分ける）

や，音韻抽出（「にわとり」の3番目の音は「と」と答える），単語の組み立て（ランダムに並べられた文字カードの中から「ひ」「ま」「わ」「り」の文字を探し「ひまわり」の順番に並べる）の課題に100%通過することを報告している。

音韻意識は，わらべうたや童謡，なぞなぞ，しりとりなどのことば遊びの経験を通して自然に獲得されると考えられている。子どもたちに「『くるま』の真ん中を取ったら動物が出てきました。何の動物でしょう？」と質問すると，しばらく考えてからハッと気づき，うれしそうに「くま！」と答えてくれる。幼児期の子どもたちは，ことば遊びが大好きだ。このような普段の何気ない遊びが子どもの音韻意識を育てている。文字の指導というとワークシートなどを使った書き取りをイメージしてしまうかも知れないが，わらべうたやなぞなどなどを通して，言葉の音の側面への興味を育てることが文字習得にもつながっているのである。

2 抽象的な言葉の理解

子どもは身近な語彙から覚えていくが，幼児期の終わり頃には，例えば，太鼓とピアノは「楽器」の仲間といったように上位概念についても理解するようになる。また，目には見えない抽象的な事象を表す言葉の理解も進む。山名（2019）は，次のようなエピソードを紹介している。

運動会の練習が盛んに行われていた9月。年長クラスのMが，幼稚園からの帰りに自宅マンションの掲示物の中に「協力」という漢字を見つけて「なんて読むの？」と質問したので，母親が「『きょうりょく』と読むのよ。力を合わせましょうってことだよ」と答えると，即座に「あっじゃあ，俺たちのリレーのことだね」と返ってきたので，母親は驚いてしまった。

Mの発話からは，「協力」という言葉を，聞いたことがあるという意味で知っているだけでなく，実際に自分が経験したことに照らし合わせて実感を伴う言葉として理解していることが伝わってくる。山名（2019）は，このエピソードに「みんな同じ方向に走ること。速くても遅くても次に待っている友だちにバトンをつなぐこと。相手に勝つためにはクラスメイトで力を合わせること…今まさに子どもたちはリレーを通して多くのことを学んでいます」という母親の言葉を添えている。3歳児，4歳児クラスからずっと格好いいなと思って見ていた年長さんのリレー。そのあこがれのリレーをつくる中で，悔しい思いをしたり，どうしたら勝てるのかチームで話し合ったり，足の速い子も遅い子もみんなで一つのチームなんだということがわかったり，そうした経験と「協力」という言葉がピタリと重なって，子ども自身の語彙になったのである。

このように幼児期には，抽象的な言葉であっても実際に体験したことがその理解のベースになっている。6歳で何語知っているかというように，その時点の語彙数にこだわるのではなく，生活の中で心が揺さぶられる体験をしたり，ハッと気づいたり，深く納得するような経験をたくさんすることが，後々の子どもの語彙力につながっていくといえる。

3 二次的言葉

（1） 一次的言葉と二次的言葉

　　子どもは，幼児期から学童期にかけて，それまで培ってきた身近な人と相互交渉するための生活言語（一次的言葉）に加えて，時間空間を隔てた不特定多数に伝える言語（二次的言葉）(岡本　1984)を習得していく。岡本(1984)によれば，一次的言葉とは，現実生活の中にあって，具体的な事象や事物について，その際の状況文脈に頼りながら，親しい人との直接的な会話のかたちで展開する言語活動である。これに対して二次的言葉は，現実場面を離れたところで，言葉の文脈そのものに頼りながら，自分とは直接交渉のない未知の不特定多数者に向けて，さらには抽象化された聞き手一般を想定して，一方的に展開する言語活動であり，授業場面での発言や書き言葉がそこに含まれる。

　　子どもたちが二次的言葉を獲得していく時期は，保育所・幼稚園・こども園から小学校への移行を経験する時期でもある。保育所等では，具体的な場面に支えられた特定の親しい人との会話が子どもの言葉の中心であるため，たとえ，言葉が足りなかったとしても，いいたいことを相手に読みとってもらって会話が成立する。しかし小学校では，教科学習という現実の場面を離れたところで表現することが求められ，しかも話す相手は少数の親しい者ではなく，クラス全体に向けて話すことが要求される。

　　就学を通じて，子どもたちは，親しい少人数の友だちや先生に囲まれた環境から知らない人がたくさんいる大集団へという生活環境の変化，遊びから教科学習へという中心的活動の変化に加え，一次的言葉から二次的言葉への移行を経験することになる。こうした様々な変化が一度に起こることは，子どもたちに大きな戸惑いをもたらし，「小1プロブレム」とよばれる不適応の原因にもなっていると考えられている。

　　そのため近年では，幼小で子どもたちの体験交流の機会を設けたり，教職員同士が互いの保育や授業の参観をするなど連携・接続の取り組みが多くなされている。この他にも，幼児期に朝の会などで「相手に伝わるように話す」，「相手の意見をきちんと聞く」といったことを子どもたちが意識できるような援助を行ったり，小学校低学年の発表場面で子どもが話したい内容を教員が読みとり，全体へ向けて代弁するなどの援助は，子どもの環境移行をスムーズにするものである。

（2） 読み書きの発達

　　書き言葉は，二次的言葉の最も純粋な形式である。現代の日本では，子どもたちの多くは就学前の段階で平仮名の読みを獲得し，小学校入学後はもう一つの主要な表記システムである漢字を学習しつつ読解の能力を発達させていく(高橋　2001)。高橋(2001)によれば，小学校1年生の段階では，読解能力は平仮名の読み習得時期の影響を受けるが，学年が上昇するに従い習得時期による違いはなくなり，読解能力への影響力も少なくなっていく。

　　また，平仮名の書字について，小学校1, 2年生では「視覚と運動の協応」や「図形の模写」が関連しているが，3年生ではその関連性が消失していたことから，文字の書きに

ついても小学校中学年頃までという長期的な見通しをもって指導をしていくことが必要だといえそうである(滝口　2019)。

（3）　一次的言葉をたっぷりと

　一次的言葉が十分に成熟していない状態で二次的言葉の教育がなされると，一次的言葉が貧相になるのみならず二次的言葉をも危うくすると述べている(岡本　1984)。年長児になると，クラス全員の前で自分の意見を発表する機会も多くなるが，みんなの前で堂々と話すことを基準に考え，それができない子どもに「頑張らせる」ことはすべきではないだろう。子ども自身が言いたいことを保育者が汲みとって言葉にしたり，子どもが保育者に向けて一対一の関係で話したことを保育者が全体に向けていうといった援助を通じて，子どもたちは「みんなに伝える」ことを少しずつ体得していくのである。

　また，上に述べたように文字の読み書きは，幼児期から学童期にかけてゆっくりと進んでいく。幼児期には，文字を正しく書くことを指導するよりも，まずは文字を介してやりとりすることのおもしろさを味わい，自分も字を書いてみたい，もっと読めるようになりたいという子どもの気持ちを育てることが大切である。そのベースとなるのは，やはり身近な人との安心できる関係なのである。

6章　〈参考文献〉

上原泉：子どもにとっての幼児期の思い出，清水由紀・林創（編）「他者とかかわる心の発達心理学：子どもの社会性はどのように育つか」金子書房(2012)

岡本夏木：「子どもとことば」岩波書店(1982)

岡本夏木：「ことばと発達」岩波新書(1984)

小林哲生・永田昌明：日本語学習児の初期語彙発達，情報処理 Vol. 53 No. 3, 229‐235(2012)

篠原郁子：母親の mind-mindedness と子どもの信念・感情理解の発達：生後5年間の縦断調査．発達心理学研究，22(3)，p. 240‐250(2011)

高橋登：学童期における読解能力の発達過程：1−5年生の縦断的な分析，教育心理学研究，49(1)，p. 1‐10.(2001)

滝口圭子：就学前後の子どもたち．心理科学研究会（編）「新・育ちあう乳幼児心理学，第11章」有斐閣コンパクト(2019)

日高希美・橋本創一・大伴潔：健常幼児と発達障害児の音韻意識の発達過程と文字獲得との関連性について．東京学芸大学紀要 総合教育科学系 58，p. 405‐413(2007)

山名裕子：5歳児の発達の様々な側面．心理科学研究会（編）「新・育ちあう乳幼児心理学，第10章2節」有斐閣コンパクト(2019)

7章　社会性・情動の発達

目標：人は生活の中で様々な感情を味わう。同じような出来事であっても，経験や年齢の積み重ねによって，どのように感じるかは異なる。また，ある状況に対してどのように感じ，どう感情表現するのかは，文化によっても異なる。そうした物事への感じ方，感情表現のしかたは，どのようにして形づくられていくのだろうか。ここでは，子どもの情動・感情および社会性の発達について解説し，それらの発達における大人の役割について考える。

SECTION 1　生得的な社会的能力

1　生理的早産

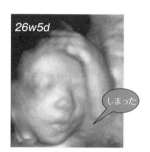
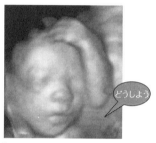

図7-1　胎児の表情　　　（小西　2015より）

＊　　　＊　　　＊　　　＊　　　＊

　200万年前の大脳の大きさは，現在の三分の一程度であった。脳重量が増加した原因は直立歩行にあると考えられている。人間は，直立することで視野が広がったのに加え，二足歩行で両手が自由になったため，環境内の様々な対象をみて，手で触り，操作するようになった。このことが人間の知能を高めることにつながり，脳重量が少しずつ増えていったといわれている。

　一方，直立歩行で足をすり合わせて歩くようになったことで，女性の産道は狭くなってしまった。狭い産道を頭の大きな胎児が通り抜けることは困難なため，この解決方法として，胎児の頭蓋骨が十分に発達する前に出産してしまうようになったと考えられている。つまり人間は，正常分娩であるにもかかわらず，胎児の発育状態としては常に早産で生まれることになったのである。このことは「生理的早産」とよばれている。

　早く生まれるということは，身体機能がまだ十分に整わないうちに誕生するということだ。運動機能という点では，生まれてすぐの人間の乳児は他の種と比べると，きわめて無能である。人間の乳児が生きていくためには周囲の助けが必要なのだ。そのため，乳児は大人の養育行動を引き出すような非常に高い社会的能力をもって生まれてくるのである。

2　自発的微笑

（1）　自発的微笑と社会的微笑

　　人間の乳児は生まれてすぐに笑顔をみせることが知られている。この笑顔は，ウトウトとまどろんでいるときに明確な外的刺激なしに生じることから，自発的微笑，または新生児微笑とよばれている。自発的微笑は，月齢が高くなるにつれて減少し，それと入れ替わるようにして生後3か月頃から対人的な文脈において生じる社会的微笑が増加してくる。

（2）　胎児期にもみられる自発的微笑

　　自発的微笑は生後だけでなく胎児期にもみられる。現在は，超音波診断装置の進歩によって，胎児の表情の詳細な観察が可能になった。超音波診断装置を使った観察を通して，胎児は，あくび，指しゃぶり，嚥下運動の他に笑い顔や泣き顔，しかめっつら（秦　2005），また困惑したような表情までする（図7-1）（小西　2015）ことが確認されている。人間の表情は，生後に他者の表情を見て，それを真似することによってつくられるのではなく，生得的な表情パターンがあり，そうしたパターンを生後の経験の中で相手に合わせて選択していくのではないかと考えられる（小西　2015）。

3　表情模倣

（1）　表情の同期・同調

　　私たちは日常生活の中で，しばしば他者の姿勢や仕草を無意識のうちに模倣（mimicry）してしまう。同様の模倣は，動作だけでなく顔の表情についてもみられ，これは表情模倣（facial mimicry）または表情同調とよばれている。このような個人間における動作や表情の同期・同調は，相手への親和性を増幅し，他者との調和的関係を促す「社会的な糊（social glue）」として機能していると考えられている（Lakin & Chartrand　2003）。

（2）　乳児の表情同調の発達の過程

　　磯村（2021）は，乳児の表情同調に関する研究を概観して次のように述べている。

①　他者の表情に対する顔面の反応は生得的な現象ではなく，生後おおよそ半年以内にみられるようになる。

②　生後1年未満の乳児において，ポジティブな表情に対しては一貫して表情同調がみられるが，ネガティブな表情には特異的な顔面反応は必ずしも観察されない。

③　マルチモダル提示や繰り返し提示によって豊富な情動情報が与えられると乳児の表情同調は促進される。これらのことから，乳児にみられる表情同調は，単純な顔面運動のマッチングでは説明できず，コミュニケーション相手が提示した情動情報の解釈に基づいた情動状態または情動反応の一致だと考えられる。

　　つまり，ヒト乳児は胎児期から様々な表情をつくることができるが，それらの表情は相手の表情に合わせて自動的に生起するわけではなく，他者と情動的なやりとりを繰り返す中で生後半年から1年ほどをかけて，どのような状況のときにどのような表情をするかという表出のパターンが形成されていくのだといえる。そして，その表出パターンの形成はポジティブな感情の方が早く，ネガティブな感情は少し遅れて後から形成されていく。

SECTION 2 情動・感情の発達

1 情動・感情の神経学的基盤

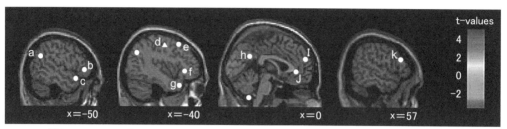

a 縁上回，b/f/k 下前頭回，c/g 側頭極，e 上前頭回，h 後部帯状回，i 背内側前頭回，j 前部帯状回などが特定された。これらの領域と，内受容感覚処理に関与すると考えられる島皮質前部・腹内側前頭皮質の共活動が感情を意識するために必要であると考えられる。
一方，d 補足運動野のみが身体状態意識時に特に大きな活動を示した。

図7-2　感情意識時に特異的に活動した部位(○)と身体状態意識時に特異的に活動した 部位(△)

(寺澤・梅田　2014 より)

*　　　*　　　*　　　*　　　*

　個人の心理状態を表す日常語には，情動，情緒，感情，気分，心情など様々なものがある。心理学の中では一般的に，一時的で外からも観察可能な身体の状態として「情動(emotion)」が，文化的・社会的に形成される主観的体験として「感情(affection)」という言葉が使われることが多い。

　近年では，研究方法の開発により，これまで純粋に理論的なレベルで行われていた情動・感情に関する議論にも経験的な証拠が用いられるようになった。LeDoux の研究グループは，音刺激への恐怖条件づけをしたラットの脳を損傷する解剖学的手法を用いて，恐怖情動に介在する脳内経路を発見した(LeDoux　1996/2003)。また fMRI (機能的核磁気共鳴画像法)を用いた研究では驚きや恐れ，喜びの感情状態を評価している際に，左側頭極，両側後部帯状回，両側前部帯状回，右内側上前頭回，両側下前頭回，左縁上回，上前頭回の活動が観察されることが報告されている(図7-2)(寺澤・梅田　2014)。

　脳機能画像研究は近年めざましい発展を遂げており，種々の感情状態の脳内における局在を調べる研究から感情の生起に関連する領域間のネットワークやそのダイナミクスについての議論へと研究の潮流が移ってきている(寺澤　2018)。感情状態の神経学的基盤に関する知見は，人間の感情がいかに進化してきたか，また乳児の情動・感情の発達における身体的な基礎について様々なことを教えてくれる。

2 情動・感情の個体発達

(1)　感情分化説

　情動・感情の個体発達がどのように進むのかについては，これまで様々な仮説が出されている。感情の発達の古典的な学説には，誕生時には未分化な興奮であったものが，

成長とともに様々な感情に分化していくというブリッジズ（Bridges, K. M.）の感情分化説（1932 年）が有名である。

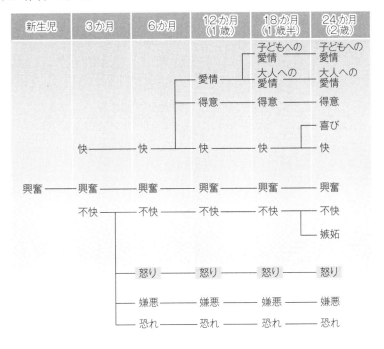

図7-3　ブリッジズの感情分化説（1932）

　Bridges（1932）によれば，新生児期の感情的反応は，刺激に対する「興奮」や「緊張」という未分化なものだが，3 か月頃には「満足（快）」「苦痛（不快）」を表すようになり，6 か月頃には「苦痛」から「怒り」，「嫌悪」，「恐怖」が，1 歳頃には「満足」から「得意」，「愛情」という感情表出が分化する。また 1 歳半頃には「苦痛」から大人の介入に対する「不快感」や「かんしゃく」，他児への「嫉妬」が分化，また「愛情」から「特定の大人への愛情」や「他児への愛情」が分化し，さらに 2 歳頃には「満足」から「喜び」が分化ていくという（図7-3）。

（2）　基本情動

　これに対し Ekman（1972）は，比較文化的研究を通して，人間には 6 つの基本情動があり，それは文化を超えて普遍的であると考えた。Ekman によれば，人間の基本情動は，喜び（joy），怒り（anger），悲しみ（sad），恐れ（fear），驚き（surprise），嫌悪（disgust）の 6 つであり，これらの感情は生後 6 か月頃には出揃うとされる。

　Ekman の 6 つの基本情動に対して，Izard らの分離情動理論（discrete emotions theory）では，10 種類の基本情動を人間の主要な情動として想定している。そこでは，怒り（anger），軽蔑（contempt），嫌悪（disgust），悲しみ（sadness），恐れ（fear），罪（guilt），興味（interest），喜び（enjoyment），恥（shame），驚き（surprise）が基本情動としてあげられており，これらの個々の情動が認知や行動に異なる影響を与えるという（Izard, 1991）。

（3）　自己意識的感情

　　感情を自己に関するものと他者に関係するものに分ける考え方もある。自己意識的感情とは，他者に見えている自己の姿や他者の存在を意識することで感じる感情である。自己意識的感情は，社会全般からの注目や評価といった「世間の目」や，「相手にどう思われたいか」という自己意識によって喚起される。基本情動では，進化論的な普遍性が強調され，それらの感情は本来的に人の生命維持に深く関わりをもつと考えられるが，自己意識的感情は人間の社会的な適応に重要な役割を果たしている。

　　Nisser（1988）は，自己意識に関わる知識として3つの知識をあげている。

　　1つ目は「時間的に拡張された自己（temporally extend self）」もしくは「記憶され想起される自己（remembered self）」である。これは，自分の過去の経験の記憶や未来に起こるかもしれない事象の予期に関連した心のはたらきである。

　　2つ目は「私秘的自己（private self）」で，自分自身の様々な心の状態を自覚することに関わる知識である。

　　3つ目は「概念的自己（conceptual self）」で，社会・文化的な価値体系に結びついた自身の外見や能力などに関する知識である。

　　また Lewis（1990）は，自己理解の発達と関連させて，感情を大きく2つに分類した。「一次的感情」は，喜び・悲しみ・怒り・嫌悪・恐れ・驚きの6種類で，生まれて間もなくから観察される基本的な情動である。一方，生後2年目になって，自己意識や他者意識の発達と共にみられるようになるのが「二次的感情」である。これには，照れ・共感・誇り・感謝・嫉妬・恥・罪悪感・困惑などが含まれ，自分と他者との関係性の中で生じてくる感情である。

（4）　心理学的構成主義

①　コア・アフェクトの形成

　　一方，近年情動に関するより新しい立場として提案されているのが心理学的構成主義
（psychological constructivism: Barrett, 2017）である（図7-4）。心理学的構成主義では，感情は少なくとも2つの過程によって成立すると主張される。一つは，身体内部の知覚である内受容感覚に基づいて形成される最も基礎的な感情の状態であるコア・アフェクト（core affect）とよばれる過程である。コア・アフェクトが形成される過程は，脳と身体の神経生理的実体を基盤としており，ヒトという種であれば文化や時代に関わらず共通のメカニズムを有しているとされる。もう一つは，コア・アフェクトの変化を認知的に解釈するカテゴリー化

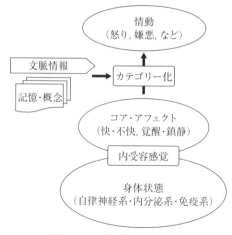

図7-4　感情の心理学的構成主義による感情の構造　　　　（大平　2020より）

(categorization)の過程である。カテゴリー化の過程では，外界からの情報により文脈が評価され，さらに過去の記憶や言語により表象される概念(concept)の機能によってコア・アフェクトの解釈がなされる。これにより人は主観的な意識を伴う感情を経験する。

　ここで注意すべきなのは，同じコア・アフェクトの状態であっても，カテゴリー化次第では全く異なった感情として経験される可能性がある（大平　2020）。カテゴリー化の過程は個人が保有する知識や概念に規定されるので，そうした知識や概念が異なれば経験される感情も異なる。それらの知識や概念は，生後の環境の中で乳児が人びととの関わりを通して獲得していくものであるため，個人によって少しずつ違う一方で，文化や時代という大きな枠組みで捉えたときには，人びとの間で共有されているものでもある。

② 予測的符号化理論

　また近年では，コア・アフェクトを形成するメカニズムとして予測的符号化という考え方が注目されている。予測的符号化理論では，脳は，感覚器官から入力される刺激に単に受動的に反応するのではなく，将来入力される刺激を予測する内的モデルを構築し，その内的モデルと入力された感覚信号を比較して，両者の差異（予測誤差）の計算に基づいて内受容感覚を能動的に創発していると考えられる。つまり，主観的に経験される身体内部の感覚は，内部モデルによる知覚予測と身体からの信号入力との差異が意識されたものだと考えられる。例えば，腸の蠕動運動は，通常は意識されることは，ほとんどないが，これは普段は内的モデルによる予測と実際の運動の予測誤差がわずかだからである。しかし腸に感染が生じて炎症が起これば，予測誤差は増大し，われわれは違和感や痛みとしてそれを知覚することになる。そうなると腸への注意により感覚信号を感じとる精度が上がり，知覚は鋭敏になる。その場合には，腸のわずかな動きでさえ感じられるようになる（大平　2017）。予測的符号化に関する近年の研究では，統合失調症の妄想気分や作為体験などの多彩な精神症状が予測誤差最小化のバランスを維持するための代償として理解できることが示されている（山下　2013）。また，山下（2019）は予測符号化プロセスを具現化したニューラルネットワーク・モデルを用いた神経ロボティクス実験によって予測精度の推定の変調が行動に与える影響を検証したところ，適切なレベルの予測精度の推定のもとでは，環境の変化に応じて，予測誤差に基づくスムーズな行為の切り替えが可能であったが，予測精度の推定が過大であっても過小であっても，環境の変化に応じた柔軟な行為の切り替えが阻害され，繰り返し行動・行動の停止など自閉スペクトラム症（ASD）類似の行動パターンが観察されたことを報告している。

　内受容感覚の予測的符号化の神経基盤についても検討が進んでおり，脳と身体のインターフェイスである島皮質をはじめ，前頭眼窩皮質，前部帯状皮質，偏桃体，線条体などがハブとして機能し，脳の広範な領域を含む大規模なネットワークが内受容感覚の予測的符号化を担っていることが徐々に解明されつつある（大平　2019）。その一方で，中島（2021）は，自己の身体への感覚や感情への注意の向け方は成長過程を通じて徐々に定着していくことから，養育者との関係を中心とした生後の経験が内受容感覚の形成・獲得に影響を与えていると主張している。

SECTION 3　情動表出における個性

1　愛着理論

図7-5　ハーロウ(Harlow. H. P)のサルの実験

（1）　愛　着

　愛着（アタッチメント）とは，「個体がある危機的状況に接し，あるいはそうした危機を予知して，恐れや不安の情動が強く喚起された時に特定の対象への近接を求めて主観的な安全の感覚を回復・維持しようとする傾向（Bowlby，1982)」のことである。ハーロウ（Harlow, H. F)のサルの実験は，子ザルをミルクをくれる金網製のサルの模型とミルクをくれない毛布製のサルの模型と一緒に檻に入れたところ，ミルクを飲むとき以外の大半の時間を毛布ザルにしがみついて過ごし，そこを安全基地として探索行動を行ったことから愛着理論を実証した実験である（図7-5)。愛着の発達は以下のように進むといわれている。

① 前愛着段階（誕生～生後3か月頃）

　特定の他者を区別することなく，誰の声や顔にも注意を向けたり，微笑したりする。

② 愛着形成段階（生後3～6か月頃）

　特定の他者に対して微笑したり，発声したりして，自らはたらきかけるようになる。

③ 明瞭な愛着の段階（生後6か月～2歳頃）

　特定の他者に対して泣いて後追いしたり，抱きついたりの愛着行動がみられるようになる。愛着を形成した人を，愛着対象とし，安全基地にして探索行動を行う。

④ 目標修正的協調関係の段階（3歳頃～）

　愛着の対象者がその場にいなくても，愛着を維持できるようになり，愛着対象の感情や行動を洞察し，自分の行動をコントロールして相手との関係を調整できるようになる。

（2）　ストレンジシチュエーション法

　Bowlby の愛着理論を基にして，愛着の質を測定する方法も開発されている。ストレンジシチュエーション法（Strange Situation Procedure：SSP）(Ainsworth *et al*. 1978) は，明瞭な愛着を形成していると考えられる満1歳児を対象とし，実験室という初めての場所での養育者との分離（養育者は部屋から出て子どもだけが残る）と再会，見知らぬ人の入室という一連のストレスを子どもに与えることによって，養育者に対する愛着行動を引

き出そうとするものである。

　ストレジシチュエーション法によって測定される愛着の質は，下の4つに分類される。

① 　Aタイプ（回避型 Avoidant）

　養育者との分離のときに混乱がほとんどなく，見知らぬ人ともある程度のやりとりが起こる。養育者との再会時も無関心で，そのまま遊び続ける。回避型に分類された子どもの養育者は，子どもが泣いて近づくとそれを嫌がり，ますます離れていく傾向があるため，子どもは愛着行動を最小限に抑え込むことで養育者との距離をある範囲にとどめておこうとする。

② 　Bタイプ（安定型 Secure）

　養育者が部屋から出て行こうとすると子どもはそれを止めようとし，養育者がいない間は泣いたりぐずったりする。見知らぬ人の慰めを少しは受け入れる。養育者が戻ってくると喜んで抱かれ，落ち着くとまた遊び出す。安定型に分類された子どもの養育者は，子どもの欲求や状態の変化に敏感で，子どもを統制することが少なく，子どもとのやりとりや遊び，身体接触を楽しんでいる。

③ 　Cタイプ（アンビバレント型 Ambivalent）

　養育者が部屋から出て行こうとすると泣いて止めようとし，養育者がいない間は激しく泣く。養育者が戻ってきて，子どもを抱き上げても怒って動揺が収まらない。アンビバレント型に分類された子どもの養育者は，子どものはたらきかけに敏感でなく，子どもへのはたらきかけは母親の気分や都合に合わせたものである。子どもへの応じ方が一貫しないため，子どもからするといつ，どのような形で応答してもらえるのか予想がつきにくい。そのため子どもは，最大限に愛着行動を示すことで，養育者の関心を自らに引きつけておこうとする。

④ 　Dタイプ（無秩序・無方向型 Disroganaized）

　養育者が戻ってきた場面で後ずさりや突然のすくみ，養育者に対する怯えなどを示す。また顔を背けながら養育者に接近するなど，不可解な行動パターンや本来は両立しない行動が同時に活性化される。無秩序・無方向型に分類された子どもの養育者は，抑うつ傾向が高かったり，精神的に不安定なため，子どもはどのような行動をとってよいのかわからず，愛着自体が形成されないと考えられる。

（3）　内的作業モデル

　Bowlby は，子どもは，愛着対象との具体的な経験を通して，愛着対象が自分を受け入れてくれるかどうか（近接可能性）や愛着対象が情緒的に応答してくれるかどうか（応答可能性）に関する主観的な確信・表象を獲得すると考え，この表象を内的作業モデルとよんだ。内的作業モデルは，愛着対象の客観的な実像を反映したものというよりは，愛着対象に子どもがとった行動あるいはとろうと意図した行動に，愛着対象がどう反応したかということの歴史の反映である。内的作業モデルは，子どもの中に内面化され，他者との関係の結び方の基礎として機能していく。

例えば，母親が支持的で応答的であるとき，子どもは母親を安定した（secure）ものとして内面化し，それに応じて自分を価値ある存在，愛され，助けられるに値する存在として表象するようになる。一方，母親が非応答的であったり，拒絶的であるようなとき，子どもは母親を不安定な（insecure）ものとして内面化し，それに応じて自分が愛され，助けられるに値しない存在であるという表象をつくり上げる。安定した愛着対象（内的作業モデル）を有する子どもは，親との関係を離れても，その対人世界に高い信頼を寄せ，仲間や他の大人に対して一貫して安定した愛着行動を示すことができるが，不安定な愛着行動を有する子どもは，その対人関係において不適応に陥る可能性が高くなる。

（4）　成人愛着面接法

　Bowlby によれば，この愛着対象と自己に関する相補的なモデルは，乳幼児期から青年期にかけて徐々に形成されていくという。具体的行動としてではない青年期・成人期の表象レベルの愛着を実証的に検討するために，Main らは，成人愛着面接法（Adult Attachment Interview：AAI）を開発した(George, Kaplan & Main 1996)。この面接では，45分ほどで，①両親（またはそれに代わる養育者）との幼少期・児童期における関係の概略，②そうした関係の性質を最もよく表す5つの言葉の提示，③その言葉の根拠となる具体的な思い出，④養育者からの拒絶，病気やけがをした際の養育者の対応，⑤別離，喪失，虐待などの経験，⑥幼少期・児童期に比べて青年期・成人期での両親との関係で変化したこと，現在の両親の自分への関わり方の性質，⑦現在の自分のパーソナリティーや子育てに対する養育経験の影響の有無などについて尋ねられる。

　AAI などを用いた愛着の内的作業モデルに関する様々な縦断研究のプロジェクトからは，総じて乳児期のアタッチメント上の個人差が，その後の各発達期における種々の社会情緒的行動の質やパーソナリティ特性などをある程度予測するという結果が得られている(遠藤 2010)。しかし，これは乳児期の愛着の質や内的作業モデルが，それ単独で直線的にその後の発達の質を規定することを意味しているのではない。多くのケースで幼少期のアタッチメントがその後の発達に一貫して関連性を持ち続け，長く連続性をみせるのは，個人が同じ養育者の下で，またそう大きくは変化しない環境の中で育ち続けるからだともいえる。たとえ不遇な養育環境に起因して幼少期のアタッチメントが不安定であったとしても，その後の条件次第でそれが変化しうることは十分にある。実際，幼少期から成人期にかけてアタッチメントが不安定型から安定型へと変化したいわゆる獲得安定型の存在も認められている。しかし一方では，幼少期のアタッチメントはいくらで書き換え可能というわけではなく，例えば，子どもの年齢が増していくにつれて徐々に養育の質が悪化していくという状況に晒された場合に，その負の影響は幼少期のアタッチメントが不安定であったケースでより大きく，安定した愛着を形成していたケースではより小さかった(遠藤, 2010)。

（5）　愛着の世代間伝達

　アタッチメントの生涯発達に密接に関わるものに愛着の世代間伝達の問題がある。愛着の世代間伝達に関しては多数の研究が行われており，養育者と子どもの愛着の質の間には連関があることが認められている。蒲谷(2013)は，前言語期の乳児とその母親を対象に，母親がどのような調律的応答を行うのかを検証した。その結果，内的作業モデルが安定傾向の母親は乳児のネガティブな情動表出に対して「笑顔を伴った心境言及」を行いやすい一方で，不安定傾向の母親は心境言及を行わない，もしくは心境言及を含まない応答をしやすいこと，また気質的にむずかりやすい乳児と回避傾向が強い内的作業モデルをもつ母親の組合せでは特に「笑顔を伴った心境言及」が生起しにくいことを明らかにしている。

② 気　質

　気質とは，活発さや情動表出の強さ，環境刺激に対する過敏さや順応性，注意の切り替えの速さ，課題への粘り強さなどの個人差を指す。気質は，比較的永続的な生物学的構造をもちつつも，発達の過程で経験される環境要因によって影響を受けると考えられる。その後の研究により，気質の個人差は社会的行動やその後の学業成績など，幼児期・学童期以降の人生に広く影響を及ぼすことが明らかになっている。

　Rothbart らは，個人の気質について実証的に検討するために，月齢 3 〜 12 か月児を対象とする乳児期気質質問紙(Infant Behavior Questionnaire-Revised: IBQ-R)，月齢 18 〜 36 か月児を対象とする乳幼児期気質質問紙(Early Childhood Behavior Questionnaire: ECBQ)，3 〜 7 歳児を対象とする幼児期気質質問紙(Children's Behavior Questionnaire: CBQ)など，年齢に応じて気質を測定できる一連の質問紙を開発してきた。例えば CBQ は，195 項目，15 の気質下位尺度：「活動水準」，「怒り・欲求不満」，「接近」，「集中力」，「不快」，「反応の低減及びなだまりやすさ」，「恐れ」，「強い刺激への快」，「衝動性」，「抑制的制御」，「弱い刺激への快」，「知覚的敏感性」，「悲しさ」，「内気さ」，「微笑と笑い」から構成されている。項目ごとに日常場面での子どもの行動が記述してあり，養育者が過去 6 か月の自分の子どもについて，全くあてはまらない〜全くその通りまでの 7 段階でそれぞれの項目を評定する。

　また Rothbart & Bates (2006)は，気質にはこれらの質問紙で測定される気質下位尺度だけでなく，それらを包括する高次の気質次元が存在すると述べている。その気質次元とは「外向性・高潮性(Surgency)」「否定的情動性(Negative Affectivity)」「エフォートフル・コントロール(Effortful Control：EC)」である。エフォートフル・コントロール(EC)とは，実行注意の効率のよさ(the efficiency of executive attention)を表し，そのときの優勢な反応を抑制して優勢ではない反応を開始したり，計画をたてたり，エラーを検出したりする能力を含む(Eisenberg, Smith, & Spinrad 2011)。例えば，早く始めたいのをがまんして先生のお話を聞くとか，本当は遊びたいけれど先に宿題をやってしまおうといった意識的な行動抑制・制御のことである。米国ではこの 3 つの気質次元の測定を可能にす

る 36 項目からなる CBQ-very short form (CBQ-VSF) 作成されており，日本でも近年この日本語版が作成されている (成瀬ら，2021)。

　元来，気質は遺伝的な影響が強く，環境によって変化することは少ないと考えられてきたが，気質の発達研究が進むにつれて，気質は生得的で変化しないものではなく，生後の環境や経験の影響を受けて発達的な変化が起きることが明らかになってきた。草薙・星 (2005) は，1992 年と 2002 年に CBQ を用いて幼児の気質調査を行い，10 年間の子どもの気質変化の有無を調べたところ，2002 年の幼児は 1992 年に比べて，「外向性・高潮性」得点はより低く，EC 得点はより高い方向へと変化していた。「外向性・高潮性」得点及び EC 得点には性差があり，「外向性・高潮性」得点は男児の方がより高く，EC 得点は女児の方がより高い。また発達的には，EC は幼児期に加齢と共に増大するという知見が得られている (Kusanagi, Hoshi, & Chen 1999)。これらの結果は，10 年間に幼児がよりおとなしくよい子へと変化したとも解釈され，また体質的・生物学的基盤を有するために変化しづらいと考えられる気質においても，時代的な変化が生じ得るということを示唆するものでもある (草薙ら 2014)。

　一方，武井ら (2020) は，子どもの気質特徴の一つである否定的感情反応 (「思い通りにならないと激しく感情を表す」，「よくさわいで大泣きする」など) が，母親の「子育てに失敗するのではないかと思うことがある」，「母としての能力に自信がない」といった漠然とした育児不安や「子どもをわずらわしいと思うことがある」，「子どもを育てることに負担を感じる」といった育児ストレスを高めることから，子どもの気質特徴に合った具体的な関わり方や遊び方を養育者に伝えることの重要性を主張している。

　本章を通じて説明してきたように，個人の情動・感情の発達は，神経学的基盤をもちつつ生後の環境，特に養育者をはじめとする身近な大人との関わりの質の影響を大きく受ける。乳幼児期に感情的な反応を含む場面で，大人が子どもの感情状態を言葉に表して表現することは，その子どもの感情経験を形つくると共に青年期・成人期に至るまで子どもの社会適応を支えていく。その意味で，乳幼児期の子どもに関わる保育者の役割は非常に大きいといえるだろう。

7章 〈参考文献〉————————————————————————

Izard, C. (1991) The Psychology of emotions, Plenum Press New York. (荘厳舜哉監訳 (1996)『感情心理学』ナカニシヤ出版).

磯村朋子 (2021) 表情同調の現象，機序，発達過程. エモーション・スタディーズ. 6(1), 37-43.

Eisenberg, N., Smith, C. L., & Spinrad, T. L (2011) Effortful Control: Relations with emotion regula- tion, adjustment, and socialization in childhood. In R. F. Baumeister, & K. D. Vohs (Eds.), Hand- book of self-regulation: Research, theory, and applications, second edition. New York: Guilford Press. pp. 263-283.

Ainsworth, M. D. S., Blehar, M. C., Waters, E., & Wall, S. (1978) Patterns of attachment: A psychological study of the Strange Situation. Hillsdale, NJ : Lawrence Erlbaum Associates.

Ekman, P. (1972) Universals and cultural differences in facial expressions of emotion, In J. Cole (Ed.)，Nebraska Symposium on Motivation, Vol. 19，Lincoln: University of Nebraska Press, pp. 207-283.

遠藤利彦 (2010) アタッチメント理論の現在：生涯発達と臨床実践の視座からその行方を占う．教育心理学年報，49, 150-161.

大平英樹 (2017) 予測的符号化・内受容感覚・感情．エモーション・スタディーズ，3(1), 2-12.

大平英樹 (2020) 文化と歴史における感情の共構成．エモーション・スタディーズ，5(1), 4-15.

大平秀樹 (2019) 内受容感覚の予測的処理に基づく感情の創発．生理心理学と精神生理学, 37(2), 43-46.

蒲谷槇介 (2013) 前言語期乳児のネガティブ情動表出に対する母親の調律的応答：母親の内的作業モデルおよび乳児の気質との関連．発達心理学研究．24(4), 507-517.

Kusanagi, E., Hoshi, N., & Chen, S. (1999) Structure, developmental change, and sex differences in temperament of Japanese children. *Annual Report of the Research and Clinical Center for Child Development*, 21, 17-26.

草薙恵美子・星信子 (2005) 子どもの気質的行動特徴の変化：1999年と2002年の比較．國學院短期大学紀要，22, 145-162.

草薙恵美子・星信子・陳省仁・安達真由美・高村仁知・大石正．(2014) 子どもの気質発達についての学際的研究：予備調査をふまえて．國學院大學北海道短期大学部紀要. 31, 11-27.

小西行郎 (2015) 赤ちゃん学から見た重症心身障害児：ヒトの心の起源を探る．日本重症心身障害学会誌．40 (1)．9-14.

George, C., Kaplan, N., & Main, M. (1996) Adult Attachment Interview Protocol (3rd ed.). Unpublished manuscript. University of California at Berkeley.

武井祐子・門田昌子・奥富庸一・竹内いつ子・岩藤百香・岡野維新 (2020) 気質特徴に適合した親子ふれあい遊びが養育者の育児認識．育児不安および育児自己効力感に及ぼす効果．川崎医療福祉学会誌, 29, 279-292.

寺澤悠理 (2018)「いま」をつくり出す身体反応の受容・制御と感情：島皮質の機能からの考察．神経心理学，34, 289-298.

寺澤悠理・梅田聡 (2014) 内受容感覚と感情をつなぐ心理・神経メカニズム．心理学評論, 57(1), 49-66.

成瀬茉里香・草薙恵美子・星信子・中川敦子・鋤柄増根 (2021) 幼児期気質質問紙36項目日本語版 (CBQ-36-J) 作成の試み．名古屋市立大学大学院人間文化研究科「人間文化研究」, 35, 71-84.

Nisser, U. (1988) Five kinds of self knowledge, *Philosophical Psychology*, Vol. 1, 35-59.

秦利之 (2004) 4次元超音波 (4D) による胎児行動の観察．日本産科婦人科学会香川地方部会雑誌, 6(1), 9-18.

Bridges, K. M. (1932) Emotional development in early infancy. *Child Development*, 3, 324-334.

Bowlby, J. (1982) Attachment and loss. Vol. 1 (2nded.). Attachment. New York: Basic Books.

山下祐一 (2019) 計算論的精神医学：脳の数理モデルを用いて精神疾患の病態に迫る．日本生物学的精神医学会誌. 30(3), 114-116.

山下祐一・松岡洋夫・谷淳 (2013) 計算論的精神医学の可能性：適応行動の代償としての統合失調症．精神医学，55, 885-895.

Lakin, J. L., & Chartrand, T. L. (2003). Using noncon-scious behavioral mimicry to create affiliation and rapport. *Psychological Science*, 14, 334-339.

Lewis, M.，(1990) The development of intentionality and the role of consciousness. *Psychological Inquiry*, 1(3), 231-247.

LeDoux, J. (1996) The Emotional Brain. New York: Simon & Schuster. (ルドゥー，J. 松本元・川村光毅・小幡邦彦・石塚典生・湯浅茂樹 (訳) (2003)．エモーショナル・ブレイン 東京大学出版会.)

Rothbart, M. K., & Bates, J. E. (2006). Temperament. In W. Damon & R. M. Lerner (Series Eds.)，& N. Eisenberg (Vol. Ed.)．Handbook of child psychology: Vol. 3. Social, emotional, and personality development (6th ed., pp. 99-166). Hoboken, NJ: John Wiley & Sons.

8章　学びとは

目標：保育とは，ただ子どもの世話をしたり遊んだりするというものではなく，それらを通して，子どもの
学びと成長をサポートする営みである。学びと成長といってもいろいろな側面がある。
　　　本章では学びの様々な形について概観しながら，子どもが学ぶことと，そのしくみ，そして子ども
が学びを通して成長するための，保育者の関わり方や環境づくりについて学んでいく。

SECTION 1　ほめる？　しかる？

1 　オペラント条件づけ（道具的条件づけ）

 8-1　4歳5か月M（3〜5歳児クラス5月）

　　Mは認定こども園の年中児である。明るく元気のよい子だが，4月に入って，担任の保育者との
関わりを求める行動が頻繁になり，保育者を独占しようする行動が目立つようになった。3月にM
の弟が生まれているので，その影響もあると担任は考え，Mの要求には可能な限り応えるようにし
てきた。しかし，クラス担任としてM以外の子どもたちとも様々な関わりをもつので，Mの全て
の要求には応えられない。しばらくすると，Mは他児のもってい
るものを無理やり奪ったり，他児や保育者をたたいたりするよう
になった。保育者がしかっても，Mはニヤニヤしていて反省して
いる様子はみられない。また，わざとしかられるようなことをし
て逃げていくこともある。保育者はMが逃げながら笑顔をみせ
ているのを見て，追いかけていって，しかるという対応が適切な
のかどうか，迷いを抱いた。

逃げる子ども

　　　　　　　　　＊　　　＊　　　＊　　　＊　　　＊

　「学習」というと，まず学校の勉強のことをイメージする人が多いかもしれない。し
かし，心理学では，経験が行動に影響を与えるような，かなり幅広い現象を「学習」と
よんでいる。学習には様々な形態があるが，まずそのうちの一つ，「オペラント条件づ
け」（別名道具的条件づけ）について取り上げる。

（1）　行動の強化

　　オペラント条件づけの研究の第一人者としては，アメリカの心理学者スキナーが知ら
れている。スキナーの研究ではネズミやハトを使った実験が有名だが，ここでは人間の
日常的な行動を例にとる。

　　あなたがお店で買い物をしているときに，新発売のお菓子をみつけたとする。おいし
そうだと思って買ってみる。家に帰ってそのお菓子を食べてみたら，想像以上においし
かった。その後，買い物に行ったときにそのお菓子をみつけたら，つい買ってしまう。

　　これは「学習」の観点からは，次のように整理できる。ある行動をとったとき，それ
に付随してうれしい，楽しい，好ましい，満たされるような経験をしたとき，その行動

を繰り返すようになる。買い物とお菓子の例でいえば，お菓子を買う行動の結果，お菓子がおいしいという好ましい経験をして，お菓子を買う行動が繰り返されるようになる。

逆に，ずっと繰り返し買っていたシャンプーが，洗い心地や香りが変わってしまって，買うのをやめてしまうということもある。この場合，シャンプーを買って使うという行動の結果，洗い心地や香りが好みに合わないという，うれしくない経験をして，そのシャンプーを買うという行動が起きなくなる，というとらえ方ができる。

このように，特定の行動が，好ましい経験（報酬＝好子）の影響で増加したり，好ましくない経験（罰＝嫌子）の影響を受けて減少したりすることを，その行動の強化という。スキナーが研究したオペラント条件づけは，このような要因で変化する行動についての理論の体系である（図8-1(a)，(b)）。

episode 8-1のMの行動についても，このような見方を当てはめることができる。Mは，保育者に対して「自分の方を向いてほしい」，「自分をかまってほしい」と思っているようである。つまり，Mがわざとしかられるようなことをしたときに，保育者がMをしかることは，Mにとって「やった，先生が自分の方を向いてくれた」と感じられる好子になる。好子があると，その行動は強化される。つまり，保育者がMをしかればしかるほど，逃げていくMを追えば追うほど，その行動はさらに繰り返されるようになる（図8-1(c)）。

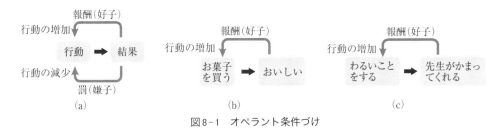

図8-1　オペラント条件づけ

しかられることが好子（報酬）になっているという解釈は，直感には反するかもしれない。だが，関わりを求める気持ちが強いと，しかられるようなネガティブな関わりさえもうれしい経験になってしまうことがあるのである。

（2）　行動の消去

他児をたたいたり，持っている物を奪ったり，わざとしかられるようなことをしたりするMの行動を変えるには，どうしたらよいだろうか。

オペラント条件づけの理論では，行動を減らす方法は二つ考えられる。

一つは，罰（嫌子）を与えることである。ただ，Mの場合，しかられることも好子になっているので，罰を与えようとすると，もっと厳しいものが必要になる。それは倫理的によくないばかりでなく，Mが罰を与える人（保育者）との関わりそのものを避けようとすることにもつながる可能性があり，望ましくない。

もう一つの方法は，嫌子を与えるのではなく，好子を与えないということである。つまり，保育者がしかったり追いかけたりすることがMにとって報酬になってしまっているなら，それを減らして最小限にするのである。不適切な行動があった場合に，長々

と時間をかけてしかったりせずに手短に「ダメ」ということを伝えるだけにし，逃げるMを深追いしたりもしない。そのことで，Mは報酬を得られなくなるので，そのような行動をとらなくなることが期待できる。

　一般的に，好子によって強化された行動は好子がなくなると減っていく。このように好子を減らすことでその行動が起きなくなるような関わりのことを，行動の消去とよぶ。

　ただし，Mの事例の場合には，ただできるだけかまわないというやり方だけでは，自分に注目してほしいという欲求を満たすために行動をエスカレートさせてしまうおそれがある。それを避けるためには，Mがわるいことをしていないとき，普通に過ごすことができているとき，よいことをしたときなどに，保育者が注目や関わり（好子）を与えることで，適切な行動が増えるようにはたらきかけることも，同時に行っていく必要がある。

（3）　効果的な学習の条件

　スキナーはオペラント条件づけの研究をもとに，教育の方法についても提案をしている。その一つが，「プログラム学習の原理」である（表8-1）。

表8-1　プログラム学習の原理

積極的反応の原理	行動は受け身では身につかない。自分で行動してみるということが必要である。
即時確認の原理	その行動が正しいかどうかが，行動した直後にわかるようにする。行動してから結果がわかるまでに間があくと，学習効果が上がらない。
スモールステップの原理	簡単にできることから徐々に難しいことへ，取り組む課題を細かい段階に分けて失敗を少なくする。
マイペースの原理	学習の速度には個人差があるので，学習者一人ひとりが自分のペースで取り組むようにする。

　この原理に基づいて，子どもが服のボタンを自分でかけられるようになるための，はたらきかけについて考えてみよう。大人がやってみせたり説明したりするよりも，自分の手でやってみる方が身につきやすい（**積極的反応の原理**）。やってみたときに，目指している行動ができたか，できなかったか，自分ですぐわかったり，できていることを大人がその場で確認したりする（**即時確認の原理**）。最初はボタンを持つだけ，ボタン穴を見つけるだけ，縫いつけていないボタンを穴に通すだけ，のように，簡単にできることから順番に取り組んでいく（**スモールステップの原理**）。他の人と同時に同じようにすることを求めるのではなく，自分のできるペースで取り組む（**マイペースの原理**）。

　オペラント条件づけは，子どもが様々な行動を身につけていく際によくみられる現象であると共に，その学習をサポートする保育者にとっても，適切なサポートのあり方について判断するための視点を提供してくれる理論である。

（4）　ほめることの限界

　「ほめて伸ばす」という言い方を見聞きしたり使ったりしたことがある人は多いのではないだろうか。オペラント条件づけの理論でも，行動を方向づけるには，嫌子を使うよりも好子を使う方が効果的であるとされている。

ほめられたりごほうびをもらって行動するようになっても，ほめられなくなったりごほうびがもらえなくなったらその行動をしなくなってしまう(消去)が起きる。また自発的に絵を描いていた幼児に，ごほうびを与えたら，ごほうびがない場面では絵を描かなくなってしまった，という研究もある (Lepper, Greene *et al.*, 1973)。単純に好子を与えればよいものではないのである。例えば，落ちているごみを拾って捨てた子どもをただ「えらいね」とほめるのではなく，「ありがとう，部屋の中がきれいになって気持ちいいね」のように，その行動が自分にとっても意味があると感じられるような言葉かけをすることによって，ほめられることが目的になるのを防ぐことができる可能性がある。

　ほめる，プラスの評価をする，ごほうびを与えるなどの好子は，ただ与えればよいというものではなく，実は慎重に扱わなければならない面があることは知っておきたい。

2　古典的条件づけ（レスポンデント条件づけ）

　学習について学ぶときに，オペラント条件づけと共に必ず取り上げられるのが古典的条件づけ(別名レスポンデント条件づけ)である。ここでも人間の行動を例に説明しよう。

　「梅干し」という言葉を見聞きすると，口の中に唾が出てくる感じがしないだろうか。

　人間のからだには，酸っぱいものが口に入ると唾液が出る生まれつきのしくみがある。だから，梅干しを口に入れると，自動的に唾液が出る。そして，日本人は梅干しを食べるときに「梅干し」という言葉を必ず見聞きする。その経験の積み重ねによって，日本人は「梅干し」という言葉だけで，梅干しの現物が口に入らなくても唾が出るようになる。

　生まれつきの反応(唾液が出る)を引き起こす刺激(梅干し)と，反応を起こさない刺激(「梅干し」という言葉)をセットで経験すると，反応を起こさない刺激(言葉)だけでも反応(唾液が出る)が起こるようになる。

　このタイプの学習は古典的条件づけとよばれ，「パブロフの犬」で有名なロシアの生理学者パブロフが研究した。古典的条件づけができる生まれつきの反応には，唾液の分泌だけでなく，瞬き，心臓の拍動など様々なものがある。恐怖感のような感情も，古典的条件づけが生じる反応である。

犬に吠えられる人

　例えば，犬に激しくほえられ，かみつかれて，とても怖い思いをした人が，その後，犬を見かけるとドキドキして緊張するようになったとしよう。この場合，生まれつきの反応(梅干しの例では唾液にあたる)は，怖いという感情やドキドキしたり緊張したりすることである。それを引き起こす刺激(梅干しの例では梅干しにあたる)は，攻撃されかみつかれることである。普通，ただ犬を見ただけでは恐怖や緊張の反応は起きないが，犬と攻撃がセットで経験されたことで条件づけが起きて，犬の姿を見るだけで攻撃されたときの反応が起きるようになったと考えられる。そういう人でも，犬を見ても吠えられない経験を重ねることで，恐怖の反応が起きにくくなることがある。このように学習がキャンセルされる現象は，オペラント条件づけと同様に消去とよばれる。

SECTION 2 　まねて学ぶ，自分で学ぶ

1　観察学習

　8-2　4歳児クラス10月

　4歳児クラスの保育室に，担任が空き箱，紙，ひもやテープ，ペットボトルなど様々な素材を用意して，子どもが自由に使えるようにした。製作活動の好きな数人の子どもたちが，さっそく，そこでいろいろなものをつくって遊び始めた。

　Mはティッシュペーパーの空き箱に色を塗ったり，色紙を貼ったり別の小さな箱を取りつけたりして，「犬」をつくった。

　すると，それを見ていたNが「ひもをつけたらお散歩ができる」と提案した。2人はそれぞれ空き箱で「犬」をつくり，首に当たる部分にひもを取りつけて，それを引いて園内を「お散歩」して回った。

　これは他の子どもたちから注目され，「お散歩わんちゃん」ブームが起きた。4歳児クラスのたくさんの子どもたちが，見よう見まねで犬や猫やパンダなどをつくって，ひもで引きながら園内を歩き回った。

＊　　　＊　　　＊　　　＊　　　＊

　episode 8-2のように，ある子どもの行動を他の子どもがまねることは，保育の現場で日常的にみられる。最初の2人のまねをして「お散歩わんちゃん」をつくり始めた子どもたちは，それまでしなかった行動を突然するようになった。そういう意味では，「お散歩わんちゃん」づくりという行動を学習したということができる。だが，「お散歩わんちゃん」をつくったらごほうびがもらえるわけでも，つくらないとしかられるわけでもない。つまりこの学習は，前項で説明したようなオペラント条件づけでは説明できない。もちろん，「お散歩わんちゃん」づくりは生まれつきの反応でもないので，古典的条件づけでも説明がつかない。

　このような，他の人のやっていることを見るだけで，その行動をするようになるタイプの学習は，観察学習と名づけられている。観察学習の研究では，アメリカの心理学者バンデューラの「ボボ人形実験」が有名である。

　ボボ人形というのは空気で膨らませる大きな人形で，押したり倒したりしても起き上がってくるようにできている。バンデューラは，大人がこの人形に殴る蹴るの乱暴をしている映像を子どもに見せた。そしてそのあとで，映像を見せた子どもと映像を見せていない子どもとで，人形の置いてある部屋に連れていったときに，どうするかを比べてみた。すると，映像を見た子どもは，人形に対して映像で見たのと同じような乱暴な関わりをすることが明らかに多かったのである。

　現在，暴力的なシーンを含む映像作品やテレビ番組などを子どもが見ないように規制する制度がある。バンデューラの研究は，その根拠にもなっている。

　観察学習に関連して，代理強化という現象がある。例えば，幼児が集団で給食を食べている場面を想像してみてほしい。保育者が一人の子ども（Aちゃん）を示して「Aちゃんはお箸を使うのが上手になってきたね，かっこいいなあ」と言ったとしよう。それを聞いていた周囲の子どもたちが，それまでフォークで食べていたのに，急に箸に持ち替

えて食べ始めたりする。

　オペラント条件づけの理論では，ある行動の結果報酬（好子）が得られてその行動が増えたり，罰（嫌子）が与えられてその行動が減ったりすることを強化とよんでいたことを思い出してほしい（SECTION 1を参照）。オペラント条件づけの場合，強化されるのは，行動する人自身である。給食場面の例でいえば，箸の使い方をほめられたAちゃんがその後も食事のときに箸を使おうとするようになるのが，オペラント条件づけである。

　ところが，周囲の子どもたちは，自分がほめられていないにも関わらず，箸を使って食べる行動をとるようになった。このように，観察学習では，観察対象（モデル）をまねるというだけでなく，モデルがほめられていれば，その行動をよりまねするようになるし，モデルがしかられていれば，その行動をまねしなくなる。このようにモデルが強化されたときに，それを観察している人でも，その行動が強化される現象を代理強化という。

　ボボ人形実験でも，モデル（映像の中で乱暴な行動をする大人）がその行動をしかられている映像を見せると，それを見た子どもの人形に対する乱暴な行動は少なくなる。

　観察学習は，このように間接的な経験によって自分の行動が影響を受けることであり，ただ他の人の行動をまねるだけでなく，例えば，絵本を読んでその中の場面を再現することなども，広い意味では観察学習ということができる。

2　自己調整学習

　報酬や罰，他者からの影響で起きる学習は，特に小さな子どもではよくみられる。しかし，学習をする人は，ただ受け身で外部から影響を受けているばかりではない。ある程度の年齢になると，自分で目標を決めて，自分自身で学習を進めていくということもできるようになってくる。そのような自ら学ぶような学習を自己調整学習という。

　自己調整学習の理論では，自分から学ぶことができるために，次の三つの要素が必要だとされている。その三つとは①自分には力がある，やればできるという感覚（自己効力感）による「やる気」，②記憶の仕方，身につけ方，理解しやすくする工夫，やる気が出ないときの気持ちの立て直し方など，学習を進めるために役立つ「やり方」，③自分の学びの進み具合を自分で客観的に把握する「自分自身への気づき（メタ認知）」である。これらの要素は互いにつながっている。例えば，どうしたらよいかわからないからやる気が出ない，ということがあるだろう。そういう場合でも，やり方がわかれば「できそうだ」という気持ちになって，やる気が出てくるということもある。

　教育的な関わりの中で自己調整学習を促すのは，メタ認知がしっかりしてくる小学校高学年ぐらいからが適切だといわれている。幼児期はその基礎を培う時期として，いろいろなことにチャレンジして，「できそうだ」，「できた」と感じられる体験をしっかり積み重ねていくことが大切になる。また，そのためにも，保育者は様々なことについて「どうやったらできるか」を幼児にわかりやすく具体的に伝えられるように準備をしておく必要がある。

SECTION 3 「参加」という学習

1 新入りから中心メンバーへ

episode 8-3　3歳2か月〜5歳7か月 M

幼稚園に3歳で入園した最初の頃のMは，園内外のあちらこちらをフワフワとさまよい歩いている時期が長く続いた。早生まれということもあり，クラスの中でもひときわ幼く，集団の活動から外れていくことも多かった。

そのうちMは，朝の外遊びの時間などに5歳児クラスの男児Nと一緒に過ごすことが多くなった。Mは虫に興味があり，"虫捕り名人"のNがMに虫を捕まえてやっ

集団から外れる子

たり，捕まえ方を教えてやったりしたことがきっかけだった。Mが帽子をかぶらずに外に行こうとすると，Nは帽子をかぶってくるようにMに促した。外遊びを終えて園内に戻るときには，MはNが手を洗うのを見て自分も手を洗うようになった。

MはNと過ごすようになってから，少しずつクラスの集団の活動から外れることが少なくなっていった。だが，運動会や発表会などの大きな行事ごとの練習には，参加したりしなかったりした。

4歳児クラスに進級したころからは，Mは集団での活動から外れることはほとんどなくなり，当番の活動，グループごとの活動などにも自分から取り組むことが増えてきた。また，数人の気の合う仲間と一緒に遊んでいる姿をよく見かけるようになった。

その後5歳児クラスになったMは，ややマイペースなところはあるが，遊びの中で，ときどき独創的なアイディアを出したりするので，仲間からは一目置かれている。

自分が年少児だった頃に年長のNからいろいろ教えてもらったように，年下のクラスの子の世話を焼く場面もある。運動会のダンスやリレーなどでは，練習のときから楽しんで参加して，本番でも，しっかり取り組むことができた。

*　　　*　　　*　　　*　　　*

皆さんの多くは，中学校や高等学校などで部活動に参加した経験をもっているだろう。筆者の場合，中学校で吹奏楽部に入り，初めて触れる楽器の練習をするようになった。先生や先輩から教えてもらいながら，徐々に合奏に参加できるようになり，学年が上がって経験を積むにつれて，部の運営などにも関わるようになった。新入生が上級生になっていくそのような変化は，バスケットボール部でも演劇部でも，たいていの部活動で毎年繰り返されているはずである。

episode 8-3のMの成長の姿も，新入生が部活動に入って中心メンバーへと成長していく過程と重ね合わせることができる。3歳で幼稚園に入園した幼児は，まだ幼稚園という場所がどんな場所なのか，そこでどんなことができるのか，どんなルールがあるのかを，よく理解していないものである。だが年長になる頃には，幼稚園内のことならなんでもわかっているという自信と自覚をもって振る舞うようになる。

どのような集団でも，新しく仲間入りをしたメンバーがその集団の中心メンバーになっていくという成長の過程がみられる。レイヴとウェンガー(1993)は，そのような集団への参加のしかたを正統的周辺参加とよんだ。

レイヴとウェンガーは，服の仕立てをする職人の集団の中で，新入りメンバーが中心メンバーへと成長していく過程を研究した。新入りは最初雑用をこなすだけだが，先輩の仕事ぶりを見よう見まねで学び，簡単な仕事を任されるようになり，経験を積みながら一人前の職人へと育っていく。そこで新入りメンバーが学ぶのは，ただ服の仕立ての技術だけではない。先輩や後輩への接し方，仕事に取り組む姿勢，お客さんへの態度なども学ぶのである。

　その集団で「正しい」やり方として共有されている振る舞いができなければ，いつまでも一人前扱いされることはないのである。

　幼稚園でも部活動でも同じである。何かを実践する集団（共同体）への新入りメンバーは，その集団で共有されている価値観，ルール，態度，人への関わり方やものの見方を実践することで，中心メンバーに近づいていく。いくら「幼稚園に入ったらこんなことをするよ，こんなルールがあるよ」と教えられてきたとしても，それだけでいきなり中心メンバーにはなれない。実際にその場に身を置いて実践を重ねていかなければ，集団内で一人前の中心メンバーにはなれないのである。

２　できる場面，できない場面

　例えば，休日のショッピングモールに家族と買い物にきていた保育所の子どもが，担任の保育者と偶然顔を合わせたとしよう。保育者の服装や髪型は，普段保育所で仕事をしているときとは違っている。その保育者を前にして，子どもの方はいつも保育所で保育者に対するのとは別人のように，何となく恥ずかしそうにモジモジしていたりする。

　ある場面では，できることが，別の場面ではできない，と
いうパターンは，いろいろなところでみられる。発表会の練

恥ずかしがる子

習のときにはできるようになったことが，本番でいつもと違う雰囲気の中ではできなくなってしまう。保育所にいるときには自分で食事を食べることができるのに，家では自分ではなかなか食べずに親に食べさせてもらったりする。

　何かができるようになる，身につくということは，その人がただ「できない状態」から「できる状態」になったというような単純なことではない。

　何かができるかどうかは，場面や状況にも左右されるし，本人の気持ちによっても左右される。ものすごくがんばればできることがあっても，常にものすごくがんばり続けることはできない。

　「できる」と感じられる経験を積み重ねていくことがその人の自己効力感につながることは先に述べた（SECTION 2 参照）。

　そのことを考えるなら，ただ「できる」ように教えるということではなく，その人が力を発揮できる場面や状況をつくることが，保育や教育に携わる者にとって大切になってくることがわかるはずである。

SECTION 4　わかることと学ぶこと

1　能動的な知識獲得

🐰 **episode** 8-4　6歳1か月M（5歳児クラス9月）

　　Mの通うクラスでは，春に園の畑でトマトなどの種（たね）を植えた。数日後にトマトの芽が出てきたときに，その双葉に種の殻がついているのを子どもたちが見つけた。その様子を見た保育者は，このクラスの子どもたちと1年間様々な「種」に触れていこうと考え，保育の中で「種」に関する話題や活動を取り上げていった。園の花壇に咲いている花に袋をかぶせて，できた種を採集したりもした。
　　9月になって，近所の農家の人からハスの種が届いた。保育者が子どもたちにハスの種を見せたが，子どもたちの多くはハスの花を見たことがないようだった。そこで，その農家のハスの池を見にいくことにした。
　　ハスの池には，ハスの丸い葉，ピンク色の花と共に，シャワーヘッドのようなもの（ハスの果托（かたく））があった。Mはその中をのぞき込んで，穴の一つひとつに種が入っていることを発見した。そして，ハスの花をのぞき込んだMは，今度は「真ん中に種になるやつがある」という発見をした。

ハスの花と実

＊　　＊　　＊　　＊　　＊

　　episode 8-4のMは，ハスの花の中央にある雌しべの部分の形が果托の形と似ていることに気づいて，そこが種になるところだと理解したようである。Mはハスの花や果托を見るのは初めてだったが，ハスの花と種の構造について理解できた。それは，それまでの園生活の中で花が種になることを繰り返し見聞きして，「花とはこういうもの」「種とはこういうもの」という知識をもっていたからである。
　　ピアジェは，物事についての理解や認識が，シェマの同化と調節を繰り返す中で形づくられると考えた（3章 p.38 5章 p.61 を参照）。
　　「花とはこういうもの」，「種とはこういうもの」という知識は，花についてのシェマ，種についてのシェマということができる。ハスの花と実についてのMの発見は，それまでもっていた「花は種に変化する」，「種は粒状のものである」というシェマをハスの花や実に当てはめている（同化）とみることができる。また，「種はこんなふうになるもの」というそれまで知っていた植物とは違う構造のハスの果托に合わせて，「こんな種は今まで知らなかったけれど，これも種」と，シェマを変更した（調節）ということもできるだろう。
　　このような見方をすると，物事についての理解や知識は，ただ与えられて受け入れるというものではないことがわかる。認識や理解の過程は，人が環境とのやりとりをする中で起きるものである。
　　受け身で吸収するのではなく，自分で環境と関わりながら自分なりにつくっていく，そのようなものとして理解や知識をとらえる必要がある。保育の基本としていわれている「環境を通して行う教育・保育」も，そのような子ども観，学びのとらえかたを出発点においているのである。

２ 隠れたカリキュラム

　カリキュラムとは，教育機関において教育の内容を組織的に編成したもののことをいう。保育の場でも，こんな経験を通してこんなふうに成長してほしい，という保育や教育の目標があり，その実現のために保育や教育の計画を作成している。

　例えば，「健全な心身」，「豊かな感性と創造力」，「自主性・協調性」という目標を掲げて，運動遊びや自然の中での遊び，友だちと一緒にものを作って遊ぶなどの保育を展開している園があったとしよう。その保育で，子どもたちは目標とする方向に成長していくかもしれない。

　だが，子どもたちが学ぶことはそれだけではない。保育者が普段なにげなく行っていることからも，いろいろなことを学んでいく。

　例えば，出席確認の名簿が男女別になっていて，毎回男の子から先に呼ばれるとしたら，子どもたちは何かをするときに男の子が先で女の子が後という順番が当たり前と感じるようになるかもしれない。

　保育者がクラスにいるからだの不自由な子を助けるために，いろいろな工夫をしている姿を見たら，子どもたちも，その子を助けるために何かしようとするようになるかもしれない。

　別にそのように教えようとしたわけでなくても，子どもはいつの間にか勝手にそこから学んでしまうのである。このように，意図せず伝わるものを「隠れたカリキュラム」という。

　子どもは常に学んで変化し続ける。その子どもたちに何をどう伝えるか，ということを本気で考えるなら，保育者は自分の気づいていない行動の癖なども振り返ってみなければならないのである。

8章　〈参考文献〉
　アイゼンク，M. W. (2000)：山内光哉監修，白樫三四郎・利島保・鈴木直人・山本力・岡本祐子・道又爾監訳：アイゼンク教授の心理学ハンドブック，ナカニシヤ出版(2008)
　伊藤崇達：「自ら学ぶ力」を育てる方略－自己調整学習の観点から－BERD, 14, pp.14-18．ベネッセ教育総合研究所(2008)
　大豆生田啓友編著：「子ども主体の協同的な学び」が生まれる保育，学研教育みらい(2014)
　城間祥子：(2012)．"学習環境のデザイン　状況論的学習観にもとづく学習支援(リレー連載 教育のゆくえ)．" 教育創造(171)．46-51
　ジーン・レイヴ，エティエンヌ・ウェンガー．(1993)．"状況に埋め込まれた学習－正統的周辺参加．" 佐伯胖訳：産業図書
　ジマーマン，バリー・J., シャンク，ディル・H.(1989)，塚野州一他訳：『自己調整学習の理論』，北大路書房(2006)
　鈴木克明編著：『詳説インストラクショナルデザイン：e ラーニングファンダメンタル』，NPO 法人日本イーラーニングコンソーシアム(2004)
　Bandura, A. (1977)，原野広太郎監訳：『社会的学習理論－人間理解と教育の基礎』，金子書房(1979)

9章　主体的学びと意欲

目標：子どもは，好奇心旺盛で主体性に満ちた存在である。子どもの成長発達を支える保育者には，子どもが自ら学びへと向かおうとする気持ちや環境を保障し，その過程を適切に促すことが求められる。

ここでは，学びに関する基礎的な理論を習得し，子どもが友だちや保育者などの身近な人たちとの関わりの中で，学びの経験を積み上げていけるような保育のあり方について考える。

SECTION 1　主体的に学ぶとは

1　求められる学びのあり方

 **episode**　9-1　6歳5か月M（5歳児クラス10月）

　5歳児クラスでは，夏頃から，散歩での公園遊びから帰る前に，クラスを2つに分け全員でリレーを行うことが恒例となっていた。子どもたちは「今日は私のチームは勝つことができるかな？」とこの時間をとても楽しみにしていた。Mは普段から園庭に用意されているマットやビールケースなどをうまく使って秘密基地をつくるなど，楽しい遊びを考えることが得意であった。その一方で，夢中になるあまり，外からの決まりごとに合わせて行動することが苦手で，特に勝ち負けのあるゲームで負けそうになると怒って遊びから抜けてしまう姿がよくみられた。リレーで負けたときもたびたび機嫌を損ねていた。ある日，チーム分けをしているときのこと。この日は人数が奇数で，普段からのルールでは少ない方のチームのだれかが2回走ることになっていた。しかし，Mが「走る人数を同じにはせず，自分は少ない方のチームに入りたい」と言いだした。しばらくしてNが「いいんじゃない。その方がきっとMが勝てるよね」といい，他の子どもたちも「いいよ」と同意し，予想通りMのチームの勝利でリレーが終了，無事に帰園することができた。

＊　　　＊　　　＊　　　＊　　　＊

　一般的には「わがまま」，「ルールに従わない」と捉えられがちなMの言動をきっかけに，クラスのいざこざへと発展するような緊迫感のある事態を，Nをはじめとする子どもたちだけで鮮やかに解決してしまった例である。

　これまでの仲間関係から，Nは「Mは負けるのがとっても嫌である」ことをよく知っていた。そのうえで「みんながリレーに気持ちよく参加するにはどうすればよいか」について自分なりに考えをめぐらせたのである。さらに，他の子どもたちもNの提案を「Mも含めてみんなで楽しく取り組める方法」として受け入れた。

　このとき，保育者は「他の子どもたちがどのように応じるのだろう」とあえて指示を出さずに見守っていた。これは，乳児期から共に育ってきた子どもたち同士の関係性への信頼があるからこそ可能となる対応でもある。Nや子どもたちは「Mは負けることを受け入れるのは苦手だけれど，一緒に遊ぶと楽しい」など，他者の多様な側面に目を向けている。共に生きていく仲間として認め合うことを集団生活の積み重ねから学び，表現している姿である。

（1） 持続可能な社会における学びの力

　AI（人工知能）をはじめとする高度な科学技術の開発により，私たちの生活は人類史上きわめて短期間の間に大きな変貌を遂げてきているが，環境問題や貧困の拡大など，取り組むべき様々な問題が存在している。

　これらの現代社会の問題を自らの問題として主体的に捉え，問題解決につながる新たな価値観や行動等の変容をもたらし，持続可能な社会を実現していくことを目指して行う学習教育活動である「持続可能な開発のための教育（Education for Sustainable Development：ESD）」（図9-1）を実現することが，世界的な課題となっている（文部科学省　2018）。

　また，内閣府は「狩猟社会，農耕社会，工業社会，情報社会」に続く新たな社会として，「サイバー空間（仮想空間）とフィジカル空間（現実空間）を高度に融合させたシステム

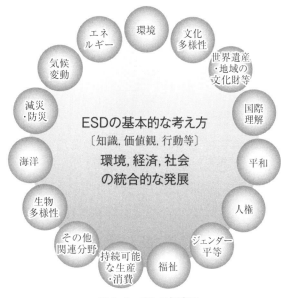

図9-1　ESD の概念図
文部科学省・日本ユネスコ国内委員会

により，経済発展と社会的課題の解決を両立する，人間中心の社会（Society）」を「Society 5.0」と位置づけている（図9-2）。

図9-2　Society 5.0 で実現する社会

内閣府：Society 5.0

　インターネットを介して世界中の情報を瞬時に得ることができる一方で，これらの情報をいかにして創造的に活用するかが問われるようになっていく。狭い領域の中で「当たり前だ」と思われている事柄や提供される情報を鵜呑みにするのではなく，「本当に

そうなのか」と多様な角度から検討し，論理的・客観的に理解するクリティカルシンキング（批判的思考法）が求められ，学校教育の方法にも取り入れられている。

さらにグローバル化が進む中で，多様な価値観をもつ人々と共に，共同して社会を形つくっていくためのコミュニケーション能力も今後ますます求められていく。

（2）　主体的・対話的で深い学び

「主体的」とは，「自分の意志・判断に基づいて行動するさま」（デジタル大辞泉）を指す。また，対義語が「客体」であることからも，学ぶという行為において主体とされる子どもは「お客様」ではなく「主人公」であるといえる。

幼稚園教育要領，幼保連携型認定こども園教育・保育要領では，「主体的・対話的で深い学び」が提言され，幼児の発達に即して，主体的・対話的で深い学びが実現するようにすると共に，心を動かされる体験が次の活動を生み出すことを考慮し，一つひとつの体験が相互に結び付く」ことを通して，園生活が充実するよう指導を計画することが求められている。また，保育所保育指針においても，「子どもの主体としての思いや願いを受け止めること」，「子どもの主体的な活動や子ども相互の関わりを大切にすること」など乳幼児期の学びを支える観点が示されている。子どもの姿から興味・関心を見いだし，そこから保育を展開させていくことが保育者の役割である。

また，「幼児期の終わりまでに育ってほしい姿」における10の姿（3章 p.32参照）のうち2番目の「自立心」が，特に主体的な学びに関連する項目と考えられる。

幼児期の様々な活動を通して主体的に学ぶ経験が，子どもの生活を楽しく豊かにすることにつながっていく。

さらに，「主体的・対話的で深い学び」の実現を「アクティブ・ラーニング」の視点から，「学習内容を深く理解し，資質・能力を身に付け，生涯にわたって能動的（アクティブ）に学び続けるようにすること」（文部科学省　2017）と提起している。「アクティブ・ラーニング」とは，教員による一方向的な講義形式の教育とは異なる学習方法のことで，当初は大学の授業改革の一環として導入されたものであるが，乳幼児期の学びは基本的に「アクティブ・ラーニング」に基づく要素が多い。

2　環境を通して行う教育

乳幼児期における「環境を通して行う教育」（2章参照）とは，「遊びを通して行う教育」とも言い換えられる。子どもにとっての遊びは，純粋に「楽しいから」「やりたいから」「おもしろそうだから」と子ども自身の思いが原動力となって生じる活動である。何かを習得するための手段や方法として遊びが存在しているわけではない。つまり，大人にとっての「仕事」や「勉強」の対岸にある余暇時間としての遊びとは異なり，生活そのものともいえる。

文部科学省（2016）は，「アクティブ・ラーニングの三つの視点を踏まえた，幼児教育における学びの過程（5歳児後半の時期）のイメージ」において，「幼児教育において，幼

児の自発的な活動としての遊びは，心身の調和のとれた発達の基礎を培う重要な学習」
として位置づけ，「環境を通して行う教育」を土台とし，三つの（主体的・対話的・深い）
学びの過程が相互に関連することで学びが広がることを示している。

　保育所保育指針解説では，「乳幼児期は，生活の中で興味や欲求に基づいて自ら周囲
の環境に関わるという直接的な体験を通して，心身が大きく育っていく時期」であり，
「環境を通して乳幼児期の子どもの健やかな育ちを支え促していくこと」が，保育所保
育の特性とされている。また，幼稚園教育要領解説においても「環境を通して行う教育」
とは，「幼児が自ら興味や関心をもって環境に取り組み，試行錯誤を経て，環境へのふ
さわしい関わり方を身に付けていくことを意図した教育」であり，「幼児の視点から見
ると，自由感あふれる教育である」と示されている。

　多様な仲間との関わりや対話を通して認識を広げ，生涯にわたって学び続けることの
できる力を育てるという点において，乳幼児期における学びの経験は重要である。

Column　子どもたちの参画のはしご

　ロジャー・ハート（Roger A. Hart）は「成長する子どもの能力に合わせて大人はどうすれば一緒に
活動できるか」という観点から，大人と一緒に活動する子どもの自発性と協同性の度合いについて，
比喩的に「はしご」を使って説明した。

　はしごの最初の3段は「非参画」とされ，下から順に
　「1.　操り参画」
　「2.　お飾り参画」
　「3.　形だけの参画」
と名づけられている。4から8段目が「参画の段階」で，順に

　「4.　子どもは仕事を割り当てられるが，情報は与えられて
　　　いる」
　「5.　子どもが大人から意見を求められ，情報を与えられる」
　「6.　大人がしかけ，子どもと一緒に決定する」
　「7.　子どもが主体的にとりかかり，子どもが指揮する」
　「8.　子どもが主体的にとりかかり，大人と一緒に決定する」
としている。

　はしごの段数が高いほど優れた活動であることを意味す
るのではないが，大事なことは1から3のレベルを避ける
ことだという。表面的には子どもを中心に据えながらも，
参画とはよび難い状況を表しているからである。

　ここから，子どもの主体性を考える際には「子どもにや
らせてあげる」のではなく，子どもも大人も提案や意見表
明をし，対話を通して活動を形成していこうとする姿勢が
大切であることを再確認できる。

図9-3　子どもたちの参画のはしご
（ロジャー・ハート　2000）

SECTION 2　子どもの動機づけと知的好奇心

1　動機づけとは

 9-2　4歳1か月M（3歳児クラス7月）

　　夏のよく晴れた暑い日，園庭遊びの途中で水分補給するためにテントの下で麦茶を飲んでいたM。何やらコップの中をのぞきながら，テントから出たり入ったりを繰り返していた。そして保育者に「先生，テントの中と外では麦茶の味が変わるよ」とうれしそうに教えに来た。「テントの中では麦茶の味は濃くなるし，外に出たら薄くなるよ」と実際にコップの中身を見せながら説明する。日光が当たっているかどうかで麦茶の見た目が変わることを発見したMにとっては，その色合いから味も変わって感じられたのである。保育者は「本当に！？」とMと驚きを共有し，自分もテントの中と外で麦茶の味の違いを確かめてみせた。保育者は「そうだね。日陰だと色が濃いから味も濃くなったように感じるかも。よく気づいたね」と応えた。Mはその後，何度もテントを出入りしながら，飽きることなく「麦茶の観察」を繰り返していた。もちろん，実際に味が変わるはずはないのだが，大発見を成し遂げ，誇らしげに語るMの姿が凛々しくみえた。

＊　　　＊　　　＊　　　＊　　　＊

　　見た目に左右されやすい幼児期の認知発達の特徴がよく表れたエピソードである。Mの見解は科学的には正しくないかもしれないが，保育者はそのことを真っ先に指摘するのではなく，「本当に！？」と驚きとともに受け止め，実際に自分も子どもの認識の世界に身をおいてみて，Mが自分で発見できた喜びをじっくりと共感している。Mは物事の変化への気づきを保育者に認めてもらえたことを土台にして，繰り返し，さらなる探求を続けている。このような経験が，他の場面でも「見つけたことや気づいたことを他者と共有したい」という気持ちにつながり，「もっと知りたい，学びたい」という学びへの意欲が形成されるのである。

（1）　内発的動機づけと外発的動機づけ

　　私たちは普段，何か行動を起こす前に「やる気が起きない」，「だんだん意欲が湧いてきた」などと自分の気持ちを表現する。また，子どもに関わる保育者や教員は，子どもが人から言われてからではなく「自分から進んで」物事に取り組むことを願っている。

　　心理学では，この「やる気」や「意欲」の問題を「動機づけ（motivation）」の観点から追求してきた。動機づけは，「外発的動機づけ」と「内発的動機づけ」の2種類に分けられる。

　　外発的動機づけとは，例えば「よい成績を出せばごほうびがもらえる」，「勉強しないとしかられるからする」というように，報酬をもらうことや罰を避けようとすることなど，外からの刺激によって行動を引き起こそうとするものである。

　　内発的動機づけとは，その行動自体に興味をもつために行動を起こそうとするもので，「学んでいるうちに自分でさらに調べたくなる」，「学ぶこと自体が楽しいから取り組む」といった場合である。保育において，より重視されるのは，内発的な動機づけである。例えば，子どもの遊びは，遊ぶことを楽しいと感じるから行われ，誰かに遊ぶことを強いられたりするものではなく，心が自然に引きつけられるものだからである。

（2）　保育者にも求められる主体性

　　保育所保育指針では，「職員の資質向上に関する基本的事項」や「職員の研修等」に関する内容において，保育者自身が「主体的・協働的」に学び合う姿勢の重要性が示されている。これを実現するためには，子どもや保育に関する議論・対話が日常的に行われるような職場の雰囲気と，それぞれの保育者が「よい保育をしたい」という主体的な向上心をもつことが大切である。

　　市川（2004）は，「内発・外発」という動機づけの二分法を，「学習の功利性」と「学習内容の重要性」という新たな2軸に分け「学習動機の2要因モデル」を提唱した（図9-4）。

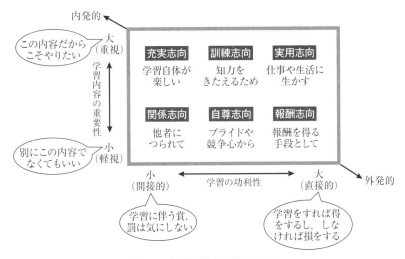

図9-4　学習動機の2要因モデル
市川伸一著：「学ぶ意欲の心理学」PHP研究所（2004）に筆者が追記作成

　　これまでの自分自身の学習を振り返ってみて，「何のために勉強をしてきたのか」，「今，「保育の心理学」を学ぼうとしている理由は何か」，「人は何のために学ぶのか」などについて改めて考えてみよう。そして，図9-4の6つの志向性のどれに当てはまるかを検討し，自分の学習動機の特徴をまとめてみよう。

（3）　知的好奇心

　　知的好奇心とは，「自分から進んでやる」といった内発的動機づけや学ぶ意欲の源となるもので，櫻井（2009）によれば，「珍しいことや未知のことに興味・関心をもち，広く情報を集めて考えたり，深く情報を集めて考えたりしようとする欲求」である。乳幼児期の子どもの場合，この「情報」は，主に周りの大人との関わりから，引き出されることが多い。

　　また，知的好奇心が旺盛なことは，乳幼児期の発達的特徴の一つであり，2歳頃からは，大人への問いかけという形で示される。特に3歳頃からは，獲得した言葉の力を駆使して，身近なものや事象に対して「なに？なぜ？」と大人を質問攻めにする姿がみられるようになる。このような知的好奇心の発現を促すためには，話し言葉を獲得する以前の乳児期初期において，周りの大人や生きている世界への基本的信頼感が育っている

こと，様々な探索行動を可能するための安全基地となるアタッチメント（7章 p.86 参照）の対象となる人物が存在することが大切な条件となる。そのうえで，一緒に驚きや喜びを共有し，その気づきを価値あるものと認め，応えてくれる他者との関わりから多くのことを学んでいく。

2 ごほうびの効果について

（1） アンダーマイニング現象

　元々興味，つまり内発的動機づけをもっていることに対して，外発的動機づけである報酬（ごほうび）がどのような効果をもつかを調べたデシ（Edward L. Deci）による有名な実験がある。彼は大学院生の頃，好奇心旺盛で何にでも興味をもち探索しようとする幼児が，小学校入学後，そうした好奇心や探究心を急激に失ってしまうのはどうしてなのか，ということに関心をもっていたという。

　この実験では，参加者の大学生が2つのグループに分けられた。第1セッションでは，どちらのグループも普通にパズルが行われた。なお，いずれのグループでもパズルがうまく解けることが多いように出題されていた。第2セッションでは，片方のグループはパズルが解けるたびに一定のお金を与えることが約束され，実際に支払われた。もう一方のグループでは，そのような報酬は約束されずパズルが解けても何も与えられなかった。第3セッションでは，どちらのグループも

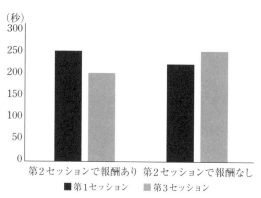

図9-5　大学生が休憩時間(8分間)にパズルを行った時間(秒)
櫻井茂男著：「自ら学ぶ意欲の心理学」有斐閣(2009)を筆者が改変作成

第1セッションと同様にパズルが行われた。そして，これらの大学生が各セッション中の休憩時間(8分間)にも関わらず，自主的にパズルを行った時間を測定した。その結果，第2セッションで報酬を与えられ，第3セッションでは与えられなかった方のグループでは，第3セッションでのパズル時間が低下していた。一方，一貫して報酬を与えられなかったグループには，休憩時間中のパズル時間に変化はなかった（図9-5）。

　このように，元々もっていた内発的動機づけを賞罰などの外発的動機づけが低下させてしまう現象を「アンダーマイニング現象」とよぶ（櫻井　2009）。

　＊アンダーマイニング現象：アンダーマイニング効果ともいう。

（2） ごほうびの活用法をめぐって

　心理学では前述のデシの実験のように，ごほうびをあげることは内発的動機づけを低下させ，逆効果であることが示されてきた。しかし，実際の教育や家庭での子育てにおいては，ごほうびをうまく活用することで，子どもにとって楽しく効率的に学習を進めることができる場合も多い。例えば，発達障害児の特別支援教育などで実施される

「トークンエコノミー法」は，適切な行動（よい行い）に対してトークン（疑似貨幣：シールやポイントなど）を与え，目標のポイントがたまったら子どもはごほうびと交換できる方法である。短期的に望ましい行動を発生・定着させるのに効果的である。

　しかし，物理的なごほうびには「耐性」が生じやすい。つまり慣れによってさらに強い刺激を与えられないと同じ効果が得られなくなってくるので，例えば，ごほうびの内容もだんだん高価なものが必要となり，持続可能な方法とは言い難い面もある。よって，ごほうびは子どもの学習への興味・関心のきっかけづくりや，望ましい行動の習慣化に短期的に用いることが効果的といえる。ごほうびの活用においては，その質と量の検討が不可欠である。

Column　まじめに出席しているだけではだめ！

　あなたは平日に何時間くらい学習しているだろうか？

　高校時代の学習の様子と大学に入学してからの学習時間との関連を調べた調査によると，高校時代に「真面目に授業に出席した」大学生と，「真面目に授業に出席していなかった」大学生とでは，大学入学後の学習時間に大きな違いはなかった。

　一方で，高校時代に「授業の予習や復習をした」，「グループワークやディスカッションに積極的に参加した」，「計画を立てて勉強した」，「興味をもったことについて自主的に学習した」人ほど，大学での学習時間は長くなる結果が示されている。

　つまり，高校時代に「ただ授業に出席するだけ」では不十分で，授業参加の態度が重要な側面であることがわかる。また，授業を受けることでさらに知りたいことが増え，実際に自主的に調べてみるなど，授業後の行動も将来の主体的な学びのあり方に関連しているようだ。

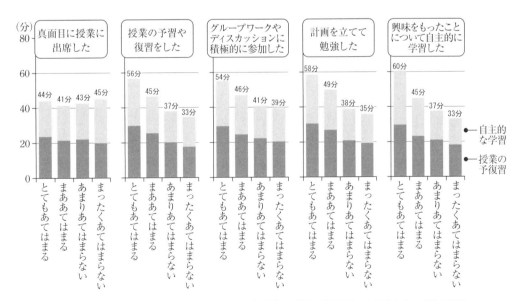

図9-6　大学生の平日の学習時間（高校時代の学習の様子別，1日当たりの平均時間）
　＊出典：ベネッセ教育総合研究所「第3回 大学生の学習・生活実態調査」
　＊対象：大学1〜4年生4,948名（各学年1,237名）。
　ベネッセ教育総合研究所　2019　学習時間について考えるデータ
　https://berd.benesse.jp/up_images/textarea/datachild/datachild02gakusyujikan0404updaup.pdf
　（2021年10月20日閲覧）

SECTION 3　子どもの学びと保育者の役割

1　子どもの主体性を育む関わりとは

🐰 **episode**　9-3　0歳10か月 M（0歳児クラス6月）

　　得意のハイハイで自由自在に移動し，保育室内を積極的に探索するMは，おもちゃ棚から「これは何かな？」といった様子でいろいろなものを引っ張り出すことが大好きである。ある日，木製のパズルボックス（立方体の箱に様々な形の穴があいており，断面が同じ形の積み木を穴から箱の中へ落とすことができるおもちゃ）をみつけた。そばにいた保育者は，パズルボックスの中から様々な形の積み木を取り出しMの前に並べた。Mは初めて見るおもちゃを触ったり，なめたりしながら探索していた。やがて，積み木で木の箱をトントンと打ちつける遊びをみつけて，いろいろな音の違いを楽しむかのように笑顔で何度も同じ動作を繰り返していた。保育者は「こんなふうにも遊べるよ」と，積み木を穴からポトンと落としてみせたが，Mは興味がない様子。保育者は「いい音がするね」とMの「積み木の演奏」を一緒に楽しむことにした。

＊　　　＊　　　＊　　　＊　　　＊

　　保育室に配置される様々なおもちゃは，保育者の「このように遊んでくれたらいいな」との願いを込めて選ばれたもので，保育を行ううえでの重要な環境構成の一つである。

　　このパズルボックスも乳児の発達段階を踏まえ，想定された遊び方が存在するおもちゃである。しかし，このepisode 9-3のように保育者の意図や予想とは異なる遊び方を子どもが自ら見いだし，楽しむことはよくみられる姿であり，こういった場面に遭遇することは保育のおもしろさそのものでもある。

　　保育者が一方的に遊びの中での学びの方向性を定め，誘導するのではなく，遊びにおける子どもの主体性を尊重することが大切である。また一方で，ただ単に子どもに遊びの方法を委ねるだけではなく，子どもが物事に熱中する実際の姿を見てとり，その気持ちに共感し，子どもと共に新たな環境を形づくっていくことが求められる。

（1）　自己効力感

　　主体性をもたらす要素として「自己効力感」があげられる。自己効力感とは，「自分はできる」という自分自身への信頼感であり，特に子どもは，学びの過程の土台に自己効力感があることで，様々な探求を行うことができる。

　　バンデューラとシャンク（Bandura & Schunk）は，引き算が苦手で算数嫌いの児童を対象に，自己効力感の向上と効果的な学習目標の設定について実験を行った。児童らは7日間，1日30分ずつ，自習の形で教材に取り組んだ。その際，3つの目標の立て方で群に分けられた。「近い目標群」では1日6ページ，「遠い目標群」では7日間で42ページ，「目標なし群」では目標を設けずにそれぞれ教材に取り組ませ，学習前と後で算数の自己効力感と引き算のテストの点数を測定した。なお，コントロール群は比較のために教材には取り組まず，自己効力感と学力の測定だけを行った。その結果，「近い目標群」において自己効力感と引き算の学力テストの得点が最も向上した。よって，適度にチャレンジしがいがあり，その日のうちに達成できる目標設定の仕方のほうが，自己効力感

と学力が伸びることがわかった(櫻井 2009)。

　子どもの自己効力感を育てるためには，先の見えやすい短期間で具体的な目標設定が効果的である。

（2）　原因帰属

　ある出来事が起こったときに，うまくいったり，失敗したりした理由を振り返って，その原因について考えることを「原因帰属」という。

　ワイナー(Bernard Weiner)は，学習場面での成功・失敗の原因を「能力，努力，課題の困難さ，運」の4つに分類した。これらのうち「能力」と「努力」は原因が自分の内側にあり，「課題の困難さ」と「運」は自分の外側に原因があると考える。さらに，安定した要因かその時々で

表9-1　4つの原因帰属

要　因	安定的	不安定的
内　的	能力	努力
外　的	課題の困難さ	運

変化する不安定な要因か(安定性)の2つの次元によって区別した(表9-1)。

　また，ワイナーは，成功・失敗について子どもたちの原因帰属がその後の学習意欲や学習行動に影響することを示した。例えば，成功した場面でその原因を「努力」(自分が努力したから)や「能力」(自分は頭がいいから)に求める子どもは，「自分はできる」といった有能感が増すため，学習意欲を高めることができる。一方，失敗した場面でその原因を「能力」(自分は頭がわるいから)に求めると学習意欲が低下してしまい，「努力」(自分の努力が足りなかったから)に求めると学習意欲は維持されたり高まったりするという。能力への帰属は有能感を低下させ，努力への帰属は原因が自分の内側にあり，コントロール可能であるため，期待をもちやすいと考えられている。「やればできるんだ」という意欲が，次の学習行動につながりやすいのである(桜井 1997)。

2　無気力に陥ってしまうのはなぜか

　ここまでの内容では，子どもが学びに向かう意欲や原動力に関わる心理学の諸理論についてみてきたが，逆に子どもが無気力となり，学びに背を向けてしまう現象についても考えておきたい。無気力とは，物事への興味関心が沸かず，やる気のない状態を指す。

　セリグマン(Martin Seligman)らは，イヌを使った実験で「学習性(学習された)無力感(learned helplessness)」という概念を提唱した。

（1）　学習性無力感

　この実験では，イヌに電気ショックが与えられ，片方の装置につながれたイヌはパネルにふれることで電気ショックを止めることができたが，もう一方の装置ではイヌは自分で電気ショックを止めることができないように設定されていた。このあと後半の実験では，どちらのイヌにも自分で電気ショックをコントロールできる同じ装置が使われたが，前半の実験において自分で電気ショックを止められなかった方のイヌは，はじめからうずくまって無気力な状態を示した。このことから，不快な状況をコントロールでき

ない，つまり「自分ではどうすることもできない」状態におかれると，それに対処しようとする意欲がなくなり，無気力になってしまうことが示された。

またドゥエック（Carol Dweck）らは，児童を対象とした実験において，教育の場面でも学習性無力感が形成される可能性を示した。

この実験では2人の担当者から児童に知能検査を利用した課題が与えられた。一方の出題者が与える問題は解答可能な問題で，もう片方の出題者からは正解がない解決不可能な問題が出題された。これをしばらく続けたあと，後半になるとこれまで解決不可能な課題を与えていた出題者からも解答可能な課題が与えられるようにしたが，児童の多くがこの出題者からの問題には正答できないという結果となった。

つまり，解決できない課題を繰り返し与えられたことで「自分にはどうせできない」といった学習性無力感に陥ってしまい，解決できる課題でも解答できなくなったと考えられたのである（大芦　2012）。

（2）　無気力が人生に及ぼす影響

この「どうせやってもむだだ」という信念が学習されてしまうことによる意欲の喪失は，子ども虐待やドメスティックバイオレンス（DV）の被害者など，長期にわたって孤立無援状態にあった人たちにもみられる傾向として注目されている。

学びへの意欲をいかに育てるかという観点からだけではなく，子どもが学びの過程で無力感を積み重ねることのないよう，配慮することも保育者には求められる。

３　学びの伴走者としての保育者

岡本（2005）は，現在の子どもの教育と発達を「しつけ」を通して考える中で次のように述べている。ここでの「しつけ」とは，「その文化社会で生きていくために必要な習慣・スキルや，なすべきことと，なすべきでないことを，まだ十分自分で実行したり判断できない年齢の子どもに，初めは外から賞罰を用いたり，一緒に手本を示してやったりしながら教え込んでいくこと」を経て，「やがては自分で判断し，自分の「行動」を自分でコントロールする」ことができるよう，「周囲の身近な大人たちがしむけていく営み」と定義され，「保育」ということばと限りなく近く，「しつけ」の中には「保育」の基本問題が集約されている，と記されている。

さらに，着物を縫うときに仮に縫いつけておき，縫い上がれば不要となるのではずしてしまう「しつけの糸」を例にあげ，「しつけ」は「はずす」ことが，子どもの発達においても重要であると述べている。

また，絵本『えんぴつはかせ』（山岡　2004）も，子どもの学びに寄り添い，子どもが一人でやっていけそうであることを見届け，最終的には，そっと去っていく保育者のあり方に重ねて読みとることのできる作品である。

内容は，算数が「だいっきらい」な男の子が宿題をしていると，ノートに問題を写しただけなのに，えんぴつが勝手に正解を書いてくれることに気づく。このえんぴつには

「はかせ」が宿っていて，男の子とノート上で対話をし，時には競争心をあおりながら宿題をどんどん進めていく。

　勉強が楽しくなった男の子は，やがて算数のテストで100点をとり，漢字の書き取りにも積極的に取り組むようになる。やがて，この不思議なえんぴつは使えなくなるほど短くなってしまい，「はかせ」は一緒に勉強できたことへのお礼を告げて，男の子のもとから去っていく，というストーリーである。

　本章では，子どもの主体的な学びを促す保育について考えてきた。生涯にわたって，学ぶことが子どもたちの豊かな人生を形つくっていく手段の一つとなるよう，その土台を培うのが乳幼児期の保育である。これを可能にするためには，常に保育者自身が子どもから学ぶ姿勢をもち続け，子どもが主役の保育における伴走者として，共に過ごし，次の発達段階へ見送る役割をとることが求められる。

9章　〈参考文献〉

市川伸一：「学ぶ意欲の心理学」PHP研究所（2004）

大芦　治：「どうして無気力になるのか　学習性無力感」鹿毛雅治（編）「モティベーションをまなぶ12の理論」金剛出版（2012）

岡本夏木：「幼児期―子どもは世界をどうつかむか―」岩波書店（2005）

桜井茂男：「学習意欲の心理学‐自ら学ぶ子どもを育てる」誠信書房（1997）

櫻井茂男：「自ら学ぶ意欲の心理学」有斐閣（2009）

デジタル大辞泉：「主体的」小学館
　https://japanknowledge.com（2021年6月10日閲覧）

ベネッセ教育総合研究所：「学習時間について考えるデータ」（2019）
　https://berd.benesse.jp/up_images/textarea/datachild/datachild02gakusyujikan0404updaup.pdf（2021年10月20日閲覧）

文部科学省：「新しい学習指導要領の考え方―中央教育審議会における議論から改訂そして実施へ―」（2017）
　https://www.mext.go.jp/a_menu/shotou/new‐cs/__icsFiles/afieldfile/2017/09/28/1396716_1.pdf（2021年6月10日閲覧）

文部科学省・日本ユネスコ国内委員会：「ユネスコスクールで目指すSDGs持続可能な開発のための教育 Education for Sustainable Development」（2018）
　http://www.esd‐jpnatcom.mext.go.jp/about/pdf/pamphlet_01.pdf（2021年6月10日閲覧）

文部科学省：「幼児教育部会における審議のとりまとめ」（2016）
　https://www.hoyokyo.or.jp/nursing_hyk/reference/shiryou3.pdf（2021年6月10日閲覧）

山岡ひかる：「えんぴつはかせ」偕成社（2004）

ロジャー・ハート（木下勇・田中治彦・南博文監修・IPA日本支部訳）：「子どもの参画―コミュニティづくりと身近な環境ケアへの参画のための理論と実際」萌文社（2000）

10章　生活・学び・遊び

目標：子どもは生活や遊びの中で環境に主体的に関わりながら学びの経験を重ねていく。保育の場が乳幼児期にふさわしい経験の場となるよう，保育者は一人ひとりの育ちを理解したうえで計画的に環境を構成する必要がある。ここでは，乳幼児期の学びにおいて大切にすべきことについて事例を交えながら考えていきたい。

SECTION 1　乳幼児期における学びの特性

1　生活や遊びの中での学び

 episode　10-1　2歳7か月M（2歳児クラス6月）

　Mは園庭に出てしばらく砂場で遊んだ後，水道に向かう。ここ最近，Mは自分で蛇口をひねることができるようになり，頻繁に水道に行くようになった。蛇口をひねり，水を勢いよく出したかと思えば，逆方向に蛇口をひねり水の出を弱くしてみたり，水栓を外した勢いで水がごーっと音を立て流れる様子を不思議そうに見ている。水をためると，そこに手をつけ，パシャパシャと手を動かし，水しぶきがあがると楽しそうな声をあげる。同じクラスのNが隣にきて一緒に水に触れ始めると，2人で「うわあ」「ひゃあ」と笑い合いながら声をあげ，手の動きは大きく勢いよくなり，水しぶきは激しくなっていく。2人とも服や顔が濡れても気にならない様子である。少し離れた場所から様子を見守っていた保育者と目が合うとMは「おみずかいじゅうだ〜」とおどけた表情をし，一層激しく水しぶきを跳ね上げ始めた。

＊　＊　＊　＊　＊　＊　＊

　このような子どもの姿に触れたとき，何を感じるだろうか。思わず「こんなにお水出したらもったいないよ」「もう終わりにしようね」と伝えたくなるかもしれない。あるいは「なぜ保育者は何も言わずに見守っているだけなのか」と思うかもしれない。しかし，保育者として考えてほしいのは「どのように対応することが正しいか」よりも，まずは子どもの体験に内在することの意味をとらえ，子どもの姿を理解することである。目の前の子どもにとって大切なことは何かがみえてくると，自ずと援助や配慮のあり方がみえてくるはずである。

　ここでは，子どもの姿を理解するために欠かせない概念について考えていく。

（1）　生活や遊びの中での子どもの理解

① 　重なり合う育ちの姿

　保育の営みは目の前にいる「子どもを理解する」ことから始まる。では子どもを理解するとは，どのようなことだろうか。ここでは五つの領域の視点から考えてみたい。

　episode 10-1 でのMの姿を表10-1に示されている1歳以上3歳未満児の保育におけるねらいと照らし合わせると，どのように捉えることができるだろうか。

表10-1　1歳以上3歳未満児の保育におけるねらい

健　康	人間関係	環　境	言　葉	表　現
①明るく伸び伸びと生活し，自分から体を動かすことを楽しむ	①保育所での生活を楽しみ，身近な人と関わる心地よさを感じる	①身近な環境に親しみ，触れ合う中で様々なものに興味や関心をもつ	①言葉遊びや言葉で表現する楽しさを感じる	①身体の諸感覚の経験を豊かにし，様々な感覚を味わう
②自分の体を十分に動かし，様々な動きをしようとする	②周囲の子ども等への興味や関心が高まり，関わりをもとうとする	②様々なものに関わる中で，発見を楽しんだり，考えたりしようとする	②人の言葉や話などを聞き，自分でも思ったことを伝えようとする	②感じたことや考えたことなどを自分なりに表現しようとする
③健康・安全な生活に必要な習慣に気付き，自分でしてみようとする気持ちが育つ	③保育所の生活の仕方に慣れ，きまりの大切さに気付く	③見る，聞く，触るなどの経験を通して，感覚の働きを豊かにする	③絵本や物語等に親しむとともに，言葉のやり取りを通じて身近な人と気持ちを通わせる	③生活や遊びの様々な体験を通して，イメージや感性が豊かになる

保育所保育指針　厚生労働省(平成29年)より著者作成

*水道で蛇口をひねり水の出方を調整したり，水が音を立て流れる様子を不思議そうに見る姿　　　　　　　　　　　　　　　　　　　　　　　　　　　　　＜環境・表現＞

*水をためる，そこに手をつけ，パシャパシャと手を動かし，水しぶきがあがると楽しそうな声をあげる姿　　　　　　　　　　　　　　　　　　　　　＜健康・環境・表現＞

*同じクラスのNが隣にきて一緒に水に触れ始めると，2人で「うわあ」「ひゃあ」と笑い合いながら声をあげる姿　　　　　　　　　　　　　　　　　　＜人間関係・表現＞

*少し離れた場所から様子を見守っていた保育者と目が合うと「おみずかいじゅうだ〜」とおどけた表情をする姿　　　　　　　　　　　　　　　＜人間関係・言葉・表現＞

　このように，ほぼすべての領域に重なりながら展開していくものとして捉えることができる。

　一つの場面の中で複数の領域の姿が重なることは，この場面に限ったことではない。このように，生活や遊びにおける何気ない子どもの姿について，五つの領域(乳児保育においては三つの視点)に示される姿にどのように重なるのか，常に意識を向けていると，子どもの体験に内在することの意味がみえてくるのである。Nの姿は，ともすると「困った姿」「いたずら」と捉えられることもあるが，育ちつつある姿に共感をもって捉えようとすると「諸感覚を豊かに働かせ，様々な関わり方で水の性質を体験的に学び，周囲の子どもと関わりながらイメージを豊かにさせている姿」と理解できる。

　子どもの生活や遊びの中には，学びがあふれている。子どもの姿を丁寧に読み解こうとすることで，その意味，そして学びの芽生えとなる姿がみえてくるだろう。

② 　生活や遊びを通した総合的な学び

　乳幼児期の発達の特性として，生活や遊びの中で心身全体を働かせ，様々な体験を通して心身の調和のとれた全体的な発達の基礎を築いていくことがあげられる。

　諸能力は個別に発達していくのではなく，相互に関連し合い，総合的に発達していくものである。また，episode 10-1での場面では，蛇口のひねり具合や水栓を外すことで

の水の出方や流れの変化を体験することでの思考力，激しく水しぶきをあげる様子を「かいじゅう」のイメージに見立てる想像力，友だちとの関わりの中での社会性の育ちが関連していることが読みとれる。このように，乳幼児期の学びは小学校以降の教科教育のように個別に指導されるものではなく，生活や遊びを通して総合的に育まれるものであることに留意する必要がある。

（2） 直接的な体験と学びの芽生え

　乳幼児期は，五感（視覚・聴覚・嗅覚・味覚・触覚）を通し，生活の中で興味や欲求に基づいて自ら周囲の環境に関わるという直接的な体験を通して，心身が大きく育っていく時期である。生活や遊びを通して身近なあらゆる環境からの刺激を受け止め，興味をもって環境に主体的に関わり，そこでの気づきや発見を通して「おもしろかった」，「がんばったらこんなことができた」といった充実感や満足感を味わうことで，「こうしてみたらどうなるだろう」「また挑戦したい」と好奇心や意欲をもって主体的に環境と関わるようになる。こうした経験を重ねていくことが，粘り強さや挑戦心といった学びに向かう力を育むことにつながっていく。

　この時期の子どもが，生活や遊びの様々な場面で主体的に周囲の人やものに興味をもち，直接関わっていこうとする姿は，「学びの芽生え」であり，生涯の学びの出発点にも結びつくものである。特に episode 10-1 の M のような低年齢児の遊びの姿からは「学び」という言葉が結びつきにくいかもしれない，五感や身体感覚を通して得られる直接的な体験は，抽象的な思考やその後の学業生活における間接的な学びの基盤になる。乳幼児期には身近な環境に直接関わりながら，生活や遊びの中で小さな学びを重ねていくことのできるよう，日々の子どもの姿を理解し，その環境を計画的に構成していきたい。

2 　生活や遊びの中で育まれるもの

（1） VUCA な時代の到来と乳幼児期に育むべきもの

　これからの社会は，より"VUCA"な時代，すなわち，変化しやすく（volatile），不確実で（uncertain），複雑（complex），曖昧な（ambiguous）時代となることが予測されている。先行きのみえない変化の激しい時代が予測される中，答えをもたない複雑な課題を解決し，持続可能な社会をつくりだすことが求められている。

　これからの時代は，自ら課題を発見し，他者と協働して解決に取り組み，新たに価値を創造する力，自分で複雑な状況の中で何らかの選択をし，決定する力が重要である（白井　2020）。指示されたことをこなすだけや，求められるスキルを身につけるだけでは不十分なのである。そのため，「大人の指示通りに動くこと」よりも，乳幼児期から「自分で考える」「自分で決める」機会の保障が大切になってくる。

　そもそも遊びの中に答えはない。だからこそ，自分自身で問いを見いだし，試行錯誤するというプロセスを経験し得る。大人が先回りして最短のルートを示してしまっては試行錯誤のプロセスの経験を奪うことになるかもしれない。遊びの中では疑問を感じる

こと，考えること，試すこと，創造することを経験できる機会が多くある。好奇心をもったことに粘り強く挑戦することができる。遊びの場は，これからの社会に求められる力の基盤を育む場なのである。

（2）　育みたい資質・能力
①　育みたい資質・能力における3つの柱
　　学習指導要領改定では，予測困難な時代に，一人ひとりが未来の創り手となるよう，その必要な力の育成が背景となり，資質・能力の考えが中核となっている。
　　保育所保育指針，幼稚園教育要領，幼保連携型認定こども園保育・教育要領においては，小学校以降との連続性が意識され，「育みたい資質・能力」として「知識及び技能の基礎」「思考力，判断力，表現力等の基礎」「学びに向かう力，人間性等」が示されている。
ア）知識及び技能の基礎：豊かな体験を通じて，感じたり，気付いたり，わかったり，できるようになったりする。
イ）思考力，判断力，表現力等の基礎：気付いたことや，できるようになったことなどを使い，考えたり，試したり，工夫したり，表現したりする。
ウ）学びに向かう力，人間性等：心情，意欲，態度が育つ中で，よりよい生活を営もうとする。
　　これらの資質・能力は，遊びを通した総合的な指導の中で一体的に育まれるものである。子どもの自発的な活動である生活や遊びの中で，感性をはたらかせて，良さや美しさを感じとったり，不思議さに気付くことや（知識・技能の基礎），できるようになったことなどを使いながら，試したり，いろいろな工夫をすること（思考力・判断力・表現力等の基礎）などを育んでいく。そしてそれらを支える情意や態度に関わるものが学びに向かう力，人間性等である。
②　学びに向かう力，人間性等
　　学びに向かう力，人間性等は，社会情動的スキル（Social and Emotional Skills）に関連する側面である。近年，国際的にも忍耐力や自己制御，自尊心などの社会情動的スキルの乳幼児期における育ちが，大人になってからの生活に影響を及ぼすことが明らかになっている。社会情動的スキルは生涯にわたって発達していくが，幼少期での成長がその後の成長を規定することから，特に幼児期から小学校低学年の時期の育成が重要であるという研究成果も注目されている。乳幼児期には遊びを通して思いやり，安定した情緒，自信，相手の気持ちの受容，好奇心，探究心等が育まれるよう配慮することが大切である。
　　そして社会情動的スキルを支える土台となるものはアタッチメントである（7章 p.86参照）。これらの乳幼児期における育ちが小学校以降の学びを支える力となる。これからの未来を担う子どもたちに育むべきことは何か，長期的な育ちを見据えたうえで，環境や経験を考えていきたい。

SECTION 2　生活の中での学び〔1〕

■1　安全基地としての保育者の存在

 episode　10-2　1歳3か月 M（0歳児クラス9月）

　　入園した頃は毎朝泣いていた M は，担当の保育者に丁寧に気持ちを受け止められる中，じっくりと遊ぶ姿が増えてきたが，見知らぬ大人の存在には不安になり，保育者の側に来て抱っこを求める様子がある。今日は異年齢児との交流があり2歳児の保育室で過ごす。慣れない場所では不安を示すため，保育者は M が安心できるよう抱っこをしながら部屋を回り，M の興味をもちそうなおもちゃの前で立ち止まり「おもしろそうね」と伝える。M がからだを乗り出すようにしたときには，腕からおろし，M を膝に乗せながら一緒に遊んだ。M が遊びに夢中になってきたのをみて膝からおろし，M の視線に応えながら，近くで遊びを見守る。M は「できたよ」という瞬間や，「うまくいかなくて困った」，「初めて見るおもちゃだけど大丈夫だろうか」という瞬間に保育者の方を見つめる。その視線に保育者は頷いたり，微笑んだり，M が安心できるようなことばを伝えたりし，様々な方法で応えている。M は保育者の反応をみると安心した表情になり，再び視線をおもちゃに向け，遊び始める。M が遊びに夢中になっていく様子をみて，保育者は少し離れた場所にいる他児のところに行くが，M は不安になる様子はなく，遊びに夢中になっている。

＊　　　＊　　　＊　　　＊　　　＊

　子どもは安心感や信頼感を得られる生活の中で，身近な環境への興味や関心を高め，その活動を広げていく。好奇心を満たそうと夢中になって探索活動に没頭する一方で，びっくりすることや怖い思いを経験することもある。そのようなとき，子どもは安全基地（secure base）である特定の大人のもとへ向かい，不安定な気持ちを受け止め寄り添ってもらい，気持ちを立て直していく。そこで安心感が回復されると，子どもは再び外の世界へと向かい，探索活動に没頭することになる。自分は確実に護ってもらえるという確かな見通しがあるからこそ，子どもは安心感をもち探索に向かうことができるのである。大人は子どもが求めてきたときに情緒的に利用可能な存在であること，すなわち情緒的利用可能性（emotional availability）が重要である（遠藤　2017）。

　episode 10-2では，保育者は M が安心感をもち外の世界へ向かおうとしているかを見きわめ，M のサインに応えながら徐々に探索の範囲が広がるよう配慮していた。「初めてみるおもちゃだけど大丈夫だろうか」と保育者を見つめ確かめる姿は，社会的参照（social referencing）とよばれるものであり，M は保育者が頷く，微笑む，安心できるような言葉を伝えるなどのサインを確認することで，安心して遊びに没頭していた。子どもは特定の大人との信頼関係を基盤に，安全基地との間を行きつ戻りつしながら徐々に行動範囲を広げていく。そのため，保育者は生活や遊びの場面で子どもの心の動きを丁寧に見きわめながら，その時々の支え方を考えていく必要がある。保育においては，その全体に目を配りながら子どもの個別性に敏感に応答すること（集団的敏感性：group-level sensitivity）の重要性が指摘されている（Ahnert, Pinquart, & Lamb　2006）。集団生活の場でありながらも，一人ひとりとの応答的なやりとりを実現していくことが保育者には求められる。子どもが安心して探索活動に没頭し，好奇心をもって自ら環境に関わっていくためには，

安心感や信頼感の得られる生活が前提となる。保育者との安定した関係という拠りどころがあってこそ，好奇心や意欲を高め，学びへと向かうことができるのである。

2 生活における育ちの姿と援助

（1） 乳児の生活と学び

　　乳児の生活は，睡眠の保障を核にして，「よく遊び，よく食べ，よく眠る」の3点がよい循環となりバランスよく育まれるような配慮が必要となる。個人差や家庭環境を考慮し，一人ひとりの生活リズムを大切にした一日の流れを考えていくことが重要である。

① 授乳・食事

　　離乳食開始までの，おおよそ生後5，6か月頃までは乳汁による栄養摂取であり，量・間隔ともに個人差がある。登園前の授乳時間・量や子どもの様子を考慮して次の授乳時間を決めていく。

　　授乳時には，保育者の腕に抱き，目と目を合わせることで，自分は大切にされているという安心感を抱くことができるよう配慮したい。そのためには，保育者自身が落ち着いた気持ちで授乳ができるよう，安定した姿勢で授乳できるための椅子や足載せ，他の保育者の声が飛び交わないような環境づくりや連携も必要である。また授乳の際には，子どもの意思と無関係に授乳するのではなく，「ミルクを飲もうね」と声をかけてから乳首を口に含ませるようにする。この時期からの日々の小さな積み重ねが，子どもの主体性を尊重することにつながり，行動に見通しをもつことにつながっていく。生活の一つひとつが子どもにとっては学びの場なのである。

　　生後5～6か月頃，離乳のサインがみられるようになるのをみて，離乳食を開始する。離乳初期には上体を保持することが難しいため，抱っこで腰を中心に支えて座るようにするとよい。エプロンをつける，口を拭く，いただきますの挨拶などの流れは毎日同じ手順にし，一つひとつ言葉を添えながら，「子どもと一緒に」という気持ちをもってすすめていく。毎日繰り返す中で，子どもは次に何をするのかをわかるようになり，保育者の動きに応じて手や足を動かす協力動作がみられるようになる。食事援助の際は，保育者主導ではなく，援助の起点は子どもという意識をもち，子どもの視線や手の動きからは子どもの意思を，口の動きからはタイミングを感じとるようにし，子どものペースや食事への向かい方を尊重しながらすすめるようにしたい。保育者も子どもと一緒に口を動かしながら，食事を味わうような気持ちをもって援助をすると，援助のタイミングが合いやすくなる。

食事の援助

　　指さしが始まる時期，保育者に「これが食べたい」という意思を示すようになる。食べ物に直接手を伸ばし，つかもうとする姿がみられるようになったら，手づかみしやすいもの(スティック状のゆで野菜など)を手づかみ用のお皿に盛り，自分の手で食べられるようにするとよい。自分で手にしたものをかじりとる経験の中で一口量を学んでいくが，一口量の理解には，それまでの保育者のスプーン介助の一口量が適量であることが前提と

なる。手指の発達がすすみ，つまむことができるようになれば，サイコロ状のものを用意し，つまんで食べることができるようにする。こうした手指の動きは食事の場面だけでなく，遊びの中で獲得されていく。つまむことができるようになる時期には，床に落ちた小さなごみをつまんで取る姿や，ティッシュペーパーを何枚も取り出して遊ぶ姿などがみられる。それは指先を使っているサインである。子どもは「今育ちつつある部分」を存分に使おうとし，様々な場面で繰り返し試し，その力を伸ばしていく。今育ちつつある部分を生活や遊びの中で捉え，特に遊びの中で十分に経験できるようにしたい。

② 排泄・着脱

　生活における育児行為の場面は，コミュニケーションの場，そして学びの場でもある。援助の際には，愛着関係構築の意味で，そして子どもの育ちを細かに理解した援助を行ううえでも，毎回特定の保育者が援助することが望ましい。子どもがそのひと時を幸せだと感じられるよう，育児行為の中に「あなたのことを大切にしている」というメッセージをこめるようにしたい。また，おむつ替えのときであれば「おむつをかえてさっぱりしようね」「次はおしりを上げてね」と，これからすることを，目を見て伝え，子どもが保育者の言葉を受け取ったことを確認しながら進めていく。援助は保育者が一方的に「してあげる」ものではなく子どもとの共同作業である。行為の主体は子どもであることを意識して援助するようにしたい。

（2）　1歳以上3歳未満児の生活と学び

　この時期には自我が芽生え，食事や着替えなど日常の基本的な生活習慣に興味や関心を向け，自分でしようとする姿が多くなる。この時期に重要なのは，子どもの思いやペースを尊重した保育者の丁寧な関わりである。試行錯誤を重ねながら自分でできたときの達成感や心地よさを重ねていく中で，主体的に生活を営むことへの意欲が高まりをみせていく。そのため，子どものペースが尊重されうる時間の環境や物的環境について考えることも大切なことである。子どもの心に生じていることに丁寧に寄り添いながらの配慮が必要になってくる。

① 食　事

　発達の個人差や家庭の生活状況により，空腹になるタイミングや食事にかかる時間は一人ひとり異なる。そのため，食事から午睡に至る一連の流れが一人ひとりのペースに応じたものとなるよう，時間差での食事提供や，食事と午睡の空間の分け方を工夫するなど，時間設定と環境構成を考えるようにしたい。

　食事には，姿勢の安定と手指の操作が必要となる。こうしたからだの動きは食事の中だけで身につくものではないため，日常の遊びの中で粗大運動と微細運動を十分に経験できるようにしたい。食事中に猫背になると，食べることに集中することが難しい。椅子に座るときに足が床に着くよう足置きを用意することや，背もたれと背中の間があかないように補助材を入れるなど子どもに応じた調整をするとよい。また，スプーンに興味をもつようになるのをみて，介助用と子ども用と2本スプーンを用意する。使い始め

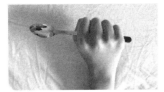
図10-1 パームグリップ

図10-2 サムグリップ

図10-3 ペングリップ

は，すくったものを安定して水平に口に運べるよう上手もち（パームグリップ）がよい。

　親指と人差し指それぞれに力が入るようになれば，親指でスプーンの柄を支える握り方（サムグリップ）へと移行する。遊びの中で3点支持ができるようになれば，鉛筆もち（ペングリップ）でもつようにする。ペングリップが安定してできることが3歳以降での箸への移行へとつながる（図10-1～3）。保育者は遊びの場面での子どもの姿から，発達の状況を読みとったうえで，援助を考えるようにする（鈴木・汐見　2019）。

② 排泄・着脱

　トイレで排泄できるようになるためには，排尿を知覚し，便座に座って腹圧をかけるなど，細かい調整ができるようになるようからだの諸機能が発達している必要があるため，子どもの発達を見きわめて進めていく。トイレットトレーニングは，排尿間隔が一定になり，保育者がトイレに誘うと同意して一緒に歩いてくるなどの様子をみてすすめる。強制するのではなく，子どもが興味や関心をもって便座に座ってみようとする意欲を大切にしたい。保育者はできるだけ一対一で丁寧に援助し，排泄できたときには子どもの喜びに共感し，自信や達成感を味わうことを大切にする。排泄の場面は，着脱や，手洗いなど一連の流れを経験する場でもある。一連の行動を子ども自身が見通しをもって行うことができるよう動線を考えて環境設定を行うようにしたい。また，着脱は身体動作を伴うものである。からだを傾ける・足の曲げ伸ばしなどの粗大運動，衣服をかぶる・袖に腕を押す際の空間知覚などを伴って完成する動作である。どこまで援助したらよいのだろうと迷う場合には，子どもの日々の姿をつぶさに観察したうえで，子どもが一人では難しい部分をさりげなく援助したい。子どもの主体性を尊重しながら「自分でできることはうれしい」と思う気持ちが育まれることが生活習慣の形成につながる。

　この時期は，自分でできることが増えていき，「自分でしたい」と保育者の援助を拒否する姿がみられることもある。しかし，実際にしてみると思うようにいかないこともあり，見守る側としては，もどかしさを感じることもあるだろう。急がずに子どものペースを尊重し，「自分でしたい」という気持ちを大切に育んでいくようにしたい。この時期の「自分で」という気持ちが強くなっていく時期には，家庭では「イヤ」を連発し，時には激しく泣いて主張する姿などに悩む保護者も少なくはない。朝の忙しい時間などには，ゆっくり子どもの気持ちを尊重することが難しいということも多いだろう。保護者の大変さを受け止めつつ，子どもが自分でしようとすることの意味を育ちの見通しと共にさりげなく伝えていくようにしたい。

　子どもの姿を肯定的に捉える視点を伝えることも子育てを支えることにつながる。子どもの育ち一つひとつを家庭とも共有しながら共に喜んでいくようにしたい。

SECTION 3 　生活の中での学び〔2〕

■1 　生活の中での学びを支える保育者の存在

episode 　10-3　3歳4か月 M（3歳児クラス6月）

靴を履く

今日は少し遠くの公園に散歩にでかけるため，子どもたちは張り切って支度をしている。「先生，やって」と保育者に援助を求める子どもも多い中，Mは一生懸命に靴下を履いている。Mが靴下を履き終わり，靴を履こうとしたときには他児は門の前に並び始めていた。保育者はMが自分で履こうとする姿を尊重し，子どもたちの点呼をとりながらMの姿を見守っていた。右足は履けたものの，左足がうまくいかず，Mはイライラしている様子である。そのうちに並んで待っている子どもたちの列が崩れ始め，あちこちから「～ちゃんが引っ張った」「～ちゃんと手をつなぎたかったのに」と待っていることへの苛立ちがみえ始めた。

保育者は「もう待っていられない」と思い，靴を履こうとしているMのところに駆け寄り，「もう出発しちゃうよ」と手早くMの左足を靴に入れ，マジックテープを留めようとした。するとMは保育者の手を払いのけ，靴を投げ，履いていた右足の靴まで脱ぎ捨て「ジブンデ，ジブンデ…先生あっちいって」と泣き出した。

＊　　　＊　　　＊　　　＊　　　＊

episode 10-3でのMの姿のように，この時期は自分でしようとする意欲が高まる一方で，思うようにいかず苛立ちをみせることもある。時間に追われている状況などには，「こうしたらうまくいくのに」と，つい手を出したくなることもあるだろう。しかしMにとっては「早く履くこと」ではなく「自分で履くこと」に意味があるのである。この場面では「履くことを援助してほしい」のではなく，むしろ「うまく履けずイライラしている気持ちを支えてほしかった」のではないだろうか。慌ただしい状況の中でも一歩立ち止まり，子どもにとっての経験の意味を考えることで，適切な援助がみえてくるはずである。

試行錯誤をしながら一つのことに取り組む経験は，どうしたらできるのだろうという思考力の基礎や，物事に粘り強く取り組む学びに向かう力を育む機会でもある。主体的に取り組む姿を認め，気持ちに共感しながら，子どもなりのペースを尊重しながら温かく見守るようにしたい。そうした援助が実現されるためには一人ひとりの育ちの理解に加え，一人ひとりの思いやペースを尊重しうる環境構成や時間の保障を考えることも大切である。

3歳以上児の生活と学び

① 　基本的生活習慣の自立

この時期は，生活に必要な習慣が形成されていく時期である。子どもたちは毎日の生活経験の中で，生活に必要な行動について見通しをもち，自律的に行動できるようになっていく。食事では4歳前後には箸を使って食べるようになるが，個人差がある。まずは遊びの中で，箸を使うために必要な手指の動きを学べるようにするとよい。スポン

ジを小さく切ったものをお皿に入れ，箸でつかんで別のお
皿に入れる遊びから始め，できるようになったら，マカロ
ニや大豆など少しずつ難しいものに挑戦してもよいだろう。
始めから食事の時間に箸を使おうとすると，うまくいかず
にイライラするものだが，遊びの中で取り入れることで，
時間をかけてじっくり取り組むことができる。箸の前段階
としてトングを使ってもよい（図10-4）。

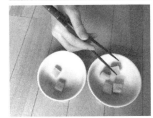

図10-4　遊びの中で手指の動き
を学ぶ

　着脱では，脱いだ服をたたむようになり，靴下や靴をス
ムーズに履くことができるようになる。衣服の前後に気づ
いて着脱することや，シャツをズボンにしまうことなどに
自分から気づいて行うことができるようになる。こうした
ことは，この時期になって急にできるものではなく，それ
までに保育者がすることを観察して学んできたことや，方法を丁寧に伝えられてきた経
験の積み重ねが支えとなり，主体的に自分の身の回りのことを丁寧に行うことが身につ
いていく。3歳までの時期の見通しをもった援助が，この時期の主体的に生活を営もう
とする姿へとつながっていく。

② 　自立を支える保育者の役割

　この時期の保育者の役割は，直接的な援助が少なくなり，子どもが見通しをもてる環
境づくりなど間接的な援助へとシフトしていく。生活習慣の形成は，他律的になされる
ものではない。自分の健康を守るために手を丁寧に洗う，食品のはたらきを知りバラン
スよく食べるなど，子どもが一つひとつの生活行動の意味を認識し，その必要を感じな
がら主体的に行うことができるよう援助していく。この時期には，生活で必要なことは
自分でできるようになっていく一方，保育者に見守っていてほしい気持ちや認めてほし
い気持ちもみられる。一人ひとりへ肯定的な眼差しを送りつつ，時には甘えたい気持ち
を受け止めることも必要であろう。自立と依存と揺れながら育っていく時期である。今
は甘えたい気持ちを十分に受け止めることが必要なのか，少しの手助けをして自分でで
きた達成感を味わうことが必要なのか，子どもの力を信じて見守るべきなのか，能力面
だけでなく心の状態を見きわめたうえで，関わりを考える必要がある。自立には安心
感・安定感が根幹に培われていることが不可欠であることを忘れずにいたい。

　また，この時期は集団としての活動が充実していくが，集団で生活する中での心地よ
さ，友だちへの親しみ，保育者との信頼感があってこそ，他者に配慮しようとする気持
ちが芽生えていく。自分の存在が保育者や友だちに肯定的に受け入れられていると感じ
られる時ときに，自分の本心や自分らしさを素直に表現するようになり，意欲的な態度
が育まれていく。否定的に評価されるばかりでは心を閉ざしてしまいがちである。保育
者自身が子どもを否定的に捉えていないか，子どもへの視点を客観的にみつめることも
必要である。意欲の乏しさや，屈折した気持ちを表現する子どもには，自己の存在感や
充実感を味わう経験ができるよう配慮したい。

生活の中での学びを支える環境

（1） 環境構成から育ちを支える

　　保育における援助においては，間接的な援助も重要な役割をもつ。子どもが見通しを
もって生活ができるわかりやすい環境づくりはその一つである。例えば，入園したばかり
りの3歳児に「靴と靴下をぬいで，靴は下駄箱に，靴下は汚れ物袋にしまい，トイレで
排泄をして，手洗いして，着替えが終わったら，食事の準備をしましょう」と一度に伝
えても，何をするのか途中でわからなってしまう。この時期の記憶の発達を考えると，
複数の要素が含まれる指示を言葉だけで伝えることは適切な援助とは言い難い。一方，
「お靴しまってね」「靴下は汚れ物袋にいれないと」などと，一つの行動ごとに保育者が
指示を出していては子どもの主体性は育ちにくい。そこで環境のもつ力を利用したわか
りやすい空間づくりができると，大人の指示がなくても子どもは安心して動くことがで
きる(2章 p.23参照)。例えば，下駄箱の横に汚れ物を入れる袋がかけてあり，そこには自
分のマークが貼ってある。下駄箱から部屋に向かう際にはトイレを通る動線にし，手洗
い場の横にはタオル掛けがあり，その近くに衣服かごが用意されているというように，
自分で行動の見通しがもてる環境づくりは，子どもが主体的に行動する支えとなってい
く。反対に，動線が整理されていない環境設定では，刺激が多いことでするべきことに
集中する妨げとなり，行動の見通しをもちにくくなる。したいと思ったことを後に残し
て，しなければならないことに集中できるようコントロールすることは，特に注意力が
散漫になりやすいタイプの子どもにとっては過度の負担となる。子どもにとってわかり
やすい環境を生み出すことは，子どもが安心して主体的に生活することにつながってい
く。

（2） 時間の環境から育ちを支える

　　子どもの主体性を育むためには，一人ひとりの子どもが自分のペースを尊重され得る
時間の環境も重要である。特に3歳未満児は，発達の個人差が大きく，その時々により
意欲の濃淡もみられ，一人ひとりが物事に取り組むペースや意欲の生じるタイミングが
異なる。そのため，「じゃあ，みんな靴を履きましょう。みんなが履き終わったら出か
けましょう。みんなが履き終えるまでは座っていましょう」というように全員に同じ行
動をするような方法をとると，早く靴を履き終えた子は長い時間，他の子どもが履き終
えるのを待つ必要があり，ゆっくりと取り組む子は他の子どもが待つ中，急がされて自
分のペースで取り組むことができないということが起こりがちである。発達の個人差の
大きい時期に，一斉に「させよう」とすると，子どもも保育者も不要なストレスがかかっ
てしまう。保育者が指示を出して，その指示通りに子どもを動かすという方法が当たり
前になっていると疑問に思いにくいものである。子どもがイライラすることが増えてい
ると感じたときには保育方法を問い直す機会であろう。「本当に全員が一緒に動く必要
はあるのだろうか」，「保育者の都合で子どもを動かしていないだろうか」などと考えて
みてはどうだろうか。指示ばかりでは子どもの主体性は育たない。主体的に生活を営む

力を育むためには，一人ひとりのペースが尊重できる時間の環境が整っているか見直すようにしたい。特に一人ひとりのペースや意欲に差がみられる時期は，子どもの生活リズムに応じて食事や睡眠の時間に時間差をつけて生活を構成することも一案であろう。意欲を尊重され，時間をかけて自分のペースで取り組めることが保障されてこそ，自己を発揮し，自信をもって行動できるようになっていく。そうした経験が重ねられていくことで，主体的に生活を送る力，ひいては自立心が育まれていくものである。育ちを支えるのは保育者の直接的な援助だけでなく，時間という環境を調整していくことも大切なものであることを心に留めておきたい。

Column　音の環境を考える

　好きな遊びの時間に，幼児クラスの保育室に足を踏み入れると，あちこちから子どもたちの声が聞こえてくる。初めて保育室に足を踏み入れたとき，その活気あふれる雰囲気にびっくりされる方も多いのではないだろうか。

　子どもが活動中の保育室の騒音レベルは90デシベルから100デシベルになることもある（志村2016）。100デシベルは電車が通るときのガード下の騒音に相当する大きさであり，こうした音環境の中で日々を過ごすことは健康なことであるとは言い難い。WHOのガイドラインでは，学校の教室やプリスクールの室内環境の等価騒音レベルは35デシベルと示されているが（WHO　1999），日本では保育施設については騒音レベルの基準はない。

　成人になると，多くの音の中から自分が必要としている情報や重要な情報を無意識に選択できるようになる（選択的注意）。聴覚の情報処理能力は成人期までかけてゆっくりと発達するものである。子どもは聞きたい音を選んで聞くことは大人ほど得意ではないため，大人よりも多くの刺激にさらされていることを意識しながら，音の環境を考える必要があるだろう。

　最近では，フローリングの床の園，天井が高い園，オープンスペースの園も増えており，音が反響しやすい環境になっていることも指摘されている。室内に音が溢れていると，互いの声が聞こえにくくなる。聞こえるように話すと声は大きくなる。そうした中で保育者が何かを伝えようと思うと，さらに大きな声を出さなくてはいけなくなる。

　そのような悪循環の中では，保育者は喉を痛めたり，疲労が溜まったりということも生じうる。一日の大部分を過ごす子どもにとってはその影響はさらに大きなものであることが予想され，聴覚の発達への影響を懸念する声もある。とくに保育所等で長時間の保育を利用する場合には，落ち着いた環境の中でくつろぐことができるような時間が必要となる。耳への刺激が強くストレスのある環境の中では，そうした時間の保障が難しくなる。

　音環境の改善にあたり，吸音材の導入が注目されている。天井や壁に吸音材を設置する園もあれば，手づくりの吸音材をオブジェのように吊り下げている園もある。吸音材の導入が難しい場合には，カーテンやクッション，カーペットやラグなど布製のものに吸音効果があるため，そうしたものを取り入れることも一案である。

　保育室の環境には物的環境のほか，音や色彩，時間といった様々な要素がある。子どもが落ち着かない，遊びに集中できないというような姿がみられたときには，音の環境はどうかという点を見直してみると改善への糸口が見いだせるのではないだろうか。また，保育者自身も声の大きさはどうか，必要以上に言葉で子どもの行動をコントロールしようとしていないか，見直してみることも必要であろう。「子どもにとってどうなのか」という視点に立ち，子どもを取り巻く環境を様々な視点から捉えるようにしたい。

SECTION 4　遊びにおける学び

1　遊びの中での学び

episode　10-4　5歳児クラス11月

　　毎年11月に行われるお店屋さんごっこでは，5歳児がお店屋さんになり，年下のクラスをお客さんとして招待する。11月が近づき，何のお店屋さんを開こうか，子どもたちから話題が出るようになり，アイスクリームショップ，宅配ピザ，スマホショップを開くことになった。子どもたちはそれぞれのお店に分かれ，「アイスクリームはいちご味とチョコ味がいいな」「メロン味もつくろうよ」「コーンの部分はどうやってつくろうか」と相談し，「小さい子はメニューの字が読めないかも」「ピザの写真を貼ったらどう？」と考えを出し合う中，イメージを共有していく姿がみられた。

　　時には意見が食い違い，言い合いになることもあったが，保育者が間に入らなくても自分たちで意見をすり合わせるようになっていた。お店屋さんごとに品物や看板を分担してつくり，年下のクラスにチラシを配りに行くなど意欲的に活動に取り組んでいった。開店の日が近づくと「店員さんはお客さんとどのようにやりとりをしているのだろう」，「実際にお店に行って見てみたい」と声があがり，近くのお店に見学にでかけた。園に戻ると「練習してみようよ」と自分たちで店員さんとお客さんを交代で行い「予行練習」を始めていた。

＊　　　＊　　　＊　　　＊　　　＊

　　この時期には，共通した目的に向かって遊びや活動を展開させる中で，共に工夫したり協力する姿がみられるようになる。こうした姿はそれまでの園生活の中で，友だちと一緒に遊ぶ中で共にいることの喜びを経験し，時には自己主張がぶつかり合い，折り合いをつける経験があってのことである。共に工夫したり協力したりする中で楽しさや充実感を味わうようになっていく。仲間関係も，仲のよい友だちからクラス全体で協同して遊ぶことへと変化していく。こうしたプロセスを経て，5歳児後半には「幼児期の終わりまでに育ってほしい姿」がみられるようになる。episode 10-4では，「共同性」，「社会生活との関わり」，「思考力の芽生え」，「数量や図形，標識や文字などへの関心・感覚」，「言葉による伝え合い」，「豊かな感性と表現」などがみられる。発達の方向を意識し，遊びを通して，それぞれの時期にふさわしい経験が得られるよう配慮したい。

2　遊びの変化と関係性の広がり

　　乳児期には，運動面の発達とともに探索の範囲を広げていき，興味をもったことに自発的にはたらきかけようとする。自分で納得がいくまで，じっくり遊ぶ中で物事を探求し，想像力を広げ，環境にはたらきかける手ごたえを感じ，自己への信頼感の基盤が培われていく。そのため探索活動の中でひとり遊びを十分にできる環境を保障することが重要である。2歳を過ぎる頃には，友だちの遊んでいるものに興味をもつようになり，同じ物を使いたがる姿もみられる。興味をもった遊びをしている友だちの近くで遊ぶが，それぞれが思い思いに遊んでおり，やりとりをして一緒に遊ぶわけではない（並行遊び）。この時期は興味をもつものが重なりやすく，物や場所の取り合いでいざこざが起こることも多いため，人数や発達課題を踏まえて十分な数のおもちゃを用意すると共に，

表10-2　Parten による遊びの分類

1) 遊びに専念し ていない行動	遊んでいないようにみえるが，その時々に興味をもつものを見つめている。保育者についていったり，部屋のあちこちをちらりと見ながら1か所に座っていたりといったような状態。
2) ひとり遊び	近くにいる子どもたちが使っているのとは異なるおもちゃで一人で遊んでおり，他の子どもに接しようとはしない。他児がしていることには関心はなく，自分自身の活動を追い求めている。
3) 傍　観	他の子どもが遊んでいるのを見て，ほとんどの時間を過ごす。遊んでいる子どもに時折話しかけるが，遊びの中には入らない。集団の近くにおり，そこで起こっていることを見たり聞いている。
4) 並行遊び	周りの子どもたちが使っているおもちゃと似たもので遊ぶが，近くの子どもに影響を与えるわけではない。他児と「一緒に」というよりも「そばで」遊んでいる。
5) 連合遊び	他児と遊ぶ。遊びのメンバーは同様のことに取り組んでいる。役割分担はなく，道具の周りにいる何人かの遊びは目的や結果が構造化されていない。仲間の中にいることに興味がある。
6) 協同遊び（構造 化された遊び）	構造化された集団の中で何かをつくったり，ルールのあるゲームで遊ぶなど目的をもって遊ぶ。集団への所属のはっきりとした感覚がある。それぞれ異なる役割を担ったり，誰かがしようとすることを他児が補助するなど遊びの構造化がみられる。

Parten(1932)をもとに筆者作成

遊びがぶつかり合わないコーナー設定ができるとよい。また，言葉で伝えきれない思いを保育者は温かく受け止め援助していくことで，子どもは徐々に自分と他者の気持ちの違いに気づくようになっていく。3歳頃から，次第に他児と共通の遊びをするようになる。共通の遊びに関する会話や，遊びの素材の貸し借りをするが，それぞれが自分のしたい役割で遊び，役割分担や目的の共有がなされているわけではない（連合遊び）。次第に，友だちと一緒に何かをつくったり，ルールのあるゲームで遊んだり，競い合ったりと共通の目的をもって遊ぶようになり，集団に所属している感覚をもつようになる。異なる役割を担うことや，友だちを手伝う姿もみられるようになる（協同遊び）。このように遊びを通して，特定の大人との関係から友だち同士の関係へと人間関係は広がっていく（表10-2 parten*による遊びの分類）。

＊parten：アメリカの心理学者で2〜5歳を対象に子どもはどのように仲間関係を構築させていくかに注目し，子どもの遊びを表10-2のように6つに分類した。

3　遊びと象徴機能の発達

1歳を過ぎる頃から，空のコップに口を近づけて飲むしぐさなど「見立て遊び」がみられ，目の前にないものを心の中にイメージすることがみられるようになる（表象の獲得）。

1歳半頃になると，象徴機能といわれる本来の事物の用途から離れ，他のもので置き換える「見立て」が始まる。積み木を「ぶっぶー」と車のように走らせることもあれば，耳に当ててスマートフォンに見立てることもある。

また，自分が生活の中で経験することを遊びで再現するようになる（再現遊び）。人形を布団に寝かせトントンしたり，洗面器に人形を入れ布でからだを洗うようなしぐさや，フライパンで炒め物をしているようなしぐさをするなど，生活場面を再現する。見

立てや再現につながるよう，フライ返しやスポンジやシャンプーの空き容器など普段の生活のイメージにつながるものや，布やお手玉やなど様々なものに見立てられる素材を用意すると遊びが広がっていく。友だちと同じものを使ってみたい気持ちが出てくるため，おもちゃは十分な量を用意したい。

　また，自分のイメージで満足するまで遊びたい時期であるため，じっくりひとり遊びのできるコーナー設定等の環境構成の配慮も大切である。象徴機能の発達は言葉の習得と重要な関わりがあり，想像力が伸びるこの時期は言葉が爆発的に増える時期にもあたる。保育者は子どものイメージを大切にしながら，子どもの膨らませたイメージに応答的にかかわり，言葉でのやりとりの楽しさを味わえるようにする。

　3歳頃には，お店屋さんやテレビで見たヒーローになりきって遊ぶ姿がみられるようになる（ごっこ遊び）。観察の目が養われ，なりきった役の細かな点まで表現する姿もみられるが，各々のイメージを中心に遊ぶ時期である。次第に友だちと一緒に遊ぶことの楽しさに気づいていき，友だちとイメージを共有し，役割を相互に決め，言葉のやりとりを楽しむようになる。共通のストーリーやルールをつくり出し，何日にもわたり遊びが発展することもある。保育者主導ではなく，子どもの発想を起点とし，子どもと共に環境を構成していくことが大切である。

４　生活・遊びの充実と計画

　子どもは好奇心をもって主体的に環境に関わる中で，環境との相互作用を通して成長・発達していく。保育者は子どもの成長にふさわしい保育の環境を計画的に構成していくことが重要である。そのためには，子どもの発達の道筋を理解したうえで，見通しをもって環境を考えることが基本となる。さらに保育の環境は，人，物，場が相互に関連し合ってつくり出されている。季節の変化による環境の特性によって子どもが体験しうることは異なる。また，友だちや保育者との関係性の度合いは，子どもがその場にどう自分の心を開いて生活するかということに大きく関わる。そのため，生活や遊びの充実を図るためには，発達の道筋を見通したうえで，季節の特性や関係性の成熟度を踏まえたうえで計画を立案することが必要となる。

＜1期（4〜5月）信頼関係構築の時期＞

　入園・進級間もない時期であり，子どもが新しい環境に慣れていくことのできることを第一に考え，子どもの気持ちに寄り添い，受け止めることを重要視し，信頼関係の構築を目指す時期である。活動内容は無理のないものを選ぶ。特に新入園の子どもは，保育の場が安心できる環境であることを感じられるよう配慮する。一人ひとりの興味関心をとらえ，好きな遊びや落ちつくことのできる場所をみつけることができるとよい。

＜2期（6月〜8月）発散・開放の時期＞

　新しい環境に慣れ，保育者との関係が構築されていく中，様々な気持ちを表出するようになっていく。この時期には，夏ならではの開放的な遊び（水遊び・泥んこ遊び・色水遊び・フィンガーペインティング等）が経験できるとよい。全身を使って自己を表現

し，時には大きな声を出して友だちや保育者と思いきり笑い合う経験を通し，ありのままの感情を表出するようになっていく。次第に強く自分の思いを表出する姿や，友達との気持ちがぶつかり合う姿がみられるようになるが，信頼関係が築かれてきたからこその姿であると捉えたい。発散・開放の経験を通して保育者や友だちとの関係性は深まりをみせていく。

＜3期（10月〜12月）広がりの時期＞

　秋の自然が深まり，散歩等の戸外での活動が充実する。運動会や作品展・発表会や遠足等の大きな行事を経験する時期でもある。保育者や友だちとの安定した関係がベースとなり，少し難しいことにも挑戦してみようとする意欲や，できるまでやり続けようとする粘り強さが育まれていく。様々な経験の中で達成感や満足感を味わい，自信につながるよう配慮したい。

＜4期（1月〜3月）成熟の時期＞

　保育者や友だちとの安定した関係の中，進級や進学を意識しつつ，生活に必要な習慣がその発達の時期にふさわしい形で身についていくよう，保育者はより丁寧に生活の仕方を伝えていく。戸外での活動では，冬の自然の面白さや不思議さに触れる機会をもつようにしたい。室内での遊ぶ機会が増えるため，その充実を図り，じっくりと遊び込める環境を保障する。また，一年を振り返り，その成長の姿を保護者と喜び合えるようにする。

10章　〈参考文献〉

Ahnert, L., Pinquart, M., & Lamb, M. E.：Security of children's relationships with nonparental care providers: A meta-analysis. Child Development. 74, 664-679, (2006)

遠藤利彦：「赤ちゃんの発達とアタッチメント：乳児保育で大切にしたいこと」ひとなる書房（2017）

志村洋子：保育活動と保育室内の音環境―音声コミュニケーションを育む空間をめざして―，日本音響学会誌，72(3), 144-151(2016)

白井俊：「OECD Education 2030 プロジェクトが描く教育の未来エージェンシー，資質・能力とカリキュラム」ミネルヴァ書房（2020）

鈴木八朗（編）・汐見稔幸（監修）：「発達のサインが見えるともっと楽しい0・1・2さい児の遊びとくらし」ひろばブックス（2019）

Parten, M. B.: Social participation among pre-school children. *The Journal of Abnormal and Social Psychology*, 27(3), 243-269. (1932)

WHO：Guidelines for community noise.（1999）
https://www.who.int/docstore/peh/noise/Comnoise-1.pdf.（2021年10月31日閲覧）

11章　学びの過程と支援

目標：子どもは遊びや生活を通して様々なことを学んでいる。心理学には，多くの学びに関する理論がある。これらの理論を通して学びの過程を理解しておくことは，子どもの学びを促す有効な援助につながる。また，ここでは小学校への学びの接続・連携について具体的な事例を通して，子どもの発達や学びの連続性の重要性や，スムーズな接続とはどういうことなのかについて理解する。

SECTION 1　学びの理論

1　行動主義的な学びの理論

 **episode**　11-1　3歳6か月 M（3歳児クラス6月）

　　登園後，絵を描いていた M が保育者に描いた絵を見せる。保育者が「きれいなお花ね。素敵な絵だから，壁に飾ろう」というと，M はとてもうれしそうな表情をして，また絵を描こうとする。

　　　　　　＊　　　＊　　　＊　　　＊　　　＊

　心理学では，学びを「人が経験を重ねることで，態度や行動に比較的に永続な変化が生じ，環境に対する適応の範囲を広げていく過程」と定義されることが多い。M は，自分自身の行動の結果（絵）が保育者に認められると，そのことがうれしくてもっと絵を描こうとした。

　このように M 個人の行動に変化が生じ個人の学びとなる過程に焦点を置いた考えを行動主義的な学びの理論という。一方で，他者との関わりの中で成立する学びを社会構成主義的の学びの理論という。

　本章では，この両方の学びの理論を取り上げる。

（1）　古典的条件づけによる学びの理論

　ロシアの生理学者であるパブロフ（Pavlov I.）が，空腹なイヌに餌を与えると涎^{よだれ}がでるという生まれつきに備わっている生理的な反応に着目した研究を行った。その研究では，餌という涎を誘発する無条件刺激と，餌とは何も関係ないメトロノームの音という中性刺激を同時に何回も経験させた。その結果，イヌは，餌を見なくてもメトロノームの音を聞くだけで涎がでるようになった。つまり，古典的条件づけとは，生理的な反応に関する学びの理論である。

　このように，古典的条件づけが成立し行動に変化が生じるということから，私たちは自分たちの経験の中で，よい感情（生理的な反応）をもった人やものへは積極的に関わろうとするが，わるい感情（生理的な反応）をもった場合は，避けるようになるということが理解できる。

（2）　道具的条件づけによる学びの理論

　　スキナー（Skinner, B.F）は，レバーを押すと餌が出てくる箱に空腹のネズミを入れ，ネズミがレバーを押し，餌を獲得する過程を明らかにした。ネズミは最初この箱の中をうろうろしているが，偶然レバーに触れ餌を食べることができた。このような偶然を繰り返すうちにネズミがそのレバーを頻繁に押すようになった。これは，ネズミの自発的な行動に対して，餌という報酬（強化子）によって，レバーを押す行動が頻繁に現れたといえる。

　　episode 11-1 の M は，自分自発的な行動（絵を描く）に対して，保育者に褒められたという報酬を得たことで，それが強化子となりさらに絵を描くという行動につながったといえる。

2　社会構成主義的な学びの理論

発達の最近接領域

　　ヴィゴツキー（Vigostky, L.S）は，子どものあらゆる認知機能は，他者との関わりを通して発達し，その後子ども自身の内部の機能として成立するという（ヴィゴツキー　2005）。つまり，子どもは他者との関わりを通して発達するということである（3章 p. 40参照）。

　　また，ヴィゴツキーは，学びの理論として発達の最近接領域を示した。子どもが独力でできることと（すでに到達している発達水準），保育者や友だちからの援助を受けて行う水準（現在発達しつつある水準）には違いがある。その違いを「発達の最近接領域（Zone of Proximal Development：ZPD）」という（ヴィゴツキー　2001）。

　　また，子どもの発達を促すためには，すでに到達している水準にはたらきかけるよりも，現在の発達しつつある水準にはたらきかけることが重要である。発達の最近接領域には，個人差があり，同じ援助でもこの領域が広がる人とさほど広がらない人がいる。例えば，A君とB君が知能検査を受けた結果，ふたりとも7歳の知的年齢であることがわかった。A君もB君も独力でできること（すでに到達している発達水準）は同じである。しかし，大人や自分よりも知的な仲間の助けによって同じ問題を解いたところ，A君は11歳，B君は8歳と大きな違いがでた。つまり，現在に到達しつつある水準が異なっていることがわかった。この差は，個人差と捉えられる。

　　以上のことから，子どもの発達の最近接領域に留意して保育するということは，個人差に配慮し，自分一人でできることと，これからできそうなことを繋げていくことを実践することであるととらえることができる。その際に，大人とだけではなく，課題の習熟度や異年齢を含めた子ども同士の関わりなどを通して主体的・対話的な相互作用の中で子どもの発達はうながされるのである。

SECTION 2　発達の最近接領域としての遊び

1　子どもの発達を促す遊び

episode 11-2　5歳児クラス10月

　　年中のM，N，Fが3人でお母さんごっこをしようと集まってきた。役割を決めるときに，いつも何でも自分の思い通りにしたいMが「私，お母さんね」というと，NとFは，「じゃあ，私たちはお姉ちゃんでいいよ」といい，お母さんごっこが始まった。お母さんは，ご飯をつくり，お姉ちゃんたちはぬいぐるみでそれぞれ遊んでいる。お母さん役のMは，それを見て「私もそのぬいぐるみ欲しい」と言って，Nのもっているぬいぐるみを取ろうとすると，Nは，「お母さんは，ぬいぐるみで遊ばないよ。子どものものは取らないよ。」というと，Mはしぶしぶではあるが「いいよ。お母さんだから，いらない」といって料理を続けた。

＊　　　＊　　　＊　　　＊　　　＊

　　Aは，普段の生活では自己主張が強く，現実の生活の中では他の子どもたちに何かを譲るということは難しいことである。しかし，お母さんごっこという遊びの枠組みの中で，Aは普段の生活ではみられない人に譲るということができた。それはお母さんという役割上の特性（お母さんは，ぬいぐるみで遊ばない）が，その役を演じるAに普段できないことを可能にしていたといえる。以上のことから遊びが，子どもの発達しつつある水準に，はたらきかけているととらえることができる。

　　episode 11-2のお母さんごっこのように，子どもが大人の役を受けもつことは子どもという自分を離れてその役にふさわしい振る舞いをすること，つまり，脱中心化が生じているといえる（エリコニン　1989）。自己の視点と他者の視点がまだ明確に区別できるようになる以前の自己中心的な4歳児が，お母さんという役割の中で，自分もぬいぐるみで遊びたいという欲求を抑えることができている。遊びの中で，自分がお母さんだったら，ぬいぐるみで遊ばない，子どものぬいぐるみを取り上げることはしないというお母さん側の観点（他者の観点）に立って，自己抑制をしているのである。つまり，4歳児のA子としての振舞ではなく，お母さんだったらという他者の視点に立っていることからも脱中心化が生じているといえる（脱中心化の概念は3章 p.39 ピアジェの認知発達の理論を参照）

　　脱中心化をするのは，幼児期後半から児童期にかけてであるということから，実生活で他者の視点に明確に立てるようになるのは，もう少し後になるが，遊びの枠組みが将来到達する水準でみられる行動を支えていることから，遊びが子どもの発達を促しているといえる。

2　発達の最近接領域を創造する遊び

　　1の学びの理論で述べたように，ヴィゴツキーの発達の最近接領域の理論は，子どもの認知発達についての理論である。その中でヴィゴツキーは，幼児期の子どもの読み書きの習得について，話しことばと同様に読み書きが子どもの生活の要素となる必要があると述べている（ヴィゴツキー　2003）。

幼児期後期の子どもたちによくみられるお店やさんごっごなどは，看板や商品の名前を書くなど文字を書く必要性が自然に発生する。そこから，文字を知りたい，書きたいという欲求に基づいて子どもたちが自然に読み書きを習得していく姿がみられる。子どもたちが読み書きを教科学習として学ぶのは，小学校に入ってからであるが，その芽がすでに幼児期後期にはみられ，そこで大人やすでに読み書きができる仲間から教えてもらうことで，読み書きができるようになるのである。

　これは，遊びにあってもより，リアルにしたいという必要性が子どもの読み書きの発達の最近接領域を創り出しているといえる。また，episode 11 - 2 からもわかるように，遊びによって脱中心化がみられるということは，認知の発達だけではなく，感情や社会性の発達の可能性も発達の最近接領域には含まれているといえる。

　以上のことからも，遊びが発達の最近接領域を創造しているということが示されており，保育においては，子どもの発達にとって遊びが重要であるということは明確である。しかし，ただ遊びがあれば子どもが発達するのではなく，保育者の役割も重要である。episode 11 - 2 には，保育者は直接の関わりはみられないが，お母さんごっこを展開できるフライパンなどの調理器具などの遊び道具を揃えることで，遊び環境を創造している。また，子どもたちの遊ぶ様子から今後の展開を予測し，さらに必要になるだろうと考えられるものを準備するなどの遊び環境の調節を行う。つまり，保育者は，自然の成り行きに子どもたちの好きにさせているだけではなく，意図的に環境を調整するという役割をもっているのである。

　また，保育者が遊びに参加し，一緒に遊ぶなかで子どものモデルとなったり，上手くいかないことがあると励ましたり助けたりすることで，子どもが困難や葛藤を乗り越え粘り強く遊びに取り組むこともできるように援助を行っている。保育者は，子どもの興味・関心を引き出す保育環境の構成や子ども一人ひとりの発達の過程に応じた保育者や仲間との直接的で持続的な相互作用が展開されるように留意しなければならない。そうすることで，遊びは，発達の最近接領域を創造し，その中で保育者や子ども同士の主体的・対話的な相互作用を通して子どもの発達は促されていくのである。

Column　保育者の試行錯誤

　保育において，保育者の援助が重要であることは自明であるが，いつも子どもにとって必要な援助になっているとは限らない。例えば，子どもたちが夢中になってお店屋さんごっこをしているのを見て，商品をつくるために必要であろう材料を準備し，子どもたちの目につくように置いておく。しかし，子どもたちはそのような材料にも目を向けず，自分たちで必要なものを探し出してきたりする。つまり，保育者の思惑がはずれたのである。このように，時には保育者の援助が子どもたちにとっては「余計なお世話」になることもある。これは，ベテラン，新人に問わず，このようなことはよく起こるのであり，上手くいかなかった経験が明日の保育につながる。保育者は，常に試行錯誤しているのである。

SECTION 3　遊びにおける保育者の役割と具体的援助

1　遊びにおける保育者の役割

　平成30年度から施行の幼児期の教育及び保育に関わる3つの要領・指針では，「子どもが自発的・意欲的に関われるような環境を構成し，子どもの主体的な活動や子どもの相互の関わりを大切にする」〔保育所保育指針　2017〕にみられるように，子どもの主体性を大切にしている。

　また，保育者の役割として「幼児の発達に即して主体的・対話的で深い学びが実現するようにする」〔幼稚園教育要領，幼保連携型認定こども園教育・保育要領　2017〕とある。以上のことからも保育者は，子どもの主体性や意欲を引き出すことに留意しながら関わることが求められている。

　それでは，どのように遊びの中で子どもに関わればいいのだろうか。乳幼児期の遊びの特徴には，自発性，自己完結性，自己報酬性，自己活動性がある（小川，2005）。つまり，子どもが興味・関心をもち遊びに積極的に関わり，遊ぶこと自体が目的である活動が遊びである。そして，その遊び活動を通して楽しいという満足が得られ，その際に，遊びにおいての判断や方向性を決めることは子どもの自己決定による。以上のことが遊びの特徴である。この特徴を踏まえると，保育者は子どもを指導してはならないようにとらえられるが，決してそうではない。それは，主体性を大切にしなければならないということで，保育者は子どもを指導してはならないということではない。

　加藤（1993）は，子どもと保育者との関係は子どもとの間に共感関係をつくっていくことだと述べている。それは，子どもの発達段階に応じてドキドキ・ワクワクする子どもの思いに共感することである。そうした関係は，保育者が外側から子どもを眺めるのではなく，関わりながら，はたらきかけながら成立するという。

　以上のことから，遊びにおける保育者の役割とは，子どもが自発的・意欲的に関われるような物的環境を整え，人的環境として子どもに共感し子どもの欲求，要求に応答的に応えていくことであるといえる。

2　遊びにおける保育者の具体的な援助

　パーテン（Parten, M. B）は，乳幼児が他者との関わり方と遊びの発達的変化を結びつけて分析を行い，遊びを6つのカテゴリーに分類した（パーテン　1932）。

　6つのカテゴリーでは，①遊びに専念していない行動，②ひとり遊び，③傍観者的行動，④並行遊び，⑤連合遊び，⑥協同遊び　に分類した。ひとり遊びや並行遊びは2歳頃まではよくみられるが，2歳から4歳かけて減少すること，連合遊びや協同遊びは，3歳以降に増加することを明らかにした（パーテン　1932）。しかし，積み木などのひとり遊びは，その後の研究で，幼児期を通して減少しないことが明らかになっており，ひとり遊びが，連合遊びや協同遊びに比べて発達水準が低いということではないということが明らかになっている。

以上から，パーテンの遊びの分類を参照し，保育者の具体的援助について考える。

（1） 0歳児から3歳未満児の遊びと援助

　この時期の遊びは，ひとり遊びや傍観遊び，並行遊びなどがある。0歳児は，探索行動で五感を通して遊ぶ。特にガラガラのような音がでるおもちゃなど，保育者が子どもの視線をとらえてどのように遊ぶのかを見せることが大切である。その後，子どもに，ガラガラを握らせると喜んで振り，音を出す。そのときに保育者が「きれいな音ね」と声をかけることなどのやり取りを重ねることで保育者との信頼関係も築かれていく。このように，まずは子どもの欲求・要求に応答的にかかわることで保育者との信頼関係をしっかり築き，子どもが安心して遊べる環境づくりが重要となる。

　1歳半頃，歩行ができるようになると，自由に自分の興味・関心のあるものに向かっていき，ひとり遊びを楽しむ姿がみられる。その際には，一人ひとりの子どもの遊びが満足いくようにおもちゃの数などに配慮した環境構成や，言葉掛けをする。

　2歳頃には，友だちがそばにいるがそれぞれが自分の遊びを楽しむ並行遊びがみられる。この時期には，日常生活を再現するようなふり遊びが多くみられるようになるので，保育者は遊び相手として遊びを支える中で，友だちがそばにいることに喜びを感じるように関わることが大切である。

（2） 3歳児から5歳児の遊びと援助

　3歳児になると，他の子どもと関わりながら遊んでいるが，はっきりとした役割分担はない連合遊びがみられるようになる。まだまだ自分の気持ちが優先されるので，いざこざも多くみられる。保育者は，まだ自分の気持ちを言葉で表現するのが難しい子ども同士の代弁者となり，子ども同士の主張を相手に理解できるように調整したり，互いの感情を伝え合ったりというような役割を担うことが必要である。

　4歳児では，他児の気持ちを理解しようとするようになって，役割分担やルールの共有も少しずつできるようになり，協同遊びもみられるようになってくる。また，大人の期待や思いに応えたいとも思うようになる。しかし，自分のしたいこと，やらなければならないことの間で気持ちが揺れている時期でもある。遊びの中でも自分がやりたい役ではないけれど，友だちと一緒に遊びたいから，その役をひき受けるという葛藤を経験するようになってくる。

　しかし，時には保育者は，絶対にその役ではなくては嫌だということもあることを理解し，子どもの思いを受け入れつつ，一緒に遊ぶ相手にもその子どもの気持ちを理解してもらえるよう調整が必要となる。

　5歳児は，協同遊びやルールのある遊びが中心になる。そこでの保育者の援助は，子どもの力を信じ，見守ることが大切である。保育者も子どもの遊び仲間の一員として関わり，意見の対立などで助けを求められたときにはアドバイスし，決めるのは子どもたちに任せる。そうすることで，大人の想像を超えるような姿がみられることになる。

SECTION 4　小学校の学びとの連携・接続

1　幼保小の学びの連携・接続

　小学校入学に伴う環境移行は，子どもの発達と学びの連続性を保障し，円滑な移行に向けて，保育所・幼稚園・認定こども園と小学校で連携が進められている。

　保育所保育指針では，小学校の学びとの接続について小学校教育が円滑に行われるように，小学校の教員との意見交換や合同の研究の機会などを設け，「幼児期の終わりまでに育ってほしい姿」を共有するなどの連携を図り，保育所保育との円滑な連携を図るように努めることが求められている (厚生労働省　2017)。幼稚園教育要領，幼保連携型認定こども園教育・保育要領でもでも，「幼児期の終わりまでに育ってほしい姿」について同様に記載されている (3章 p.32参照)。

　具体的には，スタートカリキュラムを編成し，その中で，生活科を中心に他の科目とも連携した指導や弾力的な時間割の設定なども行われている。

2　幼保小の連携・接続の実践

・連携・接続の取組を進めていくためには，各学校・施設が，組織的・計画的に　取り組むことが必要です。
・連携・接続が発展する過程のおおまかな目安は，次のように考えます。

一貫性のある保育・教育活動
「地域の子どもたちを育てよう！」
＊接続期の教育活動の反省・検証を同じ場に集まって行う。
＊幼保小で共通の課題を見付け，協同で研修の企画，開催を行う。
＊幼保小3歳〜12歳までの育ちについて，関係者で語り合う

教育課程の接続
「地域活動をつなげよう！」
＊連続性・一貫性を前提として，発達の段階に配慮した違いを捉える。
＊共通の願いを基に接続期の教育課程を編成し，実践する。

異校種間の交流
「互いの教育について知り合おう！」
＊幼稚園・保育所と小学校との合同授業・保育の機会に打合せや反省を行う。
＊互いの研修に参加し，意見交流の機会をもつ。
＊子どもたちの育ちについての共通の願いを確認する。

施設の交流
「思い切ってアプローチしよう！」
＊小学校の施設を借りてみる。
＊区内地域連携カレンダーを利用して，地域公開日，実践研究会へ参加する。
＊学校の授業などで交流する機会をもつ。
（生活科，総合的な学習の時間，国語など）

札幌らしい特色ある学校教育
環境キャラクター　雪キャラクター　読書キャラクター
ちっきゅん　ゆゆぼろ　おっほん
このキャラクターは子どもたちが「札幌らしい特色ある学校教育」の【雪】【環境】【読書】にかかわる学習に親しみをもって取り組めるよう作成したものです。

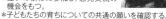

図11-1　札幌市の幼児期の教育と児童期の教育の連携・接続の取組
札幌市の幼稚園・保育所・小学校の連携・接続　札幌市教育委員会

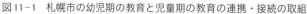

　札幌市を一例とすれば，幼保小の接続・連携の実践は，学びの過程に応じ，ステップ1からステップ4まで段階を踏んで，各学校，組織が組織的・計画的に取り組んでいる（図11-1）。

　ステップ1　施設の交流として，例えば，園児が近隣の小学校のプールを借りること

で，小学校の先生と顔見知りになったり，就学への期待をもてるような経験となるような取組を行っている。

　ステップ2　異校種間の交流として幼稚園と保育所の園児の交流を近隣の公園などで行い，その後地域で出会った時には，互いに声を掛け合うなどもあり，地域の一員としての意識も生まれるような取組を行っている。

　ステップ3　教育課程の接続として，授業や研修会などの交流を通して，幼児期と児童期の接続を見通した教育課程の編成・実施を目指している。具体的には幼児期の遊びと教科をつなぐ共通教材として「ドングリ」を取り上げ，幼児期の生活や遊びを通した総合的な指導と小学校での生活科での活動を比較することで，幼児期と児童期の発達の違いを相互に理解するように求めている。このように互いの教育内容を理解することで，発達や学び，手立ての連続性が明らかになっていく取組を行っている。

　ステップ4　一貫性のある保育・教育活動として，幼稚園・保育所・認定こども園と小学校で連携推進を図るための組織をつくり，意図的・継続的な交流活動を計画し，小学校の教員と保育者の打ち合わせや振り返りを行い，それぞれの育ちの情報を交換している。そうすることで，幼児期に培った感性，表現力，思考力，コミュニケーションの力が，小学校の学びの基盤になっていることを確認し合い，さらに互いの教育内容や指導法の違いを理解し，学び合うことで，スムーズな接続ができるよう，様々な取組を行っている。

　遊びや生活が中心とした幼児期の教育と，教科などの学習を中心とする小学校教育では，教育内容や指導法が大きく異なる。しかし，札幌市の実践例からも，子どもの発達や学びは連続していることを念頭におき，保育者も小学校の教員も相互理解を深めることで，移行における段差をできるだけなくし，スムーズな接続の実現を目指している。そうすることで，小1プロブレムなどの学校への不適応を防ぎ，学校生活への適応が促される。

　小1プロブレムとは，小学校に入学したばかりの1年生が，先生の話を聞かない，授業中に立ち歩く，先生の指示通りに動かないなどの行動が数か月にわたって継続されることである。このような行動の原因としては，小学校での生活と幼児期の生活が大きく異なることもその原因の一つである。しかし，この違いは発達段階に合わせた違いで必要なことである。そうであるからこそスムーズな接続に向けて幼保小が連携を深めている。

　他の小1プロブレムの原因として，集団行動をとるための基本的生活習慣が身についていないことや，子ども自身の気持ちのコントロールが上手くできないことなどがあげられている。このどちらも就学前に，家庭や保育のなかで身につけていくことである。学校生活への不適応を防ぐためには，家庭と幼稚園・保育所が連携して基本的生活習慣の獲得，自己抑制の育成に取り組むことが重要である。

SECTION 5　保護者との連携

1　保護者と園の相互理解と信頼関係

　子どもたちは，親から離れて園で同年代の子どもたちや保育者と生活する。しかし，子どもたちの生活の基盤は家庭にあるので，子どもの家庭での様子を知っておくことは大切である。

　例えば，園に行くのを嫌がったり，おむつが取れているのにおむつをしたいという子どもがいたとすると，その家庭では下の子が生まれたばかりであったというようなことはよくあることである。このように，幼児期は家庭の影響が子どもの行動に現れやすいので，保育者が家庭の様子を知っておく必要がある。そのような事情を知っていれば，保育者は下の子が生まれて戸惑っている気持ちや，母親を下の子にとられたように思うなど子どもの気持ちを理解し，子どもの気持ちに寄り添って子どもが安心できるように関わることができる。

　一方で，園での生活が子どもの家庭生活に何らかの影響を及ぼすこともあるので，家庭も子どもの園での様子を知ることは重要である。子どもは，日々の園生活で起こったことを親に報告をする。

　例えば「今日，友だちに叩かれた」と親に話すことがある。しかし，それは自分の視点からの報告であり，断片的な話である。親は，子どもの断片的な話を聞き一方的に叩かれたのかと心配になる。そのようなときに，保育者から詳しく事情を聞くことで子どもの話の補完ができれば，親も安心できる。

　このように，保護者と保育者がコミュニケーションを取り，相互理解が進むと信頼関係を築くことができ，協力関係も成立する。そのような協力関係が，園と家庭での子どもの育ちを支えており，乳幼児期の発達にとって重要である。

2　保護者との多様な連携

（1）　保育参観

　保育参観は，子どもたちが園でどのように過ごしているのかを直接保護者が知る貴重な機会である。園では，普段の子どもたちの生活を保護者に見てもらうことで，保護者がわが子の新たな一面を発見することもある。普段は甘えっ子だと思っていたわが子が，友だちの世話をやいているところをみて，あるいは，いつも母親に手伝ってもらっていたことを園では自分一人の力で行っているなど，子どもの自立した一面を知ることもある。また，他の子どもの様子をみることも，保護者にとっては自分の子どもの成長を理解することの参考になる。

　さらに，保育者が保育室の環境構成をどのように行っているのかなどをみることで，園の教育方針・教育内容を知ることの具体的な手がかりとなる。当日の保育参観での活動についても参観のポイントなどを保護者に伝えておくことで，園と保護者の保育についての共通理解は深まる。

（2）　保育参加

　保育参加は，保育参観とは異なり，子どもの様子をみるだけではなく，保護者に実際に保育に参加してもらうこともある。実際に保育に参加することで，保育者がどのように活動を準備し，子どもにどのように援助しているのかを知ると共に，身をもって体験することができる。保育を体験することは，保育者の仕事や子ども理解につながると共に，保育者と一緒に保育することで，保育者と保護者の人となりの相互理解も深まる。

　また，保護者に保育者の手伝いとしてではなく，絵本の読み聞かせや楽器演奏，手品など何か得意なことなどを行ってもらい「先生」としての保育参加の仕方もある。子どもたちにとっては「○○ちゃんのお母さん/お父さん」が「先生」になっているということで，新鮮に感じて活動に取り組む意欲が増し，はりきる姿がみられるだろう。また，何人かの保護者同士で協力して保育する機会があると，そこで保護者同士が交流するよい機会となり，子育ての悩みを相談できるような関係性に発展することもある。

（3）　行事への参加

　運動会，発表会，遠足などの行事に手伝いとして保護者に参加してもらうこともある。行事を滞りなく安全に進行するためには，多くの大人の手が必要である。子どもたちも普段の保育とは違うことで，張り切って参加する一方で不安を感じる子どももいる。そのような不安なときに，保護者が傍で一緒にいることによって安心できる。

　行事では思いもがけないことも起こることもある。そのようなときに，大人の手が多くあると危険を未然に防ぐこともできるので，多くの保護者の参加は大切である。

　以上のことからも保護者との連携は，保護者と保育者や園との多様な活動を通して，相互理解を深め，信頼関係を築くなかで成立している。それは日常の保育者と保護者，園と家庭における子どもの様子の情報共有におけるコミュニケーションを始めとして，保育参観，保育参加，行事への参加など，子どもの成長を共に支える経験を基盤に成り立っているのである。

11章　〈参考文献〉

ヴィゴツキー，L.S. 柴田義松訳：新訳版「思考と言語」新読者版(2001)

ヴィゴツキー，L.S. 柴田義松訳：「文化的−歴史的精神発達の理論」学文社(2005)

ヴィゴツキー，L.S. 土井捷三・神谷栄司訳：「発達の最近接領域の理論」三学出版(2003)

エリコニン，D,B. 天野幸子・伊集院俊隆訳：「遊びの心理学」新読書社(2002)

小川博久：「21世紀の保育原理」同文書院(2005)

加藤繁美：「保育者と子どものいい関係」ひとなる書房(1993)

札幌市教育委員会編：「札幌市幼稚園・保育所・小学校の連携・接続」

Parten, M. B.: Social participation among pre-school children The Journal of Abnormal and Social Psychology, 27, p.243-269(2000)

12章　集団・仲間関係

目標：幼児期には，他者の気持ちを理解するようになり，仲間同士の遊びが活発にみられるようになる。そのような遊びを通して他者理解，共感，集団のルールの理解，コミュニケーション能力などの社会的認知能力の基盤がつくられる時期である。

　　　ここでは，社会的認知能力が保育の中の集団活動や仲間関係を通して，どのように発達していくかを理解することを目標とする。

SECTION 1　乳児期の対人関係の発達

1　3歳未満児の対人関係の発達の基盤

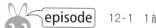 12-1　1歳児クラス10月

　　1歳児クラスで，担任の保育者が「手をつなごう，皆で手をつなごう～」と歌いながら，Mと手を繋ぎ歌っていると，Nもやってきてもう片方の手にNの手を繋いできた。2人は保育者と手を繋ぎうれしそうに繋いだ手を歌に合わせて振っている。そこにFも来るが保育者の手がふさがっているのをじっと見ている。保育者は，「Nちゃんと手を繋いで」というとFはNと手を繋ぎ，保育者の歌に合わせてうれしそうに手を振っていた。

＊　　　＊　　　＊　　　＊　　　＊

　episode 12-1のような様子は，1歳児クラスではよくみられる。保育者を通して楽しさを共有し，他者の存在を意識し始めるのである。このように，私たちはいつから他者を意識し，どのように他者と関わるようになってきたのかというのは，誰もが覚えていないことであるが，いろいろな経験を通して，人とどう関わればよいのかということを学んできたのである。

　しかし，保育者は，対人関係の発達を促すために，乳児期からの対人関係の発達の過程を理解しなければならない。ここでは，3歳未満児の対人関係の発達の過程を理解し，どのような関わりが子どもの発達を促すのかを考える。

　乳児は，生まれてからいろいろな人と関わり，人間関係を築いていく。最初は，親との関わりである。親は乳児の出すサインに敏感に反応し，適切に関わることで，乳児との間に情緒的な絆である愛着関係を築く。その後，親を安全基地として，乳児は，安心して周りの人や環境に関わることができ，その際に親とのコミュニケーションが他者とのコミュニケーションのモデルとなる。

　また，保育所などでも一日の大半を保育者と過ごす。保育者は，親と同様に温かいまなざしや声がけ，乳児の生活リズムへの同調などの応答的な関わりを通して，乳児との信頼関係を築いていく。乳児は，保育者との信頼関係に支えられながら，安定した生活を送ることができる。家庭において不適切な養育を受けたとしても，良質な保育を経験

することで，保育者との間の愛着関係がその後の仲間関係や社会的適応を予測すること
も明らかになっている(Howes & Spieker　2008)。

　以上のことからも，乳児の対人関係の発達には，まず養育者(親や保育者)との間に
しっかりと愛着関係をもつことが大切である。つまり，愛着が乳児の対人関係の発達の
基盤であるといえる。

2　3歳未満児における友だちとの出会い

　この時期においては，友だちは一緒に遊びたい人ではなく，一緒に生活する人という
感覚だろう。episode 12-1 にもあるように，子どもは保育者と一対一の関係を求めて遊
ぶ。その中で，楽しそうな様子に他児がひかれて保育者のところに来る。子どもは，保
育者と遊びたくて来るのであるが，保育者とは手を繋げないけど，遊びに入ることで偶
然他児と手を繋ぎ友だちの存在に気づく。2人の間に遊びが楽しいという情動の共有は
あるが，やりとりはまだみられない。

　また，1歳児は，同じものをもって同じことをするということで友だちと一緒が何と
なくいいという感覚を味わっていく(岩立　2007)。包丁で何かを切る真似をする子どもに
保育者が「トントントン」と切る音を出すと，他児もその音に合わせて包丁で切る真似
をする。同じ包丁をもち，同じ動作を保育者の声に合わせてすることで，友だちと何と
なく一緒が楽しいと感じているようである。ここでは一緒が楽しいという感覚を経験し
ているのである。

　1, 2歳児になれば複数名での活動も可能になる。例えば，低い段差を順番にジャンプ
したり，背でマットの上に寝ころんで，ごろごろするなど，友だちと一緒に何かをする
ことが楽しいということも感じる。その一方で，ものの取り合いなどのいざこざを通し
て，自分の思い通りにならない他者の存在にも気づいて行く。

　2歳を過ぎるころ，自我の芽生えと友だちへの関心が高まってくる。「自分でやりたい」
けど「友だちとも一緒にやりたい」というような気持ちが出てくるが，まだまだ気持ちの
調整は難しいので，いざこざも起こる。しかし，いざこざが起こったとしても，少しずつ
互いにゆずり合ったり，相手を気遣うこともできてくるので，保育者に支えられながら関
係の修復と気持ちを調整するようになる。そして，友だちと一緒にいることは安心でき
ることであり，一緒にいることが楽しい，うれしいという感覚を多く経験するようになる。

　この時期，保育者は，一人ひとりの子どもの気持ちを大切にしつつ，他の子どもの遊
びにも関心を向けるように援助することが大切である。この時期の子ども同士の関係の
なかで，受け入れられる経験，受け入れられなかった経験を通して友だちに受け入れら
れるにはどうしたらよいかということを理解していく。

　以上のことから，この時期における友だちとの出会いは，保育者が子どもの興味・関
心に合わせて遊びを用意し，遊びを支えていくなかで生じる。そのなかで，子どもが人
と触れ合うことは楽しいという感覚をもつ経験を，いざこざなどを通して友だちとの関
わりの積み重ねが重要である。

SECTION 2　幼児期の集団形成と役割

1　幼児期の集団形成 - 仲間関係の形成

episode　12-2　5歳4か月M（5歳児クラス8月）

　　登園後の遊びの時間に，年長のMが「リレーやる人」と声をかけると，6人ほどの年長児が「やりたい」と参加した。皆で好きな子同士で3人ずつのチームに分かれて，「ここスタートね。次の人はここ」などとルールを皆で決めていた。そして，思いっきり走ることを楽しんでいるようだった。

　　そこに「入れて」と，さらに4人の年長児が加わった。Mは「グーチーでチーム分けしよう」といい，今度は5人ずつのチームに分かれた。そこで，Nが「走る順番決めよう」と提案し，それぞれのチームではだれがアンカーをやるかなどと作戦タイムとなった。Mのチームでは，「アンカーやりたい人」とMがいったが「一番速い人がアンカーには，いいよ」とFがいうと「一番速い人がアンカーだと勝てるね」などと，皆で勝つための作戦を考えていた。

＊　　　＊　　　＊　　　＊　　　＊

　運動会前など，運動会の練習でのリレーが楽しく，遊びの中でもこのような集団でのリレー遊びがみられる。一人で走ることも楽しいが，自分たちが決めたチームで抜かれたり抜いたりしながら，最後まで勝敗がわからないようなドキドキやワクワクを共有できる集団遊びは，子どもにとっては特別な楽しさがある。このように，集団で遊ぶことは子どもにとって一人では経験できない多くのことをもたらす。ここでは，幼児期の集団形成の仲間関係，遊び集団が子どもの発達にどのような役割をもっているのかを考えていく。

　2，3歳頃になると，子どもたちは仲間の遊びに興味をもち，同じものをもったり，相手の動作を模倣するようになる（岩田　2010）。3歳児の遊び場面から，模倣は遊び仲間になるための手段だったり，仲間であることの確認として使われていることを明らかにしている。この時期の子どもたちは，模倣がきっかけとなり，一緒に遊ぶ中で，遊び仲間として仲間関係を築いていく。

　しかし，まだ相手の視点に立つことが難しく，互いの欲求をぶつけ合うことで，いざこざも多くみられる。いざこざでは，保育者の助けを借りて相手の思いに気づくことで，子ども同士の相互理解が深まっていく。

　4歳頃になると，一緒に遊ぶことやいざこざを通して，友だちの人となり（生まれつきの性格）ということもわかってくる。そうなると，自分の好きな友だちと遊びたいという気持ちで仲間関係が形成されてくる。つまり，自分と遊びの好みが近い友だちを選択するようになる友だち関係が築かれていく。

　友だちを求める一方で，3，4歳の子どもたちの中には，積極的に友だちと関わっていくのが苦手な子どももいる。その様な場合は，場を共有することで他児の様子をみていたり，それを模倣する様子がみられる。そうすることで，仲間と遊ぶために，先に遊んでいる子たちが何をしているのか推測したり，どう入っていこうか考えるなどの準備をしていると思われる。友だちと遊ばないからと保育者が熱心に友だちの中に入れようと

しても，その場合は子どもにとっては，困惑することになりかねない。そのような状況にならないためにも保育者は，子ども一人ひとりの様子をしっかり把握し，理解しなければならない。

5歳児になると，自分の好きな仲よしの友だちとの遊びが活発になる。仲間入りの際にも仲間入りできるかどうかは，いつも遊んでいる仲間かどうかなども影響してくる。また，5歳児の遊びは，協同遊びやルールのある遊びが中心となってくる。そのような遊びの中では，イメージの共有が遊びの維持には必要になる。実在するもののイメージの共有もあるが，多くは仲間との間で了解されるものである。「ここ，遊園地ね。」など，そういうことにしようという見立てや，つもりのイメージの共有である。そのイメージの共有には，話し合うことが必要になってくる。いつも遊んでいる仲間だとイメージの共有がしやすいが，そうではない場合でも，「これは○○したらどうかな」などと互いに確認しながらイメージの共有が図られていく。このように，5歳児になれば，自分の考えを言葉で表現できるようになり，イメージの共有も進み，子ども同士の関係も親密さを増していく。

2　幼児期の集団−仲間関係の役割

幼児の集団遊びでは，参加メンバーは他児と協力し遊びを皆でつくる。そこには，参加メンバーが担う責任が生じる。例えば，鬼ごっこで鬼になるのが嫌だから，いつもつかまりそうになると「タイム」といって鬼になるのを逃れようとしたり，鬼になったら怒ってやめるということがあると，他児から「ずるい，もう一緒に遊ばない」といわれてしまう。仲間関係を維持するためには，ルール違反は，許されないのである。そのためには，ルールを守り，遊びに責任をもたなければならない。

以上のように集団遊びの中で，仲間関係は子どもたちに様々な影響を及ぼす。具体的には，協力，役割分担，責任感などを学ぶ機会となっている。また，自分の行動によって仲間に受け入れられたり，拒否されたり，助けられたり，強要されたりなどを経験することで，仲間とはどういう存在かということのイメージを形成していく（岩立 2007）。

保育者は，仲間関係における子どもの主体性を大切にしなければならない。保育者は，仲間入りなどに失敗した子どもが保育者に助けを求めてきたときに，仲間入りを拒否した子どもたちに「仲よく一緒に遊びなさい」などの言葉がけをすることがあるとするなら，この言葉がけが子どもの主体性を大切にした関わりであるのか考えてみる必要がある。仲間入りを拒否した子どもにも拒否する理由がある。したがって，保育者は，子ども同士で集団をつくる中での子どもたちの考え，そのときの事情について子どもの視点に立った言葉がけでなければならない。

いざこざが発生しても5歳児にもなれば，子ども同士で調整するようになる。保育者は，子どもの力を信じ，子どもを見守り，いざというときに介入できるようにしっかりと子どもを観察しているという姿勢が大切である。

SECTION 3 児童期の集団形成と役割

1 児童期の集団形成 – 仲間関係の形成

　小学校に通い始めると，学校生活の大半を同じクラスの子どもたちと過ごすことになる。幼児期よりも同年齢の子どもと過ごし，休み時間などは同性の子どもたちで過ごすことが多くみられる。児童期中期には，同調性や閉鎖性が高い特定の仲間と固定化された仲間集団を形成する。その中で，幼児期に仲間関係を通して学んだ，人との関係性や社会のルールについての理解を深めていく。

（1）ギャンググループの形成

　児童期の仲間関係では，小学校低学年までは幼児期と同様に大人との関わりの中で守られながら過ごしているが，小学校中学年ぐらいから同年齢，同性の友だち同士で同一行動をすることで結束力を高めるようになる。このような児童期中学年から高学年にかけてみられる集団は，ギャンググループとよばれている。

　ギャンググループは，同性の3〜9人のメンバーからなることが多く，役割分担や階層化がみられるという特徴がある。メンバーは，外見的に似たような行動をとることで一体感を得て，排他性・閉鎖性が強い。集団内のルールは明確で，それに従うことがグループから求められる。ギャンググループは，この時期の子どもたちの多くが所属する仲間集団であり，集団活動を通して社会的スキルを身につけると考えられている。

　しかし，近年，子どもを取り巻く環境の変化からギャンググループが形成されにくくなっているといわれている。その主な原因としては，子どもの放課後の過ごし方にあると考えられる。東京大学社会学研究所・ベネッセ教育総合研究所共同研究の小学校4〜6年生対象の「子どもの生活と学びに関する親子調査　2018」によると，放課後に習い事をしている子どもが多くみられる。79.6％の子どもが習い事に通っており，通っていない子どもは，19.8％であった。約8割近くの子どもが習い事に通っているのであれば，放課後に子どもが集団で遊ぶことは難しく，ギャンググループの形成も困難であるといえる。また，遊び場の減少やゲームの普及などによる遊び方の変化なども影響していると考えられる。

（2）チャムグループの形成

　学童期後期から青年期前期にみられ，同性の仲間との親密な関係性（チャムシップ）をもつことができるかどうかが，子どもの孤独感や自尊感情に影響する(サリヴァン, 1990)。親密的な人間関係は，客観的に自分の性格や自分自身の存在について考えることに繋がっている。

　このグループは，男子より女子によくみられ，メンバーは，行動だけではなく，好きなものが同じであるという内面的に似ていることで一体感を感じる。チャムグループは，同じであることを強く求め，異なる他者を排除しよう傾向がある。

具体的には，異なる他者に向けて悪口をいう，仲間外れにするというような強い排他的な行動がみられる。

児童期の集団形成における仲間関係の形成における，ギャンググループやチャムグループは，どちらも排他性があるというネガティブな側面はあるが，この時期，大人の干渉を避け，友だちとの親密な関係を築くことは親からの自立の第一歩とも捉えられ，発達的に重要な経験となる。

2 児童期の集団－仲間関係の役割

児童期に，ギャンググループやチャムクループが形成されることは，子どもの社会性や人格の発達に大きな意義がある。

まず，ギャンググループは，仲間同士でルールをつくり，それに従わなければならない。つまり同一行動が求められる。そこでは，自己中心的な行動は認められず，協同することが求められる。自分の思いを捨ててまで，皆で決めた規則を守り，皆で目標に向かって力を合わせるのである。その過程では，自分のことが優先されるのではなく，目標達成のためにグループが優先される。その様な活動を通して，他者の権利を認めたり，自分の責任や義務を集団の一員として果たすことを経験していく。つまり，子どもたちは，ギャンググループという社会で，社会化が促される。

チャムグループは，親密な友だちの共感的な理解や評価に支えられ，自分の気づいていなかった新たな面を発見するというような，人格的発達に影響している。

しかし，(1)で述べたように，近年，子どもを取り巻く環境の変化からギャンググループが形成されにくくなっている。

子どもたちは，同年齢の仲間関係の中でもまれることで，ぶつかったり，調整し合ったりするなかで，どれくらいの行動だったら仲間から許容されるのか，されないのかということを把握する能力を身につけていくのだが，その力が獲得されにくくなっているということが懸念されている。

習い事などで放課後に友だちと遊ぶことが減少し，子どもたちの人間関係は学校が主な場となっている。子どもたちの直接的な人間関係の場が学校に限られるとすると，自由に遊んだりする時間は短く，人間関係を深めることは難しい。

東京都の2020年「家庭における青少年の携帯電話・スマートフォンなどの利用に関する調査」によると，小学生の高学年でスマートフォンの所有は，34.6％となっている。また，LINE®の利用は，40％となっており，子どもたちの人間関係に深い関わりをもつコミュニケーションの仕方も変化してきている。

中高生にとってのスマートフォンが友だち関係を維持するために必要になってきていることをみると，この先，児童にもスマートフォンの所有は増加することが推測される。

大人は，この影響が今後，子どもの社会化や人格の発達にどのように影響するのかを注意してみていかなければならない。

SECTION 4　他者理解と心の理論

1　他者理解とは

　「他者を理解する」と，ひと言でいっても，実際には難しい。他者が何を考えているのかは，本人しかわからないからだ。しかし，私たちは，他者が何を考えているのかということを推測しながら，コミュニケーションをとり，他者が置かれている状況や表情，言葉，振る舞いなどのすべての情報をもとに他者の気持ちや意図を推測し，理解しようとする。

　つまり，他者理解とは，他者の心的状態（特に感情や意図）を認識し，推測し，理解する能力のことである。

2　他者理解の発達の過程

　他者理解は，養育者との間の様々なコミュニケーションを基盤として発達していく。

　生後9か月より前の時期は，「自己－他者」，あるいは「自己－対象」である。「自己－他者」は養育者を中心とした身近な人との関わりであり，「自己－対象」は，探索行動でおもちゃなどにはたらきかけるような関わりである。

　その後，9か月を過ぎると，「他者－自己－対象」というような三項関係が成立する。そこには，他者の意図や対象に対する意味づけなどが存在する。例えば，母親が子どもと散歩の途中に犬を見つけ，子どもに「ワンワンいるよ」と犬を指さすと，子どもは，母親の指さす方を見る。母親が「ワンワン，かわいいね」と声をかける，というような場面はよくみられる。ここでは，他者の母親が自分の子どもにワンワンを見せたいという母親の意図，ワンワンは，かわいいという意味づけがみられる。

　また，12か月頃から，指さしでは，子どもが自分の要求を他者に伝えたり，子どもの興味・関心あるものに他者の興味・関心を向けさせようとする意図がみられる。自分の欲しいものを指さすのは，「要求」の指さしであり，絵本を保護者と一緒にみていると，自分の好きなキャラクターを指さし，他者とそれを共有しようとする「叙述」の指さしがある。他者の興味・関心を自分の興味・関心に向けさせる行動がみられるようになるのは，自分とは異なる他者がいて，意図をもった存在であるということを認識し始めるからである。

　1歳半頃から，象徴機能が発達し，見立て遊びをするようになる。その後，誰かになったつもりのごっこ遊びが展開するようになる。ごっこ遊びの中で，誰かになりきることは，他者がどのように考えているのか，どのように感じているのかというような他者の心の動きに気づくことに繋がる活動である。

　以上のように，他者理解は，養育者との関わりを基盤とし認知発達とも相互に影響しながら発達していく。特に，大きく発達するのは，4歳頃にみられる「心の理論」といわれる他者理解の能力である。

3 心の理論

（1） 心の理論とは

　心の理論とは，他者の心の動きを推測たり，他者は自分とは異なる信念をもっていることを理解する知的機能である。

　心の理論が発生しているかどうかを調べる方法として有名なものに，次のようなウィマーとパーナーの誤信念課題がある(Wimmer & Perner　1983)。

> マクシは，お母さんの買い物袋を開ける手伝いをし，緑の戸棚にチョコレートを入れた後，遊びに行きました。マクシのいない間に，お母さんは，戸棚からチョコレートを取り出し，ケーキをつくるために少し使い，その後，それを緑ではなく，青の戸棚にしまいました。お母さんは，卵を買うために出かけました。しばらくして，マクシはお腹をすかせて遊びから帰ってきました。

　この話を子どもに聞かせた後，「マクシはどこにチョコレートがあると思っていますか」と質問をする。子どもが正しく緑の戸棚を選ぶと，マクシの誤った信念を正しく推測できたことになる。この課題に対して3歳児は，ほとんど正しく回答できなかったが，4〜7歳にかけて正答率が上昇し，心の理論の発生の時期は，4歳頃からであることが明らかにされた。

　＊実際に保育の場面では，4歳未満の子どもでも泣いている友だちがいれば大人がするように頭を撫でたりして慰めようとしたりする様子がみられるが，他者の心的状況を理解し共感するためには心の理論の獲得を待たなければならない。

（2） 心の理論の発達を支える保育者の関わり

　心の理論は，幼児期の発達にとって重要な発達課題であることは明らかである。心の理論が発生する以前の子どもには，他の子どもを叩いた際に，「○○ちゃん（叩かれた子ども）の気持ちになって考えてごらん」と諭しても，自分が被害を受けてなければ，痛くも悲しくもなく，そのような説論は，子どもの心に届かない。このような場合には，こころの理論の発生を促すために，「もし，△△ちゃんが叩かれたらどう思う？」というように自分ごととして，考えられるような関わりが必要である。つまり，子どもが他者の意図や欲求，感情に気づくようになるために，保育者は，子どもの心的状態を共感的に言葉で表現し，子どもの関わりを意味づけするなかで，子ども同士が気持ちを共有できるように関わっていくことが大切である。

　また，心の理論の発達は，言語能力の発達を前提としているので，子どもの言語能力そのものを促すことも重要であるが，多様な人間関係のあり方を伝えることも大事である(子安　2016)。具体的には，絵本の読み聞かせで，子どもの反応に合わせて，言葉を強調したり，繰り返したり，感情や思考の推測を促すように「面白いね」，「こわいね」，「どうなるかな」などの言葉を交えて読み聞かせをすることである。もちろん子ども同士が遊びを通して，直接多様な人間関係を経験することが最も重要であるが，絵本などの物語を通して，他者の心情への気づきを促すことも心の理論の発達を促すことになる。

SECTION 5　向社会的行動と道徳性の発達

1　向社会的行動とは

　向社会的行動とは，他者に何らかの利益をもたらす行動を指す(Eisenberg & Fabes　1998)。具体的には，分配，援助，なぐさめ，協力，世話といった様々な行動である。

　向社会的行動の発達は，自他の区別がない乳児が，他の乳児の泣きにつられて泣く「情動伝染」から始まる。

　1歳前後の子どもは，誰かが泣いているときに頭を撫でる。ここでは，まだ自他の感情の区別はないが，自分が苦痛を感じたときにされたように慰める行動である。

　2歳前後になると，自他の感情の区別がつくようになり，困って泣いている子どものところに，保育者を連れて行くようなことがみられる。泣いている子どもを助けたい，慰めたいが，どうしていいかわからず自分も困っているので，保育者を連れて行ったという状況である。これは，自分の困り感からくる自己中心的な援助である。

　3歳を過ぎて，徐々に他者の視点に立てる(役割取得能力)ようになると，他者理解も発達し，他者の苦痛に共感反応を示すようになる。例えば，泣いている子どもの状況を把握し，「○○だから悲しんだよね」と，悲しい理由を言葉にすることで，「悲しいあなたを十分理解しているよ」ということを表現することもある。これは，相手の立場に立って悲しみを理解し共感しているのである。しかし，このような行動は，仲のよい友だちに対して多くみられる。その後，児童期では，困っている他者に対してより意識が向くようになり，向社会的行動がみられるようになる。

2　道徳性の発達

episode　12-3　4歳児クラス10月

　Mが床に座ってブロックで遊んでいると，NがMに気づかずぶつかった。Mは怒って，「痛い」といいながらNを押した。Nが黙っていると，Mは「ぶつかった，痛い，許さない」という。Nは「わざとじゃないもん」といい，2人で言い争っている。そこに保育者がきて，「わざとじゃないのに，許さないっていうのは，ないんじゃない。あたったよっていって，謝ってもらったら」とMにいうと，「あたったよ。謝って」とNにいう。Nは「ごめんね」といい，Mは「いいよ」といった。

＊　　　＊　　　＊　　　＊　　　＊

　4歳児は，episode 12-3にもみられるように，人に痛い思いをさせたら謝るというような，人と人の関係の基準をもつようになる。しかし，その基準は，ぶつかったからわるいというような，画一的な基準である。したがって，保育者は，わざとじゃなないから許してあげる，ぶつかったことだけ謝ってほしいというような多様な価値観に基づいた解決方法があることを示すことで，子ども同士が互いに納得できるように促した。

　このように，子どもは，集団生活を通して多様な価値観に触れることで，複雑な人間関係のルールなどを理解していく。ここでは，道徳的なふるまい(向社会的行動)がどのように判断されて起こるのかということを考えていく。

（1）　道徳性とは

　episode 12-3でみられるように，子どもは，人との関係などを含む社会生活における規範は単純に善い‐わるいというような規範だけではないということを，多様な価値観や文脈の中で規範をとらえるような経験を繰り返すことで，子どもなりに善悪の枠組みをつくっていく。このことを通して，私たちは人として善い行い，わるい行いの共通する基準を獲得していく。そして，社会一般に通じる規則や慣習を守りながら生活する。道徳性とは，それらの規則や慣習，善悪を含む道徳的価値を尊重する意識のことである（鈴木　2019）。

（2）　道徳的判断の発達

　道徳性の認知的側面を重視し，道徳判断を生み出す認知構造と発達段階を提案したのがピアジェ（Piaget, J.）である。ピアジェ（1954）は，子どもにとって規則は，大人によってつくられ変更できないという外在的なものという認識から，仲間同士の同意があれば変更可能な内在的な認識に変化することを明らかにした。また，子どもが，自分の考えがよいのかわるいのかを表面的で他者から与えられた判断するのではなく，意図や動機に着目して判断できるかどうかを以下のような2種類の話を5歳から13歳の子どもたちに聞かせて2人の主人公のどちらがわるいかその理由を質問した。

①　ジャンは扉の向こうに側にある椅子の上にコップが置かれていることを知らずに扉を開けて，15個のコップをすべて割ってしまった。

②　アンリは戸棚からジャムを取ろうとして，そばにあったコップを一つ割ってしまった。

　その結果，年齢の低い子どもは，「コップをたくさん割った方がわるい」という結果重視が多いが，年齢が上がるにつれて「勝手にジャムをとろうとした方がわるい」という動機重視の方が多くみられた。年齢の低い子どもにとって規則は，外在化されたものであるから，コップを壊したという規則違反の結果が，物質的に客観的に大きい方がわるいとなる。一方で規則が内在化された子どもにとっては，本当は勝手に戸棚を開けてジャムを取ることはわるいことなので，動機が規則違反であると判断できる。

　以上のことからも，道徳的判断の発達は，判断の基準が大人にある他律から，自らが考えて判断する自律へと変化する。

12章　〈参考文献〉

　岩田恵子：「模倣の発達の観点からみる仲間関係の形成」青山社会情報研究第2号（2010）

　岩立京子：「領域　人間関係」萌文書林（2007）

　Eisenberg, N. &Fabes, R. : Personal development Handbook of child psychology Vol3

　子安増生他編：「心の理論　第2世代の研究へ」新曜社（2016）

　サリヴァン，H. S 中井久夫訳：「精神医学は対人関係論である」みすず書房（1990）

　鈴木亜由美：「あなたと生きる発達心理学」ナカニシヤ出版（2019）

　Howes, C. &Spieker, S.: Attachment relationships in the context of multiple caregivers. Handbook of attachment Guilford Press（2015）

　ピアジェ.J 大伴茂訳：「児童道徳判断の発達」同文書院（1954）

13章　学びの評価

目標：日々の保育を振り返り，子どもを深く理解し，改善・充実をしようとする循環的なプロセスは保育の
質の向上につながる重要なものである。
　　　ここでは保育における評価の意義を理解し，保育をよりよいものに改善するための手がかりを考え
ることを目的とする。

SECTION 1　保育における評価の意義

1　なぜ評価は必要なのか

 episode　13-1　3歳9か月M（3歳児クラス4月）

　この4月から保育所に入園したMは，泣きながら登園してくる日も多く，母親と別れ難い日が
続いていた。好きな遊びの時間に園庭に出ると不安そうに保育者の手をぎゅっと握る毎日だった。
保育者はMのぎゅっと握る手の強さから「側にいてほしい」というメッセージを感じていた。保育
者はMが安心して過ごすことを第一に考え，気持ちを丁寧に受け止めてきた。5月中旬頃には，保
育者の手を求めることが次第に減り，友だちとの関わりの場面も増えてきた。

　7月中旬，プール遊びの日。遅番の保育者は「Mは，自分を待っているかもしれない」と足早に保
育室に向かうと，みなプールに入った後だった。誰もいない保育室からふとプールの方を見ると，
大きな声を出して友だちと水をかけ合うMの姿が目に入ってきた。「あんなに開放的な笑顔で遊ぶ
ようになったのか」とMの新たな一面に気づいたと同時に，この数か月で多様な気持ちをためらい
なく表現するようになったMの変化に改めて気づいた。Mが自分の手から離れて遊ばない時期を
「このままでよいのだろうか」，「いつまでもべったりの関係になってしまうのでないか」と焦り，悩
むこともあったが，Mの表情を見て，園生活で安心して自分を表現できるようになったのだと感じ，
安堵の気持ちを抱いた。

＊　　　　＊　　　　＊　　　　＊　　　　＊

（1）　振り返りの意義

①　日々の保育の中での評価

　評価というと，どこか堅苦しいイメージがないだろうか。保育に評価というイメージ
は結びつきにくいかもしれないが，評価は保育の中で日常的に行われるものでもある。

　episode 13-1のように，何気ない保育の一場面から子どもの変化や育ちを感じること
がある。実践の最中には目の前のことに一生懸命でみえてこないことも，一歩距離を置
いて保育を振り返ることで気づきを得ることができる。保育者はそれまでのMとの関
わりの経験から，自分の不在時に「Mは，自分を待っているだろう」と考えていたものの，
そこには開放的な表情で友だちと水遊びを楽しむMの姿があった。なぜそのような姿
がみられたのだろうか。それは，それまでの保育者の丁寧な関わりの積み重ねから，安
心感がMの心に構築されていたからこその姿なのではないだろうか。「このままでよい

のだろうか」,「いつまでもべったりの関係になってしまうのでないか」といった保育者の焦りや悩みは, Mの開放的な表情を見たことにより,「安心感がしっかりとMの中に培われていたのだ」と自らの関わりの意味を改めて感じることにつながったのではないだろうか。目に見えない育ちや関わりの意味が意識化されることで, 保育において大切にしていることや課題が明確になり, 翌日からの保育で何を大切にすべきかが見えてくる。

このような日常の中で保育を振り返るプロセスは, 評価の一部と捉えられるものである。子どもの理解を積み重ね, 自らの実践の意味を捉え直すことが, 保育の改善や充実へとつながっていく。

（2）循環的なプロセス

保育における評価は良し悪しを判定することが目的ではない。評価のプロセスを通し, 子どもの理解を深めることにより, 自らの実践を振り返り, 子どもにとっての最善は何か, 子どもにとってふさわしい経験は何か, 一人ひとりへの配慮は何が必要かを考えるためのものである。

評価のプロセスの要となるのは, 子どもの理解である。子どもの理解にあたっては, まずは子どもの実態を捉えることになる。その際には記録が重要な役割を果たす。記録を通して子どもの表情や言動などから, その背後にある子どもの思いや子どもが体験したことの意味, 成長の姿などを多面的に読みとることになる。そのうえで計画と照らし合わせ, ねらいは適切であったか, 一人ひとりへの援助や環境構成は適切であったかを振り返り, 改善すべきことや充実を図っていきたいことを見いだしていく(**評価：Check**)。そうした中で今後の保育において目指す方向性と, それに向けた取組の具体的な目標や手立てが明らかになっていく(**Action：改善**)。改善の方針や目標を踏まえ次の計画を立案し(**Plan：計画**), 計画に基づいて実践を展開していく(**Do：実践**)(図13-1)。こうした循環的なプロセスを絶えず繰り返していくことにより, 日々の保育は連続性をもって展開され, 保育の質の向上へとつながっていく。一つひとつのプロセスは切り離されたものではなく, つながっていくものであることを理解しておきたい。

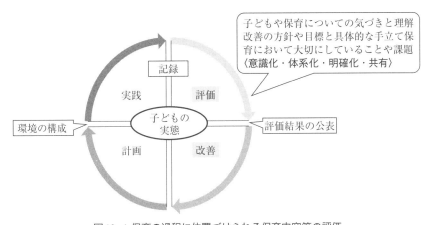

図13-1 保育の過程に位置づけられる保育内容等の評価
出典：厚生労働省(2020)保育所における自己評価ガイドライン(2020年改定版)

SECTION 2　子どもの理解に基づく評価

■1　保育における子どもの理解

> 🐰 **episode**　13-2　3歳児7か月M（3歳児クラス8月）
>
> 　3歳児クラス担任の保育者は，最近Mが友だちとのトラブルが続いていることに頭を悩ませていた。Mは思いが通らないことがあると，衝動的に手が出てしまうため，保育者は「これ以上，Mが友だちに怪我をさせてはいけない」と思い，Mの一挙一動から目を離さないようにし，Mのとっさの行動を制止できるようにしていた。保育者は毎日緊張感が抜けずにいた。
>
> 　最近は，他児もMに「やめて」，「さわらないで」と否定的な言葉を発することが多くなり，その言葉にMはカッとして友だちを押したり，叩いたりという行動が目立っていた。その度に保育者は「叩くのはよいことなの？」「ごめんねしないとダメだよね」と伝えるが，Mは何もいわず下を向くばかりだった。Mがトラブルを起こすたび，保育者は頭を悩ませていた。
>
> 　ある日，主任保育者が3歳児クラスに入ったときのこと。Mはいつにない笑顔で主任保育者の手を引っ張り，虫を見つけては主任保育者に見せ，虫探しに熱中する姿があった。
>
> 　休憩時間に保育者と主任保育者が顔を合わせると，「M，優しいのよね」と主任保育者がうれしそうに話し始めた。「やっとつかまえたツクツクボウシ，隣にいた2歳児のNが欲しいよって泣き出しちゃって。そうしたら，Mがいいよって Nに渡してくれたの。本当にいいの？と聞いたらうなずいて。M，優しいね，ありがとうって伝えたら，すごく照れくさそうな表情をして。思わずギュッて抱きしめたくなっちゃったわ」。保育者はMにそんな一面があったのかと思い，ハッとした。「自分はMを「乱暴な子」という目でみてしまい，Mの良さに目を向けることができていなかったのではないか」と。

＊　　＊　　＊　　＊　　＊

（1）　評価のプロセスの起点となる子どもの理解

　評価のプロセスにおいては，保育者が一人ひとりの子どもの理解を深めることが起点となる。それには，乳幼児期の発達の道筋や特性の理解が前提となる。保育者は発達の理解を踏まえたうえで，子どもとの関わりを通して，一人ひとりの子どもが今，何に興味をもっているのか，何を実現しようとしているのか，何を感じているのか，内面に着目して子どもの現在の姿を捉える。そのうえで，今，伸びようとしていることは何であるのか，そのために必要な環境は何かを考えていくことになる。つまり，一人ひとりの子どもを丁寧に理解することが，より適切な環境の構成や保育者の援助へとつながっていくのである。

（2）　子どもの理解に当たって意識したいこと

　episode 13-2を図13-2と照らし合わせながら考えてみたい。

　保育者はMが「友だちに手を出してしまう子」ととらえ，その行動を止めなければならないという思いから，Mの一挙一動を「手が出るかもしれない」という予測のもと，無意識のうちにMの行動を否定的な目で捉えていたのではないだろうか。保育者が子どもをどのように捉えているのかということは，自ずと子どもたちにも伝わるものである。他児もまた，Mを「友だちに手を出してしまう子」という目でみるようになっていた

のではないだろうか。保育者自身の関わり方は子どもにとってどのように感じられているのかということは意識しておきたいことである＜関係の中での理解＞。また，固定的な枠組みに照らして子どもを捉えようとすることは，一人ひとりの様々な思いや育ちの可能性を見逃してしまうことにつながる恐れがある。「乱暴な子」という捉え方がMの肯定的な側面をみえにくくしていたことも考えられる＜自分自身の枠組みや視点の自覚＞。

　自分に対しての保育者の否定的な視線を感じる中では，子どもは心を開こうとは思えないだろう。こうしたことに陥らないためにも，子どもの理解においては多面的な理解が欠かせない。主任保育者がMの姿を語る中，保育者は自分が気づいていなかったMの一面に気づいたのであろう＜多面的な理解＞。

　Mは自分のことを肯定的に受け止めてくれる主任保育者の前だからこそ，安定した気持ちで遊びに夢中になり，充実した時間があったことで，他児に穏やかさや優しい一面を見せていたとも考えられる。

自分自身の 枠組みや視点の自覚	・自分の決めつけや思い込みをもとに，子どもを見ていないか ・活動の内容や出来不出来といった結果のみに目を向けていないか ・一定の基準や子ども同士の比較から，一人一人の子どもの違いを優劣として捉えていないか
関係の中での理解	・自分は，どのような思いや願いをもって子どもに関わっているか ・自分の関わり方や保育中の状況は，子どもにとってどのように感じられているか
多面的な理解	・他の保育士等や保護者から聞く子どもの様子や子どもの話したこと等からは，子どものような一面がうかがわれるか ・異なる場面での姿を比べてみることによって，子どもの特徴や育ち，思い等について，どのようなことが見えてくるか

注〕この表の表記は，原文に基づいている。例えば〔一人一人〕〔見えてくる〕など。

図13-2　子どもの理解に当たって意識したいこと

出典：厚生労働省(2020)保育所における自己評価ガイドライン(2020年改訂版)

（3）　子どもの内面に沿おうとすること

　episode 13-2のように，日々の実践の中では，その場をどのように収めようかということに頭がいっぱいになることも多いだろう。「手が出てしまった」という物事の結果のみに目を向けると，「よくないことをしたことを自覚してもらわないと」，「ごめんなさいを友だちにいわないと」と表面的な行動を変えることばかりに目を向けがちになる。しかし，子どもの行動には必ず理由がある。そしてその行動に至るまでの心の動きがある。適切な援助は，そのプロセスにある子どもの心の揺れや葛藤を丁寧に感じとろうとすることなしにはみえてこない。保育者の仕事は，その場をうまく収めることではなく，子どもの内面に育ちつつあることを支えることである。生活を共にしながら，一人ひとりの思いや育とうとしている姿を動的に捉え，子どもの内面に沿っていこうとする姿勢をもつことで，「一人ひとりにとってふさわしい経験」がみえてくるはずである。

SECTION 3　保育における記録とは

1　記録の意義と役割

episode　13-3　4歳5か月M（4歳児クラス6月）

　　実習生のSさん。今日は4歳児25名のクラスで制作の責任実習を予定している。制作を始める時間が近づき，Sさんは好きな遊びをしている子どもたちに「そろそろお片付けしましょう」と伝えた。Sさんの声を聞き，子どもたちは片づけ始めたが，何人かの子どもたちは積み木の塔づくりに夢中になっている。片づけを終えた子どもたちは徐々に席につき始めた。Sさんは子どもたちが全員席についてから制作の説明をする計画でいたため，遊び続ける子どもたちの姿に焦り始めた。バランスをとりながら，塔のてっぺんに積み木を載せていたMに，「もうお片付けの時間だよ。早く席につかないとみんなが困っちゃうよ」と伝えた途端，積み木の塔が音を立てて崩れ落ちた。

　　Mは悔しそうな表情で「うるさいんだよ，あともう少しだったのに」とSさんにいい放ち，部屋から出ていってしまった。

　　その後，Sさんが制作活動を進める中，担任保育者はMの気持ちが落ち着くよう，廊下でゆっくり話を聞いていた。

　　Sさんは，部屋を出ていったMの表情が頭から離れず，終始複雑な思いでいた。

　　一日の実習が終わり，Sさんは実習日誌を書きながらMの姿と，自分自身の関わりを思い浮かべた。「Mは朝から何度も試行錯誤しながら，積み木を積み上げていたのだった」「指導案通りに進めようと思うあまり，Mの思いを感じとろうとせず，行動を変えることばかりに意識が向いてしまっていたのでは」「あともう少し待つことができれば，Mは達成感を味わうことができていたのでは」「クラス全体と同時に一人ひとりを尊重するには，どのような配慮が必要だったのだろうか」と，様々なことが頭を巡った。

*　　　　*　　　　*　　　　*　　　　*

（1）　記録を通した省察の意義

　　記録という行為を通して子どもの姿や自らの関わりを言語化することは，実践の最中には気づかなかった子どもや保育者自身の心の動きを改めて考え，意識化することにつながる。実践の場で起こったことを記述する際には，行動や言葉だけでなく表情や視線，その場の雰囲気などを思い起こしながら，子どもは何を感じていたのか，そこでの経験は子どもにとってどのような意味があったのか省察することになる。そのうえで，そこでの自らの関わりや配慮を「子どもにとってどうだったのか」という視座から捉えていく。episode 13-3のSさんは，日誌を書く中で責任実習を計画通りに進めたいという思いの強さから，Mが朝から粘り強く塔を積み上げようとしていた姿に目を向けられていなかったことに気づいたのだろう。このように子どもの心の動きに気づくこと，そして自らの援助や配慮，環境構成は適切であったのか，みつめ直すために記録は重要な役割を果たすものである。

　　一日の保育を振り返る中で，はっきりと思い出せないことや，なぜ子どもがそのような行動をしたのか理解できないこともあるだろう。「観察が不十分であった」，「子どもの気持ちに寄り添うことができていなかった」というような思いが生じることにより，翌日の観察の視点が明確になることや，子どもの側に立って考えてみようとすることに

つながっていく。日々の記録を通しての振り返りの積み重ねは，子どもを見る目をより確かなものとするものであり，次の実践への糸口を見出す契機となっていく。保育をよりよくするためのもの，子どもをより理解するためのものとして，記録することを前向きにとらえていきたい。

（2） 多様な読み手を想定する

記録は自らの保育を振り返ると共に，他者と子どもの姿を共有する役割もある。実習生であれば，担当保育者や主任保育者や園長などが記録の読み手となることが想定される。多様な読み手を想定し，誰が読んでもその場で起こっていた出来事や子どもの心の動きがわかるように記録することが重要である。

保育現場では，記録は同僚の保育者と子どもの姿を共有すると共に，連絡帳やドキュメンテーションなどの手段を通して保護者に保育を伝える機会ともなる。記録を通して，保育者が子どもを深く肯定的に捉える視点を示すことは，保護者が子どもの理解を深めることにもつながることである。保護者との対話を生み出すような記録とすることで，相互理解が深まるきっかけともなる。そのためにも，他者に伝わる記録を意識することも重要である。

2 保育における様々な記録
（1） 記録の種類

記録には，日々の記録，一定期間の記録がある。一定期間の記録は，日々の記録の積み重ねを踏まえ，一定期間にみられた子どもの姿の変容や一人ひとりの個性やよさを捉えていく。日々の記録，一定期間の記録における子どもの理解は，評価の材料となるものである。

① 保育日誌

一日の保育についてまとめる保育日誌は，多くの園で業務の一環として行われているものである。

保育日誌には，クラス全体の一日の展開をまとめるものが主であるが，一人ひとりへの配慮が必要な0歳児や，要配慮児に関しては個別の記録を用いることが多い。

② 経過記録

個々の子どもの育ちの経過などを記録するものである。入園から卒園までの姿を一定の期間ごとに記録することで，継時的に育ちの姿を理解することができ，進級などによる担任交代時の情報共有には欠かせないものである。日々の記録を活用して子どもの姿を振り返り，その子どもらしさや可能性を捉え，その育ちの経過を振り返ることは，援助や環境構成などが適切であったかを評価することにつながるものである。

幼稚園・認定こども園では指導要録の「指導に関する記録」を各年度末に記入することで，一年の育ちを振り返ることになる。

③ 　指導要録＜幼稚園幼児指導要録・認定こども園園児指導要録＞・保育要録＜保育所児童保育要録＞

　　就学先となる小学校へ送付する子どもの育ちを支える資料である。一人ひとりの子どもが育ってきた過程を振り返り，保育における援助の視点や配慮を踏まえ，その育ちの姿を的確に記録することが必要となる。一人ひとりの子どものよさや全体像が伝わるよう工夫して記し，小学校へ子どもの可能性を受け渡すものであると認識することも大切である。

（2）　記録の形式・方法

　　最近では様々な記録の形式や方法を活用する例が増えている。どのような形式や方法の記録を用いるかを目的によって選んだり，組み合わせて活用することで効果的な評価につながることが期待される。

① 　文章化や図式化による記録

● エピソード記述　保育の中のある一場面や出来事について，その背景やそれに対する考察などを含めて描き出す記録方法である。客観的な観察とは異なり，子どもとの接点で起こっていることを実践者自らのからだを通して感じとることに重きを置いて記述する。エピソード記述は子どもと実践者との接点で起こっている目に見えない心の動きを描くことを含み，実践の接面で得られた意識体験を描くものであることから，誰が書いても一緒になる従来の記録とは異なるものである(鯨岡　2007)。

　　園内研修などでの事例検討でエピソード記述を用いることも多く，実習で取り入れることも増えている。

● 保育マップ型記録　保育環境図（マップ）に遊びの様子を書き込み，空間的・時間的に共存している遊びの展開を記すものである。だれが，どこで，だれと，どのような遊びをしていたのかをマップ（保育環境図）の中に記録することで，同時多発的に起こる遊びを記録できることが特徴である。

　　遊びの志向性を空間的に捉え，子どもの遊びや経験の意味を読みとることで，次の援助を検討することができるものである(河邊　2016)。

● ウェブ（くもの巣）型記録　子どもの経験や活動の内容，つながりを図式化したものである。遊びや活動間のつながりが目に見えるように図式化することで，取組の過程の中でみられた関連する活動などの様子のつながりを把握することに適している。

② 　写真等を活用した記録

　　子どもの育ちを可視化できるよう，写真や動画を用いた記録が活用されるようになっている。子どもの表情や活動への取組の姿を具体的に記録できるため，保育者や保護者との多様な視点からの振り返りの可能性を広げることが期待される。

● ポートフォリオ　ポートフォリオは，一人ひとりの子どもの学び・育ちの歩みを文章による記述・写真・スケッチ・図表などに表し，ファイルなどに綴じるものである。

　　保育者が子ども一人ひとりの育ちを記述・評価したポートフォリオを子どもの目の高さに掲示することで，子ども自身が自分の体験を振り返ることや，担任以外の保育者，

子ども，保護者や保育関係者に子どもの育ちが理解・共有することもできる(森 2016)。

●ドキュメンテーション　イタリアのレッジョ・エミリア市では，子どもたちと実践した取組を，ビデオや録音，写真，ノートなど様々な方法を用いて記録し，その記録をもとにパネルや映像記録を作成する。ドキュメンテーションは，「子どもたちと実践した取組について記録を生成し，収集する活動」とされる。子ども個人や集団の学びの道すじを，記録によって可視化することで保育者，子ども，保護者など多くの人が共有し，話し合い，共に探求できるようになる。その中で子どもの学びが再解釈され，練り直されて，より豊かなものになっていくと考えられている。学びの状況の中に埋もれている意味や価値を見いだされることによって，子どもたちは自分たちの価値を認識できるようになる(秋田・松本 2021)。日本では，大豆生田(2020)が日本の現状に合わせた写真つきの記録を「日本版保育ドキュメンテーション」として，日本の保育現場で活用しやすい形で紹介をしている。

Column　保育者の業務負担軽減と記録のICT化

　将来保育者を目指して勉強している学生の中には，「保育の仕事はブラックと聞くけど，大丈夫なのか」と不安を感じている方もいるのではないだろうか。東京都保育士実態調査報告書(令和元年5月公表)では，「過去に保育士として就業した者が退職した理由」として，仕事量の多さをあげたものは27.7％であった(東京都，2019)。仕事量の多さが離職理由の一つになっていることは看過すべきことではないだろう。こうした現状を打破するために，保育分野では保育者が保育に注力できる環境を構築する視点からの業務改善の取組が進んでいる(厚生労働省，2021)。その取組の一つがICTの活用である。ICTを活用することで，保護者との情報共有や職員間の情報共有が円滑になることが期待され，業務負担を軽減することが可能となる。ICTの活用により，保護者への緊急連絡等の情報共有が手早くできることは，保護者にとっても保育者にとっても有益なことであろう。また，保育中の子どもの姿を画像等を活用して記録することは業務負担の軽減とともに，保護者に保育実践をわかりやすく伝える手段としても効果的なものとなることが期待される。これから保育現場では，ICTの活用が身近なものとなっていくだろう。業務負担が軽減されることにより，子どもと向き合う時間が保障されることは喜ばしいことである。

　しかしながら，業務負担が軽減されても，保育の中で大切にすべきものは失われてはならない。例えば，保育における記録の負担軽減は多く指摘されているところであり，見直しや工夫が求められる部分である。しかし，手間を省くことだけを考え，記録の意義が失われてしまってはならない。記録は保育実践を言語化し，そこでの子どもが見つめていることや感じていることを理解することがその意義の一つである。何気ない一場面を収めた画像であっても，子どものまなざしの先には何があり，何を感じているのか，何を経験しようとしているのかを共に感じ，記録を通して言語化する中で日々の子どもの気持ちを深く見つめていくことを重ねていくことにより「子どもにとってどうか」という保育の質に直結する視点が磨かれていくはずである。従来の方法にとらわれない形での記録が今後発展していくことが予想されるが，子どもの姿に内在する意味を見つめることを常に忘れずにいたい。

SECTION 4　保育における評価の種類と方法

1　保育に関わる評価の種類

　保育に関わる評価は大きく分けて「自己評価」,「関係者評価」,「第三者評価」に分類される。

　こうした評価に関連する取組が互いに関連をもち,重なり合いながら進められることにより,評価の視点は,より豊かなものとなることが期待される。

①　自己評価

　保育者個人が自らの保育を振り返って行う自己評価と,それを踏まえ組織全体が共通理解をもって取り組む自己評価とがある*。

　＊保育所保育指針では,「保育者等の自己評価」,「保育所の自己評価」として記載されている。

②　関係者評価

　幼稚園等では「学校関係者評価」という仕組みがある。これは保護者や地域住民などにより構成された委員会等が幼稚園の観察や意見交換等を通じて,園による自己評価の結果について評価することを基本として行うものである。保育所では,保護者会などの委員が評価に関与することが関係者評価として考えられる。

③　第三者評価

　直接の利害関係をもたない外部の専門家を中心とした評価者により実施されるものである。第三者が客観的に評価することで,専門的な分析や助言を得ることができ,園のよさや課題を見いだす糸口となる。

2　保育における自己評価の方法

　保育における評価は自己評価が基本となる。様々な方法の特徴を踏まえ,園の実態に応じ組み合わせて活用することで評価の有効性が高まることが期待される。

（1）　評価スケールやチェックリストを用いた評価

①　様々な評価スケールやチェックリスト

　保育の質,および子どもの発達に関する評価スケールは各国で様々に開発され,使用されてきている。イギリスの ECERS と ITERS は,日本語にも翻訳されている保育環境評価スケールで,国際的に広く用いられている (Harms, Clifford & Cryer., (2016)) ; Harms, Cryer, Clifford & Yazejian, (2018))。イギリスの SSTEW は,乳幼児期の「ともに考え,深め続けること」と「情緒的な安定・安心」を捉えるスケールであり,日本語版が出版されている (Siraj, Kingston & Melhuish, (2016))。

　日本では,自治体独自でチェックリストを作成している場合や(足立区『保育実践振り返りシート』,世田谷区『世田谷区保育の質ガイドライン』,流山市『流山市保育の質ガイドライン』など),出版されているチェックリストもある (民秋 2019)。また,園独自にチェックリストを作成している場合もある。園独自の項目を設定する際には,自園の

理念や方針，地域の実情に即して，評価の観点を設定することで，より実効的な評価となることが期待される。

② 既存の評価スケールやチェックリストを用いる際に留意したいこと

　既存の評価スケールやチェックリストを用いた評価は，保育の実施状況や目標の達成状況などを段階や数値で示すものである。保育に関わる多様な項目設定がされているため，全般的な現状や課題を客観的に把握しやすい。また継続的に評価に取り組むことで，以前の結果と比較して，改善の度合いを評価することもできる。しかし，項目にチェックを入れることで終わってしまうと表面的・形式的な評価となりがちである。「保育の質の確保・向上」といった評価の目的を明確にもち，取り組むことが大切である。

　こうしたスケールやチェックリストは，項目そのものが質の高い保育に関する基本的な考え方を反映したものである。例えば『子どものよさを積極的にみつけ，ほめたり励ましたりしている』という項目を評価する際には，「自分は子どものよさに気づくことができているか」と日々の実践を振り返ることになるだろう。「つい指示ばかりになっていて，子どものよさを認めていなかった」と評価したのであれば，子どものよさに気づくよう意識を高めるようになるだろう。さらに，「子どものよさに目を向ける余裕がない」のであれば時間の環境や，保育の方法，保育者間の連携を再考する必要があるだろう。一つひとつの項目を自らの実践に照らし合わせ，評価に至る背景や要因を考えることにより，具体的な改善の方策がみえてくるだろう。

　評価の際には，個々が評価をして終わるのではなく，評価の結果を担任間，さらには園全体で共有し，園のよさは何か，課題となることは何かを考えることも重要なことである。保育における課題は保育者個人では改善が難しいことも多い。そのため園全体で取り組む必要があることを協議するなどし，改善へとつながるよう意識して評価結果を活用するにしたい。

（2）文章化・対話を通した自己評価

① 職員間の対話を通した自己評価

　職員間で子どもや保育について対話をすることも自己評価につながるものとして捉えられる。対話は職員会議や園内研修などフォーマルな場でなされるものもあれば，休憩時間や保育の合間に子どもの姿を語り合うといったインフォーマルなものもある。様々な対話の機会を通し，他の職員の保育観や子どもの育ちや内面の読みとり方などに触れることは，自分自身の枠組みや視点を自覚することや，多面的な子どもの理解を深めることにつながる。

② 保護者との対話を通した自己評価

　子どもは保育の場と家庭とでは異なる一面をみせることもある。保護者と子どもの姿を共有する中で子どもの新たな一面に気づくことや，援助の手がかりとなる情報を得ることもある。掲示物や写真など，子どもの姿がより伝わりやすい手段を用いて保育内容を公表していくことで，より豊かな対話が生み出される契機となりやすい。

SECTION 5　学びの評価と連続性

学習評価とのつながり

　　小学校では，児童の学習状況の評価（学習評価）が行われる。学習評価は，その結果を学習指導の改善に生かすこと（いわゆる指導と評価の一体化）を通じて学習指導の在り方を見直したり，個に応じた指導の充実を図ったり，学校における教育活動を組織として改善したりするうえで，重要な役割を担っている。

　　現在，小学校における各教科の学習評価は，一定の集団における児童の相対的な位置づけを評価するいわゆる相対評価ではなく，学習指導要領に示す各教科の目標に照らして，その実現状況を評価する目標に準拠して行われている。具体的には，児童の学習状況を分析的に捉える観点別学習状況の評価と，総括的に捉えた評定を行っている。

①　観点別学習状況の評価

　　観点別学習状況の評価は，児童の学習の実現状況を学習指導要領に示す各教科の目標に照らして，分析的に評価するものであり，2020 年度から全面実施される平成 29 年告示の小学校学習指導要領の下では，「知識・技能」，「思考・判断・表現」，「主体的に学習に取り組む態度」の三つの観点ごとにＡＢＣの三段階で評価を行うこととされている。これらの観点は，指針・要領における育みたい資質・能力「知識及び技能の基礎」，「思考力，判断力，表現力等の基礎」，「学びに向かう力，人間性等」が基礎となるものであることを意識し，保育現場では小学校以降の子どもの発達を見通しながら保育活動を展開することが大切である（図 13-3）。

②　評　定

　　評定は，児童の学習状況を学習指導要領に示す目標に照らして総括的に評価するものだが，小学校低学年については，児童の発達の段階の特性や学習の実態等を考慮して，全ての教科について評定の欄を設けていない。小学校の中・高学年については，全ての教科について 3 段階で評定を行うこととされている。評定は簡潔でわかりやすい情報を提供するものであり，教員同士の情報共有や保護者等への説明のために使用されている。

③　個人内評価

　　目標に準拠した評価と共に個人内評価を工夫することが求められている。個人内評価は，児童のよい点や可能性，進歩の状況などを積極的に評価しようとするものである。個人内評価を行うことにより，児童のよい点をほめたり，更なる改善が望まれる点を指摘したりするなど，発達の段階等に応じて励ましていくことで，児童の学習意欲を高め，その後の学習や発達を促していくことができる。このため，一人ひとりのよい点や可能性，進歩の状況等について評価して児童に伝えることも重要とされている。

　　保育現場と小学校では，評価の方法は異なるが，評価を行う目的は同様の考え方に立つものである。すなわち，保育を振り返りながら，子どもの理解を深め，一人ひとりのよさや可能性などを把握し，保育の改善に生かすことが重要であり，そこに評価の意義があるといえよう。

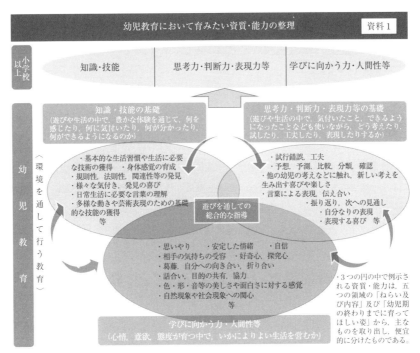

図13-3　幼児教育において育みたい資質・能力の整理

出典：文部科学省(2016)幼児教育部会における審議の取りまとめ

13章　〈参考文献〉

秋田喜代美・松本理寿輝：保育の質を高めるドキュメンテーション，園の物語りの探求，中央法規出版(2021)

大豆生田啓友・おおえだけいこ：「日本版ドキュメンテーションのすすめ」小学館(2020)

河邊貴子：明日の保育の構想につながる記録のあり方～「保育マップ型記録」の有効性～．保育学研究46(2), 109-120.（2008）

鯨岡峻・鯨岡和子：「保育のためのエピソード記述入門」ミネルヴァ書房(2007)

厚生労働省(2021)保育分野の業務負担軽減・業務の再構築のためのガイドライン
　　https://www.mhlw.go.jp/content/000763301.pdf.（2021年10月18日閲覧）

厚生労働省：保育所における自己評価ガイドライン(2020年改訂版)
　　https://www. mhlw. go. jp/content/000609915. pdf.（2021年7月28日閲覧）

Siraj, I., Kingston, D. & Melhuish, E.: Assessing quality in early childhood education and care; Sustained Shared Thinking and Emotional Well-being (SSTEW) scale for 2-5-year-olds provision. London: IOE Press: (2015), 秋田喜代美・淀川裕美訳：2016『「保育プロセスの質」評価スケール：乳幼児期の「ともに考え，深めつづけること」と「情緒的な安定・安心」を捉えるために』(明石書店) (2016)

民秋言：保育者のための自己評価チェックリスト 保育の専門性の向上と園内研修の充実のために，2017(平成29)年告示対応改訂版．萌文書林(2019)

東京都福祉保健局(2019)東京都保育士実態調査報告書
　　https://www.fukushihoken.metro.tokyo.lg.jp/kodomo/shikaku/30hoikushichousa.html.（2021年10月18日閲覧）

Harms, T., Clifford, R. M. & Cryer, D, R. (2014)Early Childhood Environment Rating Scale Third Edition. New York: Teacher College Press.（埋橋玲子訳：『新・保育環境評価スケール① 3歳以上』法律文化社(2016)）

Harms, T., Cryer, D, R., Clifford, R. M., & Yazejian, N. (2017)Infant/Toddler Environment Rating Scale Third Edition. New York: Teacher College Press.（埋橋玲子訳 2018『新・保育環境評価スケール② 0・1・2歳』法律文化社）

森眞理：「ポートフォリオ入門」小学館(2016)

14章　発達や学びに困難を抱える子どもたち

目標：保育の場では，保育者にとっていわゆる「気になる子」に出会うことがある。その「気になる」背景には様々な要因が考えられるが，中には発達障害といった"発達や学びに困難を抱える"子どもたちの存在がある。
　　　本章では，主な発達障害について，事例を通して保育現場での姿を概観しつつ，歴史的・制度的背景もふまえながら理解を深めたい。しかし重要なことは，「気になる」子はあくまで保育現場での大人からの目線であり，発達障害とイコールの関係ではないということである。困難を抱えやすい子どもたちに発達を支援するとは，どういうことかを知り，そのうえで，改めて保育の意義について捉え直したい。

SECTION 1　保育現場での「気になる」子と「発達障害」

■1　「気になる」子ども

 episode　14-1　5歳児クラス7月

　　雨の日，登園後の好きな遊びの時間。皆が室内で遊んでいる中，Mは落ち着かない様子をみせていたが，そのうちにブロック遊びのコーナーに向かい，数個のブロックを手に取った。少し組み立てると手を止めて，同じコーナーで遊んでいたNに向かい，笑顔だが「バンバン！」と撃つ真似をしながら実際にブロックをぶつけ，Nが「いたい！やめて！」といっている。
　　保育者が注意しようと近づいたときには，すでにその場を離れ，保育者が語りかけようと顔を覗き込むものの，視線を合わせず何事もなかったように掲示物を読み始めている。
　　再び，ブロック遊びのコーナーに近づいたMは，Mが"銃"にしていたブロックをFが手に持っている姿が目に入ると，「ダメ！ぼくの！」と掴みかかっている。

＊　＊　＊　＊　＊　＊　＊

　　5歳児クラスといえば年長児の集団である。クラスの中では子ども同士の関わりが増え，遊びの成立の仕方やいざこざ場面における質の変化も生じる時期である。それらを通して，子どもたちは，集団生活におけるルールの意味を理解し他者の気持ちや意図を推測しようとする姿が増えてくる時期でもある。そのような発達段階における集団生活の中で，Mの姿は保育者にとって，様々な場面で「気になる」ことになる。

（1）「気になる」子どもを取り巻くこれまでの流れ

　　「気になる」子という言葉は，現在統一された定義はなく，多くの意味をもつ状態となっている。ここでは，"明らかな発達の遅れはなく医療的な診断も受けていない。しかし，保育者にとって生活，行動，情緒，およびコミュニケーション面など全般を通して何かしらの課題を感じさせられる子ども"として扱う。
　　1974年に「障害児保育事業実施要綱」が制定され，厚生省より保育所に障害児を受け入れるために必要な経費を補助する事業が開始された。これは，療育施設だけでなく障害児の保育の場を保育所にも広げるという画期的な制度となった。しかし同時に，障害

児という認定を受けるに至らない「気になる」子の存在が1990年代から取り上げられるようになり，保育現場では対応に苦慮される実態が次々と明らかになっている。

① 発達障害

　1990年代から「軽度発達障害」という用語が使われ始めた。これは診断名ではないが，広く使われ「注意欠陥／多動性障害（Attention-deficit hyperactivity disorder：ADHD），学習障害（Learning Disability：LD），高機能広汎性発達障害（High Functioning Pervasive Developmental Disorder：HFPDD），軽度精神遅滞の4つの疾患が該当する（厚労省2006）」とされた。

　すなわち，「気になる」子に該当するところの多い状態像が一つのまとまりをもった用語として語られ始めたのである。しかし，実際の状態像として"知的には軽度の遅れであっても，実際的な発達障害を抱える難しさの程度"が軽いわけではない。そのため，現在では「軽度」という言葉は使われていない。

② 児童虐待

　一方では1990年代に入り，児童虐待が社会的に問題化され始めた。1994年には基本的人権が子どもにも保障されるべきことを国際的に定めた「子どもの権利条約」を批准した。これにより，子どもはあらゆる種類の虐待や搾取などを受けないように国から守られることが明言化され，2000年には「児童虐待の防止等に関する法律」（児童虐待防止法）が施行された。

　また近年では，虐待や「マルトリートメント（避けるべき困った子育てであり，WHOの定義では，従来の児童虐待より広範囲な意味で使われている）」による子どもの発達や成長に与える影響が，生理学的にも証明されつつある。

　さらに，発達障害と虐待との関連性が指摘されている。同時に発達障害を抱えていることで虐待を引き起こす"発達障害による育てにくさ"と養育環境において発達障害と似た状態を引き起こす"保護者を含めた養育環境"との関連性についても指摘されている。

（2）「気になる」子どもを取り巻く近年の制度・システム

　「気になる」子は保育現場での言葉であり，子どもの姿は家庭と異なることも見受けられる。しかし家庭においても養育者が「育てにくさ」を抱えることもある。養育者や保育所を取り巻く制度や事業に関して主なものをあげていく。

① 乳幼児健康診査（乳幼児健診）

　乳幼児健診は，身長や体重を測るのみが目的ではなく，子どもの発育や発達の状態について確認し，子どもに合わせた管理や指導を目的とする。健診には，「母子保健法」で義務化されている「1歳6か月児」と「3歳児」を対象とした定期健診と，義務化されていない任意健診の2種類がある。サポートや支援の視点も重要視され，従事する職種は医師・歯科医師，保健師，看護師，助産師，歯科衛生士，管理栄養士，心理職，保育士など多くの職種が関わりをもつ。

　発達障害が疑われる場合，主に心理職が相談を継続しながら各種の支援機関につなげ

ていく。しかしその際，養育者と子どもとの関係性と同時に取り巻く環境にも配慮するため，一律のタイミングや進め方が図られるわけではない。なお，「乳幼児健全発達支援相談事業」が制定された1991年以降，『要経過観察』とされた「児童及びその保護者並びに育児不安をもっている母親等」を対象に，「保育所，乳児院，児童館等の児童福祉施設及び保健所，母子健康センター等」で実施する親子教室が位置づけられている。

② 巡回相談支援

厚生労働省における発達障害者支援施策の一つとして，巡回支援専門員整備事業がある。この事業は発達障害等に関する知識を有する巡回支援専門員が，保育所等の子どもやその親が集まる施設・場を巡回し，施設職員や保護者に対し，障害の早期発見・早期対応のための助言などの支援を行うものとされている。巡回支援専門員整備事業は，任意の市町村事業として設定されており，支援を行うために必要な経費の一部を国，都道府県，市町村より補助するものである。

「巡回支援専門員の特色の一つは，地域における発達障害児（診断のある子ども）への支援だけでなく，保育所・幼稚園・子ども園などの施設で「気になる」子どもたちについても相談することができたり，保護者支援にもつなげたりすることができる点（アスペ・エルデの会）」＊があげられている。

＊アスペ・エルデの会：NPO法人アスペ・エルデの会のアスペは，アスペルガー症候群のアスペと学習障害（LDエルディ）から名づけられた。

③ 保育所等訪問支援事業

保育所等訪問支援事業は，平成24（2012）年の「児童福祉法改正」により新たに創設された事業である。

厚生労働省は，児童発達支援センターに通所する子どもや家族だけに行う「通所支援」だけではなく，地域に住む発達の気になる子どもやその家族，障害のある子どもを受け入れている地域の関係機関をも支援の対象とする「地域支援機能」を付加するように通知した。地域社会への参加・包容（インクルージョン）を推進する重要な事業として位置づけられている。

対象児童は，幼稚園や保育所等，児童が集団生活を営む施設に通う障害児とあるが，内容としては発達障害児のみではなく，その他の気になる児童も含まれる。保護者からの申請を受け，「集団生活への適応度」から支援の必要性が判断され，給付が決定される。

支援内容には訪問支援員が集団生活に加わりながら行う児童への「直接支援」と職員に対する「間接支援」を行う。訪問支援員は，障害児施設で障害児に対する指導経験のある児童指導員・保育士（障害の特性に応じ専門的な支援が必要な場合は，専門職）が担う。

2 発達障害とは

発達障害とは，生まれつき何らかの脳機能の発達や，はたらき方に特性や偏りが想定される障害である。しかし他の障害とは異なり，発達障害としての状態像がどのように

現れるかといえば行動面や情緒面，さらには学習面に特徴が出ることが多い。さらに乳幼児期からの発達の過程において，偏りや特性の様相も変化することが少なくない。診断基準も時代と共に変遷・改定されており，現在は2種類の国際的な診断基準が用いられている。一つは，世界保健機構（WHO）による「疾病及び関連保健問題の国際統計分類（ICD-10）」であり，もう一つは，アメリカ精神医学会による「精神疾患の診断・統計マニュアル（DSM-5）」である。

　これらの診断基準は，いくつ以上がどの期間続くのかといった状態像による評価であるため，受診する時期や医師により診断内容が変わることがある。また，どちらの基準を採用するかにより，診断名も異なることがある。

（1）　主な発達障害

　発達障害は，2005年に施行された「発達障害者支援法」に「自閉症，アスペルガー症候群，その他の広汎性発達障害，学習障害，注意欠陥多動性障害，その他これに類する脳機能の障害であってその症状が通常低年齢において発現するものとして政令で定めるもの」と初めて明確に定義された。それにより，福祉サービスを受けることが可能となった。現在では他にチック症や吃音などが含まれる。それぞれの発達障害は単独で現れるものではなく，同じ発達障害といわれる場合でも一人ひとり具体的な状態像は発達の過程や環境面などの影響で変化してくる。また，他の発達障害との重なりや知的水準の程度の違いなど，状態像に影響する要因は多重で複雑といえる。

　以下に主な発達障害について説明する。

①　自閉スペクトラム症（Autism Spectrum Disorder：ASD）

　社会的コミュニケーションの領域における困難さ，限局化された行動・興味の領域がみられやすく，感覚的な過敏さを伴うことがあるといった特徴がある。乳児期においては「育てやすさ」に関する個人差に極端さがみられやすく，「よく寝るし泣くことや要求することのない，手のかからない子」といった姿と反対に「泣いてばかりで抱っこしてものけぞって怒り，眠ったと思っても些細な物音で目が覚めてしまう」といった生育歴が養育者から語られることがある。

　コミュニケーションの発達では「模倣」，「指差し」，「共同注意」が出現しにくく三項関係が成立しにくい。遊びでは「見立て遊び」，「ふり遊び」といった象徴的遊びや役割交代遊びが難しく，言葉が出ていても自分なりの興味での遊びに留まりやすく共同的な遊びに発展していかない。触覚や味覚，聴覚などの過敏性または鈍麻により，興味や経験の幅が狭まり，こだわりが示されることも多い。

　幼児期には他者と関わりたいという気持ちが育つことも多いが，「心の理論」という「相手の心の状態や意図，信念について推測しようとする機能」が発達しにくいため，適切なはたらきかけが難しい。

　大人から「○○くんは嫌がっているよ」など，相手の気持ちを推察させるような注意を受けても，その意味を理解することが難しく，より一方的なはたらきかけが増えるな

ど不適切な関わりに結びつくといった姿もある。

② 注意欠陥・多動性(Attention‐Deficit/Hyperactivity Disorder：ADHD)

　注意の持続性や集中力の欠如，じっとしていることが難しいといった多動性，さらに突発的な行動に結びつく衝動性という困難さが特徴である。必ずしも多動性や衝動性を伴わず，注意の持続性や集中力の点では問題を抱えている子どももいる。保育現場では，多動性や衝動性行動，目につきやすい行動に関心がよせられやすいが，行動面では目立ちにくい，注意の問題が優勢な場合には，見過ごされやすくなる。多動性や衝動性については，寝返り以降の運動発達と共に，目立ち始める。また，腕や脚の動きが大きく勢いがある一方で，全身の動きを協調させることや力のコントロール，手先の細かな操作をコントロールすることが苦手なこともある。また，感情コントロールも苦手なため，他児との関わりでは乱暴な言動に結びつきやすい。近年では，自分の行動を組み立てて実行していくことに関わる実行機能というはたらきの弱さも指摘されている。

　周囲の刺激につられやすい面もあるため，保育所では朝の身支度などルーティンワークが身につかない姿もみられる。また時間の感覚や見通しをもちにくい姿もある。勝敗に興味が出てきた場合，見通しの立てにくさ，感情コントロールの難しさから，負けると，かんしゃくを起こすことが年長児になってもみられ，気持ちの折り合いや切り替えが難しいといった姿もみられる。

　周囲の刺激の量，また空間の広さにも影響されやすい面があるため，家庭内では比較的落ち着いており，集団場面との差が目立つ場合も多い。

③ 学習障害(Learning Disability：LD)

　診断名としては「限局性学習症・限定学習症(SLD)」が用いられる。文部科学省では「全般的な知能の遅れはないが，聞く，話す，読む，書く，計算する，推論するなどの学習の基礎となる能力のうち，特定のものの習得と使用に著しい困難を示すもの」と定義される。学習障害は小学校以降の学習上の困難としてみられる障害であり，就学後に明確になることが多い。

　幼児期には他の発達障害にみられる特徴と同様な特徴を示すため，学習障害として理解されることは少ない。例えば，「聞く力」が弱い場合，実際に行動するときには，聞く力を補うように，他児の動きを手がかりにするといった姿がみられるため，一見，保育者の話を聞いているように理解されてしまうこともある。また，「書く力」や「聞く力」については，保護者から幼児期を遡って聞くエピソードには，ブロッ

聞く力

クや積木といった遊びがみられにくいこと，文字への興味を示しにくい姿があげられることがある。園での活動への積極性が乏しい場合，子どもなりの困り感を抱えている可能性を推測することが必要である。

（2）　障害についての考え方

　2016年には発達障害者支援法の一部が改正され，「発達障害者」の定義を，「発達障害

がある者であって発達障害及び社会的障壁（下線は筆者による）により日常生活または社会生活に制限を受けるもの」とし、「発達障害者への支援は社会的障壁の除去を資することを旨として行う」という基本理念が追加された。すなわち、発達障害そのものを問題とするのではなく、社会との接点における困難さに焦点をあてているといえる。

① ICF（国際生活機能分類）

「障害」とは何を指すのか。従来は「国際障害分類（ICIDH）」が適用されており、「疾病の帰結（結果）に関する分類」であった。

すなわち、"疾病による機能的な不具合が生じる→活動が妨げられる→社会的参加も制限される"といった、様々な「できない、難しい」という結果についての分類であった。例えば、ADHDを抱える子どもが、気になるものや刺激が目の前に溢れている環境に置かれた場合、次々に注意が移るために人の話を聞くことは"できない"ことになる。すると、「ADHDの子だから、集中できないし、先生の話を聞いて活動に参加することはできない」と評価される。

一方で、2001年に「世界保健機関（WHO）」が採択した「国際生活機能分類（ICF）」では、図14-1に示すように、どの段階での生活機能が妨げられているのか、そして背景となる要因には、個人だけでなく環境も含めて捉えていく。前述したADHDを抱える子どもに適応してみるとどうなるか。例えば、朝の会での参加では、不要な刺激を除いた環境を整備し、保育者の話に注意を向けやすいように個別的な言葉がけやイラスト、ジェスチャーを用いて注目を促す段階的な配慮が考えられる。このような場合には、ADHDを抱えていても主体的に活動に参加することが可能となる。

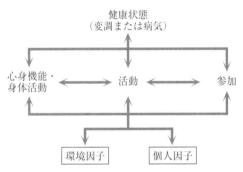

図14-1　ICFの構成要素間の相互作用
厚生労働省ホームページより

② 合理的配慮

合理的配慮とは、2014年に日本が批准した「障害者の権利に関する条約」において定義されている。内容は、「役所や事業者に対して、障害のある人から、社会の中にあるバリアを取り除くために何らかの対応を必要としているとの意思が伝えられたときに、負担が重すぎない範囲で対応すること（事業者においては、対応に努めること）を求めている（内閣府）」。

なお、診断書や障がい者手帳等の有無は合理的配慮の提供に関する判断には含まれない。また、本人や保護者の明確な意思がない場合でも、子どもが十分な教育を受けられるかどうかが重要な視点とされている。そのため保育現場では、保育者にとって「気になる、困った」行動がみられるときには、その子ども自身の「困り感」に保育者が寄り添うことが求められる。そのためには保育者自身の言動を含めた保育環境を振り返りながら丁寧に、子どもの"声なき声"に耳を澄ませることが重要である。

SECTION 2　保護者・関係機関とのつながり

🐰 **episode**　14-2　6歳1か月Ｍ（5歳児クラス7月）

　　Ｍの母がお迎えに来た。担任の保育者は母のところに行き，当日に生じた様々な出来事を母に報告しようとした。Ｍの母は常に急いだ様子で保育者とも話そうとせずに帰ろうとするが，「ブロックをお友だちがもっていたら，ダメ！と，いきなりつかみかかってしまった」ことや「謝るように促したが，なかなか話を聞こうとしないので，今後も注意してみていく」ことを，どうにか伝えることができた。Ｍの母は軽く頷き「すみません，よろしくお願いします」とだけ言うと，Ｍを連れて帰宅した。

＊　　　＊　　　＊　　　＊　　　＊

　　保育者は，常に淡々と振る舞うＭの母親に対し，「保育現場では大変なのに，どうして話を聞いてくれないのだろう」と疑問を抱いていた。また，発達的な特性も感じられるために「どうにかして早く療育機関につなげなければいけない，そのためには，保護者にも，さらにきちんとＭの姿を知ってもらわなければいけない」とも感じていた。

1　保護者とのつながり

（1）「子どもの姿を共有する」≠「園での出来事を伝える」

　　episode 14-2にあげた保育者から保護者への関わりは，Ｍの言動についての報告にとどまっている。このような一方向の投げかけでは，「子どもの姿を保護者と共有」とはならない。また，困った出来事のみを伝える姿勢は，保護者にとっては，保育者から関わられることそのものへの緊張や構えを生じさせることになる。「子どもの姿を保護者と共有する」場合，専門性を伴った目線による子どもの育ちそのものの過程として，"気になる"範囲に縛られることのない各種のエピソードを伝えることが重要である。「保護者が子どもの成長に気付き子育ての喜びを感じられるように努めること〔保育所保育指針（第4章子育て支援1（1）保育所の特性を生かした子育て支援 イ〕」が原則である。

（2）保護者，職員間での連携・協働

　　保育者は，子どもの家庭での姿をみることはできない。また，保護者が抱える状況もみえにくいことが多い。保護者自身が子育てに対する不安や子どもの発達に関する心配を抱えていても，"伝えるに値する存在かどうか"に関しては，日頃から保育者の些細な言動からも判断していることが多い。それゆえ，子どもの否定的側面に触れられることは，保護者にとっては，子どもだけでなく保護者自身にも否定された感覚を与えてしまう場合がある。保護者と連携をとる場合，保護者が保育者からの専門的な指導によって，傷つけられることがないといった安心感をもち，信頼してもらうことが前提となる。そのためには，"評価的な姿勢"をもつのではなく，先ずは家庭での子どもの姿や保護者自身の姿を聞きとりつつ，さらに保護者を取り巻く育児環境，生活環境を含めて知ろうとする姿勢が必要である。

　　また，保育者自身も日頃の保育や保護者との関係が上手くいかないと感じるときには，自信を失い，不安を抱きやすく，客観的な視点に立つことや糸口をみつけることの難し

さを抱えやすい状態になる。そのようなときには「もっと家庭でもこのように接してくれたら違うだろう」など保護者への否定的感情も強くなり，さらなる関係性の悪循環が生じることもある。

日頃から園内でも子どもの姿や自分の保育について共有して職員間の連携を密にすることが必要である。

さらに巡回相談支援（SECTION 1）を利用するといった他機関との連携や協働を通じて，保育者が抱えてしまわないように留意する必要がある。

（3）　療育機関を勧める場合の留意点

療育機関は，「子どもができないところを訓練してもらい，できるようにしてもらう」場ではない。そのため，「できないことが多いから療育機関に行かなければいけない」と保護者に感じさせてしまうことは論外である。保育者として，子どもの言動がどのような背景から生じているのかを，様々な出来事から推測し，必要な関わりや手立てを考え，先ずは実践する必要がある。すると，episode 14-2にあげた例について保護者に伝える際には，「晴れた日で，他の園児が園庭に出ていき人数が少ない保育室内ではMも落ち着き穏やかに過ごしやすいこと。それでも他児に突然怒りだそうとすることがあるが，Mの気持ちを保育者が代弁することで，行動が落ち着きやすい傾向があること」といった，環境的な背景や，関わり方による変化を具体的に伝えられる。それらの積み重ねにより保護者が保育者の話を"聞こう"とし，家庭での姿とのつながりをもつことができて初めて発達特性や専門機関についての話題にも触れられる。環境や関わり方を工夫することで変化するということは，そもそも子どもが"敢えて周囲を困らせようとする"言動ではなく，"子ども自身が困っている"状況と捉えられるからである。保育者としては，保護者と共に，子どもについてより深く理解し，子どもが安心して集団生活をおくることができるようはたらきかけたい。

保育者としての願いが保護者に伝わることが，保護者の"踏み出そうとする一歩"につながるのである。

2　療育・発達支援施設の役割

（1）　児童発達支援センター，児童発達支援事業所

児童発達支援センターとは，児童福祉法第43条で定められた児童福祉施設である。地域の中核的な施設として，身体障害，知的障害，精神障害（発達障害含む）のいずれかがあり，児童相談所，保健センター，医療機関などにより療育の必要性を認められた未就学児を対象とする。通所支援だけではなく，地域にいる障害のある子どもや家族への支援，保育所・幼稚園といった機関との連携も行う。

児童発達支援事業所とは，児童発達支援センターよりも小規模だが，より身近な地域で発達支援を受けることができる施設であり，通所児とその家族を対象とする。

どちらの発達支援事業においても目的は，児童福祉法の規定により「日常生活における

基本的な動作の指導」「知識技能の付与」「集団生活への適応訓練その他の便宜を提供」とされる。

　障害が認定されていない場合でも必要性が認められれば利用することができる。通所の形態は，児童発達支援に単独で毎日通う場合もあれば，保育所や幼稚園との並行通園により週に何度か通う場合もある。

　図14-2, 3で示したスケジュール例などのような，視覚的支援を図るなど環境的な工夫を伴うことが多い。また各種の専門職による個別・グループ療育を受ける場合もある。受けられる療育の内容に関してはそれぞれの事業所により特色が異なることがある。

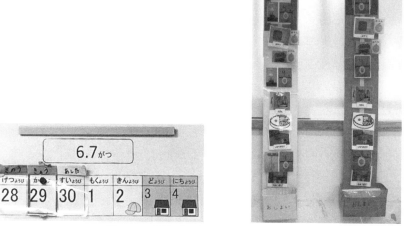

図14-2　日付，個別スケジュールの例

図14-3　全体スケジュールの例

（2）　アセスメントとは

　厚生労働省による児童発達支援ガイドラインでは支援の方法において「一人ひとりの子どもの状況や家庭及び地域社会での生活の実態について，アセスメントを適切に行い，子どもと保護者の適切なニーズや課題を客観的に分析したうえで支援に当たると共に，子どもが安心感と信頼感をもって活動できるよう，子どもの主体としての思いや願いを受け止めること」を留意事項にあげている。

　市川（2018）は，アセスメントの目的について，以下の項目を挙げている。

①子どもの全体像と子どもを取り巻く状況を的確に理解する

②そのうえで，子どもの支援ニーズ，保護者の支援ニーズを理解する。この際ニーズの緊急性，優位性も明らかにする

③今後の見通しを立てながら，支援目標と支援方法を設定する

④これまで支援を重ねている子どもであれば，これまでの支援の有効性を検証する

⑤現在の子どもの状況を保護者や必要な関係者・関係機関と共通理解する

　すなわち，アセスメントとは，子どもに何らかの検査を行い，その数値結果だけをみて評価するものではない，といえる。しかし，療育機関を利用する最初の段階で，専門職による各種の発達検査や知能検査が行われ，結果について丁寧な説明が得られずに数値のみが一人歩きしてしまい，子どもの発達状況や特性の理解にはつながりにくい状況が見受けられることがある。

　一方では保護者にとって数値化された情報を受け止めることで精一杯となり，その他の説明を聞いて理解するまでの余裕をもつことが難しいこともある。療育機関が実際には何を，どのようにみて関わりをもつ場所であるのかに関してのイメージをもちにくく「通うことで"普通の小学校"に入れるのであれば」といったプレッシャーなどから利用につながる場合もある。実際に「通ってみてよかった」と保護者が実感できるかどうかについては，継続して保育者からも気にかけていく必要がある。

（3）　個別支援計画書

　児童発達支援施設の利用が開始される際には，個別支援計画書が作成される。計画書には，保護者の願いや希望をふまえ，その時点での総合アセスメントを基に，具体的な目標（短期・長期）や支援内容が記される。計画案が作成された段階で保護者に説明し，更なるすり合わせによる同意が得られることで正式な計画書に至る。その後は一定期間を経て（概ね6か月ごと）モニタリングし，支援の効果，具体的な発達状況の変化などから改めて目標を設定していく。

　各事業所と保護者がそれぞれ個別支援計画書を保管しているため，保護者の同意が得られれば，保育者も支援計画書を確認することができる。なお，通所による支援だけでなく，保育所等訪問支援事業についても同様である。それらのやりとりについて保護者を通して行うことで，保護者と療育機関との関係性や信頼感をうかがい知る一助となる。同時に，保育所での姿を改めて振り返りつつ，療育機関での姿とつなげながら成長や課題を保護者と共有することができる。

　また，保護者の同意が得られれば，保育者から直接，療育機関での姿を見学することや，支援者とコンタクトをとることもでき，連携・協働が図られやすくなる。児童発達支援に携わる支援者にとっても，実際に支援する子どもたちに関して"全く同じ状態像や経過をたどる"わけではないことは，保育者と同様である。

　大切なことは，"一人ひとりの子ども"を互いの専門性をいかしながら理解していこうとする姿勢を持ち続けることといえる。

SECTION 3　発達支援とは

▌1▐　「支援」が意味するもの

ロボット（イメージ）

episode　14-3　5歳児クラス9月

　　自由遊びの時間，黙々とブロックを一人組み立てているMの姿を保育者が見ていると，どうやらロボットをつくろうとしている様子。保育者は『うわー，かっこいいね！先生もMくんみたいなロボットつくってみよう！』と声をかけ，隣でつくり始めた。するとMは笑顔になり，さらにパーツを付け足し始めた。『先生もできたよ！』と見せると，Mが「ミサイル　ダダーン！」と攻撃してきたので保育者も『先生ロボットも，負けないぞー』と戦闘いごっこになった。時折保育者の身体に直接ブロックをぶつけようとする場面では，『イタイイタイ！真似っこでお願いね！』とその都度動きを止め，"真似っこ"の見本を示しながら続けていた。すると同じクラスのNが近づいてきた。Mは「ダメ！」と怒り始めたが，保育者は『Nくん，先生にミサイルちょうだい！』と，"ミサイルブロック補充係"としてNにブロックを手渡してもらい，『これでどうだ！』と攻撃すると，Mの怒りはおさまり，すぐに「ダダダダダーン！」と再び笑顔で戦闘いごっこに戻った。すると，遊びを見ていた同じクラスのTがやってきて，『M，ミサイルあげる！』とブロックをMに手渡した。するとMは笑顔で受け取り，2対2の闘いごっこが続いた。その後のブロック遊びでは，ミサイル補充係だけではなく，ミサイルをためておく設備や，ロボットのレストラン，など保育者も提案しながら，他児らも加わる遊びがひろがり始めた。

　　後日，Mの母がお迎え時，保育者に話しかけてきた。Mが家で担任やお友だちの名前をいうことができてきました，とMの母親に笑顔が浮かんでいた。

＊　　　＊　　　＊　　　＊　　　＊

（1）　子どもを「理解しようとする」が出発点

　　episode 14-1と episode 14-2, 3では，どちらもMは"ブロック遊び"を行っており，保育者はその場面を"みて"，Mに"はたらきかけている"場面である。しかし，保育者がどのようにMの言動を"見て"いるのかについては異なっている。14-1では，「Mはブロックで遊び始めたと思ったら，すぐに他児を攻撃してしまった」という状況そのものや行動の結果に注目している。一方で14-2では，「Mは何をしようとしているのだろう」を出発点としている。すなわち，Mの意図に着目している。子どもの言動には何らかの意図がその子なりにある。それは一見，当たり前のように思われるが，「気になる」子どもや発達障害を抱える子どもの「困った」言動は園生活において繰り返されることが多い。そのため関わる大人からは"また，同じようなことをしている"と捉えられやすい。常に，その時々の子どもの内面について理解しようとする姿勢が求められる。

（2）　子どもの「好き」を知り，尊重して共感しようとする姿勢

　　episode 14-3において，保育者は遊びの最初からMに直接的に関わろうとはせず，Mの隣で，Mと同じロボットをブロックでつくり始めている。そこには，Mの「ロボットをつくりたい」という意図を保育者は認め，同じロボットをつくるという行為を通じ，Mの世界を共感しようとする姿勢があらわれている。Mにとっても"自分が主体である"

と感じられることで，保育者の行為に笑顔で関心を示し，さらにロボットづくりに集中し，次に戦いごっこへと保育者への関わりを求める行為につながっていく。

（3）　支援の主軸は「子どもの発達」

　　エピソード上のMの姿からは，やや衝動性が高く，行動のコントロールの苦手さがうかがわれる。その苦手さを抱えることで，何が「困る」のかといえば，園生活の場合，気持ちや行動の切り替えが困難であり他児を攻撃してしまう，といったことがあげられる。しかし重要なことは，M自身にとってはどうか，という点である。Mが困っているのは，どうすることが適切な範囲であるのかが具体的にわからないまま，友だちと楽しく遊べず，大人から注意を受け続けてしまうということであろう。このような，本人の抱える困難さではなく，行動結果について，否定的評価や叱責を受け続ける場合，二次障害とよばれる自信のなさや更なる不適応行動が引き起こされることがある。その背景として自分は何をしようとしてもうまくいかない，という学習性無力感(9章 p.111 参照)の影響もあげられる。

　　Mは，戦いごっこをして「遊びたい」，すなわち関ろうとする意図をもっているにも関わらず，実際には「適切な力の加減がわからない」という状態であると保育者は解釈した。そのため「痛い」ことは伝えても注意や叱責をするのではなく，「真似っこ」というキーワードを用いながら具体的にどのような行動が適切であるのかについて行動モデルを示している。ここでは，Mの意図を尊重しながらも，適切な行動の仕方について学習(1章 p.5 参照)が可能となるようにはたらきかけているといえる。さらに，同じクラスのNが近づいたとき，Mが「ダメ！」と高揚したが，その背景としては，Mが「他児と一緒に遊ぶことが楽しいという経験」をもちにくいことが背景にあると保育者は解釈した。そのため，「戦いごっこ」という遊びの文脈を保ちながら，Nも参加できる枠組みをつくることで，Mが遊びを続けられるようにはたらきかけている。

　　このような，Mに対する保育者がMの意図を推察する関わりそのものが，「発達を支援する」ことにつながっている。すなわち，Mは5歳児ではあるものの，発達の各側面における困難さを抱えている。しかし，あくまで「発達」の困難さであり，困難を抱える各領域も丁寧な関わりにより「発達」，すなわち development するのである(p.1参照)。

２　発達を支援するための観点

（1）　発達の最近接領域(Zone of Proximal Development：ZPD)」

　　「発達を支援する」際に，「気になる」子や発達障害を抱える子どもに対して，「何がどこまでわかっているのか」「どこまで一人でできるのか」を日常場面から判断することに難しい。その判断の難しさは，子どもの日々の姿が，子どもの発達特性だけでなく一日の生活を通して物的環境面や人的環境面の影響，さらには生活時間帯や家庭での過ごし方からも影響を受けることがあり，背景を探るには日頃から様々な要因を検討することが必要になるからである。その判断の難しさによって，日々の保育の中では，大人が「で

きない，難しい」と判断したものに対し，「最初から手助けしようとする」場面が生じることがある。一方で，「あの時にできていたのだから，今度もできるはず」と，実際には子どもにとって大きな緊張や負荷を要するものであっても，大人から「当然できるはず」とみなされるものもある。第11章にヴィゴツキーの「発達の最近接領域」(p.131参照)があげられており，発達を支援するという視点に立つ際には，この発達理論をふまえておくことは特に重要である。常に，子どもの発達における最近接領域を意識しながら関わろうとすることで，適切な支援の範囲を仮説立てることができる。

（2） 関係機関とのつながりを通じて

　SECTION 2では，各種の関係機関について説明した。関係機関とは，「アドバイスをする側とされる側」「関わり方を指導する側とされる側」という関係ではなく，「共に協力して子ども理解を図る」関係づくりが重要である。関係機関を通して知る子どもの姿，そこでの子ども理解のためのアセスメントや変化について知ることは，子ども理解の仮説を立てるための一助となる視点を得られる。しかし，あくまで子どもの姿は多様であり，一つの仮説だけで理解できるわけではない。幼稚園や保育所などでの姿を関係機関に知ってもらうことを通し，さらに連携することを通し，両者における子ども理解が促されていく。

（3） その子なりの「葛藤」を知り，見つめられること

　白石正久は，その著書『発達の扉（上），1994』の中で
　子どもたちの発達は（もちろんおとなの発達も），「発達の一歩前をいく活動」によって発達の願いと矛盾が心に生まれ，おとなに支えられて矛盾を乗り越え，願いを実現していく道すじです。そのとき，心のなかに，新しい矛盾を乗り越えていくための「心のバネ」も生まれます。つまり，子どもの願いをくみとり，願いを育て，心のなかの矛盾という悩みを理解し，そして前向きに葛藤できるように心を支え，願いが実現した達成感を共感し合うことが，私たちには求められているのです。願い，悩み，心の支え，達成感，共感… (p.21より引用)
　障害をもっている子どもたちは，発達の願いを実現するための矛盾だけではなく，自らの障害をも乗り越えていかなければならない「二重の試練」に立ち向かっているのです。しかも，矛盾を乗り越えることも，障害を乗り越えることにも，たいへんな時間がかかります。だから，すぐには新しい自分に出会うことはできません (p.25より引用)。
と述べている。
　筆者自身，これまで児童発達支援に携わってくる中で，取組や参加への拒否が示される場合でも，"心の底から一貫してやりたくない"という場合に出会ったことはない。「これならわかりそう，できそう」と感じられるものがあり，「取り組もうとする自分を認め，時には踏み出そうとするまでの長い時間やほんの"行きつ戻りつ"する自分を信じて待ってくれる」と子どもが安心できる環境が必要である。

　以上，発達や学びに困難を抱える子どもたちについて概観してきた。発達障害という
カテゴリーに入るか否かに関わらず，また診断名がついているか否かに関わらず，一様
の理解の仕方，対応方法があるわけではない。まして昨今は「気になる」子を取り囲む
世界の多様さは時代背景と共にますます複雑化している。しかし，そのような複雑な状
況であるからこそ，一人ひとりに対して，子どもとの関係性を育むことが必要となるの
である。「この人なら寄り添ってくれる，わかってくれる，この人のいうことなら葛藤
しても受け入れ，踏み出そうと挑戦できる」と思われるような情緒的関係を育むことが
起点となる。同じ環境で同じはたらきかけをしても，関わり手によって子どもの反応が
変わることは自然である。発達支援は，発達を支援することである。したがって，発達
支援は発達が心配な，保育者にとって「特別な」子どもだけではなく，本来はすべての
子どもに必要なものである。一人ひとりを大事にする，ということは，「特別扱い」を
することではない。保育者側にその意識がないと，集団生活においては「先生はどうし
てあの子だけに優しいの」と他児から指摘されることや，その指摘に対して保育者自身
が罪悪感をもつといった事態にもなりかねない。どの子どもも，それぞれ目いっぱいの
姿で成長を日々示している。保育者は，その専門性をもって，それぞれの子どもたちの
「今」を見ようとつとめる。適切な発達的理解を保育者がもつことで，子どもに対して
「今　必要なことや見通し」がみえてくる。その姿勢をもち続けることで，初めて様々
な子どもが共に育つ共生社会が成立していく。

　エピソードにあげたように，保育者は子どもと出会う一瞬一瞬において，子どもの主
体性を尊重しながら他児との関わりや遊びの世界を広げていくことができる。子どもが
保育者を信頼し，生き生きと世界を拡げようとする姿を通し，保護者も幼稚園や保育所
等での姿を安心して受け入れることができる。生活の中で個の学びを保障しながら様々
な形で集団を活かせる保育を担うことができるのは保育者である。

14章　〈参考文献〉────────────────────────────

市川奈緒子：「発達が気になる子どもの療育・発達支援入門　目の前の子どもから学べる専門家を目指して」
　　金子書房 (2018)

白石正久：「発達の扉〈上〉」かもがわ出版 (1994)

特定非営利法人アスペ・エルデの会：「巡回相談支援活用マニュアル」(2018)
　　https://www.mhlw.go.jp/content/12200000/000307931.pdf (2021年9月5日閲覧)

内閣府：「合理的配慮」を知っていますか？ (2018)
　　https://www8.cao.go.jp/shougai/suishin/pdf/gouriteki_hairyo/tenji_leaflet.pdf (2021年9月5日閲覧)

文部科学省：「軽度発達障害児の発見と対応システムおよびそのマニュアル開発に関する研究」(主任研究
　　者：小枝達也　鳥取大学地域学部教授) (2006)「軽度発達障害をめぐる諸問題―厚生労働省 (mhlw. go. jp)」
　　https://www.mhlw.go.jp/bunya/kodomo/boshi－hoken07/h7_01.html (2021年9月5日閲覧)

索　引

執筆者紹介

編著者

　結城　孝治（ゆうき　たかはる）
　　　　國學院大學　人間開発学部　子ども支援学科　教授
　　　　主要図書
　　　　　「幼児理解の理論と方法」光文館
　　　　　「子どもの育ちを支える発達心理学」朝倉書店
　　　　　「子育ての発達心理学」同文書院

　遠藤　純子（えんどう　じゅんこ）
　　　　昭和女子大学　人間社会学部　初等教育学科　准教授
　　　　主要図書
　　　　　「乳児保育」大学図書出版
　　　　　保育の現場で役立つ「子どもの食と栄養」アイ・ケイコーポレーション

　請川　滋大（うけがわ　しげひろ）
　　　　日本女子大学　家政学部　児童学科　教授
　　　　主要図書
　　　　　「子ども理解－個と集団の育ちを支える理論と方法－」萌文書林
　　　　　「演習保育内容総論－保育の総合性を読み解く－」萌文書林 他

分担執筆者

　　　滝澤　真毅（たきざわ　まさき）　帯広大谷短期大学　社会福祉科　教授

　　　土永　葉子（つちなが　ようこ）　帝京平成大学　人文社会学部　児童学科　准教授

　　　堤　かおり（つつみ）　東京大学大学院教育学研究科　博士課程
　　　　　　　　　　　　　臨床発達心理士・公認心理師

　　　常田　美穂（つねだ　みほ）　NPO法人わははネット　臨床発達心理士・公認心理師

　　　深浦　尚子（ふかうら　なおこ）　札幌国際大学短期大学部　幼児教育保育学科　教授

　　　結城　綾（ゆうき　あや）　社会福祉法人　正夢の会　心理士
　　　　　　　　　　　　　　　保育士・臨床発達心理士・公認心理師

（五十音順）

子どもの姿から考える　保育の心理学

初版発行　　2022年4月1日

編著者ⓒ　　結城孝治／遠藤純子／請川滋大

発行者　　　森田　富子
発行所　　　株式会社 アイ・ケイ コーポレーション

　　　　　　東京都葛飾区西新小岩4-37-16
　　　　　　メゾンドール I&K ／〒124-0025

　　　　　　Tel 03-5654-3722（営業）
　　　　　　Fax 03-5654-3720

表紙デザイン　㈱エナグ　渡部晶子
組版　㈲ぷりんてぃあ第二／印刷所　㈱エーヴィスシステムズ

ISBN978-4-87492-379-5 C3011